KBS와 권력

KBS와 권력

강동순 지음

서교출판사

KBS와 권력

·

초판 1쇄 인쇄 | 2006년 6월 20일
초판 1쇄 발행 | 2006년 6월 30일
지은이 | 강동순
펴낸이 | 김정동
펴낸곳 | 서교출판사

·

주소 | 서울시 마포구 서교동 461-13 씨티빌딩 2F
대표전화 | 3142-1471
팩스 | 3142-8225
등록번호 | 제10-1534
Email | akdmf@chollian.net
홈페이지 | www.skbook.net
ISBN 89-88027-60-4 03330

한편의 다큐멘터리

유재천 (한림대 한림과학원 특임교수)

저는 이 책 『KBS와 권력』을 읽으면서 몇 가지 강렬한 인상을 받았습니다.

첫 번째는 충격이었습니다. 평소 대강 짐작만 하고 있던 'KBS와 권력과의 관계'에 대해 이처럼 발가벗겨진 고백을 듣게 된 것은 처음이었기 때문이었습니다. 공영방송인 KBS가 각종 보이지 않는 권력으로부터 영향을 받아 종국에는 방송의 공정성이 붕괴되는 제도적인 원인을 사장의 임명방식에서 비롯되는 것으로 진단하고, 그같은 정치적 임명의 결과로 빚어지는 병폐들을 실례를 중심으로 고발한 내용은 너무나 생생해 마치 한편의 다큐멘터리를 보는 느낌이었습니다. 1973년 방송공사 공채 1기로 입사한 뒤 33년간 KBS에 몸담으며 체험한 KBS와 정치권력과의 관계를 이만큼 꾸밈없이 공개해 준 저자의 업적은 높이 평가받아 마땅할 것입니다.

두 번째는 저자의 용기가 부러웠습니다. 저자가 불의를 보고 그냥 넘기지 못하는 성품의 소유자라는 것은 일찍이 잘 알고 있었지만

KBS 내부의 권력과의 야합을 있는 그대로 기록으로 남긴다는 것은 여간한 용기가 아니고는 하기 어려운 일이라는 점을 잘 알기 때문이었습니다. 그만큼 저자는 갖가지 비난과 불이익을 감내할 것을 각오했을 것입니다. 저자의 이런 용기로 우리는 공영방송 KBS와 권력과의 관계를 명확하게 알 수 있게 되었습니다.

세 번째는 방송인으로 지녀온 투철한 사명감에 대한 공감이었습니다. 저자가 이 책에서 'KBS와 권력과의 관계'를 마치 고해성사하듯 밝힌 것은 한마디로 말해 KBS를 공익에 충실하고 공정한 방송으로 만들어야 한다는 사명감 때문이라고 하겠습니다. 그가 이 책을 쓰게 된 동기를 "KBS는 국민의 방송이지 KBS에 종사하는 사람들의 소유물이 아니기 때문에 KBS의 주인인 국민은 KBS 내에서 벌어진 일에 대해서 알 권리가 있으며 이를 숨기려는 어떤 의도는 국민들로부터 위임받은 권리를 남용하는 월권행위라는 결론에 도달하게 되었다"고 밝히면서 "이 졸저를 진정한 KBS의 독립을 위한 제단 앞에 바친다"고 한 엄숙한 선언도 모두 공영방송에 대한 투철한 사명감의 발로라 할 것입니다.

네 번째로 느낀 것은 저자의 KBS에 대한 절절한 사랑이었습니다. KBS를 향한 그의 사랑은 이 책의 구석구석에 배어 있지만 특히 'KBS 개혁의 성공을 위한 일곱 가지 조건'의 제시에서 극명하게 읽을 수 있습니다. '방송에 대한 이해가 있어야 한다', 'KBS에 대한 이해가 있어야 한다', '국민이 원하는 KBS의 개혁이 무엇인지를 알아야 한다'는 등 일곱 가지 제안은 KBS를 떠나는 사람으로서 KBS에 대한 사랑 없이는 할 필요조차 없는 이야기일 것입니다.

마지막으로 저자가 "KBS인의 의식이 중요하다"면서 "KBS 주인인 국민들의 의식과 KBS인들이 국민의 방송을 정치권과 상업주의로부터 지키겠다는 의식이 가장 중요한 것"이라고 강조한 데 대해 전적으로 공감했습니다. 공영방송다운 공영방송은 결국 KBS인들의 정신에 달린 문제라고 생각하기 때문입니다.

이상과 같은 이 책에 대한 저의 소회를 말씀드리면서 감히 읽어 보시기를 권합니다.

'KBS맨' 이 본 방송 현장

봉두완 (방송인 · 천주교 한민족 돕기회 회장)

저자 강동순 형은 1973년 KBS가 방송공사가 된 후 맨 먼저 뽑은 공채 1기이다. 그리고 내리 33년간을 한 눈 팔지 않고 한 우물만 판 PD이다.

과거에도 그래왔듯이 노무현 정권하고도 코드를 맞출 생각은 하지도 않고 진정한 KBS맨으로 마무리하려다가 본인도 모르게 3년 전 '참으로 뜻밖에 알 수 없는 힘에 의하여' KBS감사가 된 특이한 존재이다. 그리고 온갖 힘들고 복잡하고 참기 어려운 안팎의 일을 고비고비 넘기면서 KBS맨의 자존심을 용케도 지켜왔고 위대함을 보여 왔다.

나는 강동순 형같은 사람을 일찍이 만나 본적이 없다. 그는 평범하고 단순하고 특이하고 정연하고 배짱껏 '내 배 째라' 는 식으로 버티며 불퇴전의 용기를 우리에게 보여준 희대의 방송언론인이라고 굳게 믿게끔 되었다. 왜냐하면 그 많은 사람 가운데서도 홀로 서서 "KBS는 국민의 방송이지 KBS에 종사하는 사람들의 소유가 아니다"고 외치며 오랫동안, 권력의 시녀처럼, 바깥으로부터 불어오는 압력에 굴복해야 했던 자신과 동료들의 위상을 그 나름대로 정립시켜 보려는 의지를 버리지 않고 있기 때문이다.

KBS는 공영방송이고 국민의 방송이며 국가기간방송이기 때문에 국민과 사회, 나아가 세계를 연결하는 방송언론매체 고유의 기능을 다하여야 하는데 시대적 상황과 KBS 내적인 요인 때문에 제대로 못한 것을 못내 아쉬워하고 있다. 모든 언론은 독자나 애청자를 계몽하고 자유를 지키며 정부를 감시하여 건강한 사회에 없어서는 안 될 역할을 해야 한다. KBS맨 강동순은 그게 뜻대로 안 된 것을 안타까워하는 것이다.

언론은 운명적으로 권력을 감시하고 비판하며 균형과 생명력을 유지하지 않으면 안 된다. 요컨대 진실의 전달자라는 명제는 기자나 PD의 몫이다. 그러나 상황에 따라 진실이 축소되고 왜곡되고 과장되고 편파적으로 전달되기도 한다. 공영성이 생명인 방송이 정권에 예속되었기 때문에 나타나는 현상인 것이다.

내가 워싱턴 특파원 때 존슨 대통령이 백악관에서 3대 TV사 기자와 베트남 전쟁을 이슈로 특집 대담하는 것을 보고 놀란 적이 있다.

존슨 대통령이 "방송에서 매일 정부의 베트남정책을 비판하는데 해결방안이 뭐란 말입니까?"라고 물었다. 그러자 CBS 백악관 출입기자였던 댄 래더(Dan Rather)는 대뜸 "대통령님, 당신이 대통령입니다. 그것은 당신이 해결해야 할 문제입니다(Mr. President! You are the president. You got to solve the problem yourself.)"

라고 말하는 것을 보고 기겁한 것이다. 존슨 대통령은 그 이듬해 1969년 세상을 떠났고 존 래더는 금년에 CBS방송 앵커맨에서 정년 퇴임하였다.

39년 전 일이니 우리에겐 아직도 시간적 여유가 있는 문제라고 봐야 할지….

강동순 PD의 건강과 약진을 빌 따름이다.

그가 건강하게 뛰는 날이 KBS가 국민의 방송으로 용약하는 순간들이라고 믿기 때문에….

들어가기에 앞서

"산을 지키는 것은 못생긴 나무들이다"라는 말이 있습니다. 1973년 방송공사 공채1기로 입사한 후 걸출한 동기생들이 거의 떠났는데도 모질게 남아서 마치 연회가 끝난 텅 빈 파티 장소를 뒷마무리하는 마음으로 지난 33년의 기록을 정리하였습니다.

어떤 사실을 기록하고 평가한다는 것은 매우 조심스럽고 두려운 작업입니다. 아무리 객관적이려고 해도 주관적으로 흐르게 되고, 더욱이 평가라는 작업 자체가 '자기 눈에 있는 들보는 보지 못하고 남의 티끌만 탓' 하는 우를 범할 수 있어, 자칫 본의 아니게 남의 명예를 해치기 쉽기 때문입니다. 그래서 여러 번 망설였습니다.

그러나 "60만 군대보다도 중요하다" 는 국민의 방송 KBS의 살아 있는 기록은 겁이 나서 아무도 손대지 않는 것보다는 다소 거칠더라도 누군가에 의해 정리되어야 한다고 생각했습니다. 결국 주제넘은 사명감 같은 것이 저로 하여금 끝내 결심을 굳히게 하였습니다.

공사창립이후 6번의 정권교체와 11번째 사장을 겪으면서 KBS가 겪은 33년의 역사는 우리나라 정치사의 한 길목을 차지하기에 충분하다고 생각했습니다. 언제나 이 나라의 축소판이 된 KBS가 그동안 어떤 길을 헤쳐 나왔는가를 돌이켜보는 일은 KBS의 주인인 국민을 위하여, 또 뒤에 오는 KBS인들을 위하여, 그리고 방송의 미래를 걱정하는 사회지도층을 위해서도 중요한 일이 아닐 수 없습니다.

"역사는 과거와 현재의 끊임없는 대화" 라고 한 어느 역사가의 말대로, 지난 33년간 걸어온 과거의 발자취를 통하여 독자 여러분이 보다 나은 현재와 미래를 위한 어떤 조그마한 교훈이라도 얻을 수 있다면 참으로 다행스러운 일이 아닌가 생각합니다.

필자가 특히 관심을 갖고 정리한 분야는 'KBS와 권력과의 관계'입니다. 권력이라 함은 정치권력, 방송위원회, 시민사회단체와 같은 외부권력과 노동조합, 이사회, 협회와 같은 내부권력, 그리고 KBS와 KBS인이 언론사와 방송인으로서 갖고 있는 영향력(자체권력)을 일컫습니다.

여기서 언급한 KBS역사와 기록들이 박제화된 정사가 아닌 살아 숨 쉬는 수난사, 가슴 저미는 고해성사, 시청자께 바치는 KBS인의 백서가 되기를 소망합니다.

필자는 이 기록이 자료선별이나 학술성, 전문성 측면에서는 부족함이 많더라도, 감정적이고 주관적인 면에 치우쳐 사실과 진실을 소홀히 하거나 객관성이 결여되는 일이 있어서는 안 된다고 수없이 다짐했습니다.

한편 선배, 동료, 후배 여러분이 공동 집필자나 편집위원으로 기꺼이 동참하여 자발적이고 적극적인 도움을 주었습니다. 그런 점에서, 본인은 사실 이 책자의 저자라기보다는 대표집필자나 편집자로 불리어지는 것이 보다 적절할 듯 싶습니다.

본서는 공사창립이후의 여러 정권과 사장들의 교체, 당시의 편성 · 보도 · 제작 · 기술 · 경영 등 제 분야의 변화, 특징적 행사와 사건 및 그에 따른 일화 등으로 편집되었습니다. 되도록 당시의 시대상황에 대해 균형감각을 가지고 공과 과를 함께 다루도록 노력했습니다. 그리고 어느 특정시대의 특정사건을 기술할 때, 사실에 근거하여 설명하는 것을 원칙으로 했으나 관련된 인물들의 성함은 본의 아닌 사생활침해의 우려 때문에 그분들의 이니셜과 관계없는 기호로 표기했음을 양해해 주시기 바랍니다.

이 기록을 위하여 자료수집에 협조해 주고 충고를 아끼지 않으신 KBS를 사랑하는 선후배 여러분께 감사의 뜻을 표합니다. 또한 신촌의 이 장로님, 이 책의 출판을 기꺼이 맡아준 서교출판사 김정동 사장님께도 진심으로 감사드립니다.

관훈클럽의 신영연구기금을 지원받게 된 후 출판업을 하는 몇몇 지인에게 이 책의 출판을 부탁했었지만 듣기 좋은 말로 완곡히 거절당한 후 공연히 시작했다는 생각도 하였습니다.

거절의 이유는 대충 'KBS와 권력'이라는 제목이 주는 부담감인 듯 했습니다. 정치권력이나 KBS라는 권력으로부터 보복을 당하지 않을까? 송사에 휘말리지나 않을까? 팔리지 않아 손해를 보지 않을까? 등등의 두려움 같은 것을 갖고 있는 것으로 보였습니다.

특히 가까운 친구나 아내가 33년 동안 은혜를 입은 회사의 치부를 세상에 알리는 것이 해사행위와 같은 것으로 여기는 사람들도 있을 터이니 재고하는 것이 좋을 듯하다며 늘그막에 조용히 사는 것이 좋지 않겠느냐고 충고할 때는 의기소침해진 나머지 그만둘까도 생각해 보았습니다.

이런 과정에서 작은 분노 같은 것이 가슴속에서 꿈틀거리는 것을 느꼈습니다. 그리고는 결국 '성격이 운명을 만든다'는 말대로 내 방식대로 공직생활을 마무리하기로 결심했습니다. 즉 KBS는 국민의 방송이지 KBS에 종사하는 사람들의 소유물이 아니기 때문에 KBS의 주인인 국민은 KBS내에서 벌어진 일에 대해서 알 권리가 있으며 이를 숨기려는 어떤 의도는 국민들로부터 위임받은 권리를 남용하는 월권행위라는 결론에 도달하게 되었습니다. 그리고 '국민의 알권리'라는 공공의 이익을 위한 취지로 행하여진 결과에 대해 어떤 법적 책임이 따른다면 이는 당연히 감수해야 할 것이며 처음부터 이런 성격의 글이 돈벌이를 위한 것은 아니기 때문에 이에 대한 손실도 물론 각오하기로 했습니다.

이렇게 마음먹게 된 또 하나의 이유는 필자가 3년 전 참으로 전혀 뜻밖에 알 수 없는 힘에 의하여 KBS의 감사가 된 후에 '덤으로 하게 된 공직생활이니 아무 부담 없이 최선을 다하겠다'고 마음먹은 나 자신과의 약속을 지켜야 하기 때문이기도 했습니다. 궁형을 당하고도 죽지 못하고 『사기』를 완성한 사마천을 생각하면서.

"지갑은 열고 입은 다물어야 한다"는 나이에 지갑을 열지도 못하고 입을 닫지도 못한 못난 사람을, 걸핏하면 회사를 그만두겠다고 하면서 가족을 불안하게 하던 철없는 가장을 30여 년 동안 변함없이 지켜준 저의 더 나은 반쪽 김춘희 씨에게 고마운 마음을 전하면서, 이 졸저를 진정한 KBS의 독립을 위한 제단 앞에 바칩니다.

20대말 열혈청년의 나이에 입사하여 때때로 비분강개하며 하느라고 했지만 별로 내세울만한 공적도 없이, 사랑도 미움도 아름다운 추억이 되는 이순의 나이를 넘어 정든 KBS를 떠납니다. 부디 이 기록이 산을 지킬 수 있는 한 그루의 못생긴 나무가 될 수 있기를 하느님께 기도드립니다.

2006년 6월
여의도를 떠나며, 강동순

차 례

- ■ 추천사
- ■ 들어가기에 앞서

제3장 보통 대통령의 혼돈 시대

제6장 인터넷 권력의 아마추어 개혁

제7장 그리고…

■ 글을 마치며

공영방송의 시작, 오지 않는 새벽

공무원출신과 방송인출신의 갈등

변함없는 간섭

대한민국 PD 1호 최창봉

〈실화극장〉, 기획 중앙정보부, 제작 KBS

두 마리 토끼 잡은 〈꽃 피는 팔도강산〉

"박 대통령을 따르라"

제1장

공영방송의 시작, 오지 않는 새벽

이 시기는 국내외적으로 우리나라 역사의 한 페이지를 장식할 만한 비중 있는 사건이 발생했던 때다.

경제적으로는 1인당 국민소득 1,000달러 달성을 기치로 경제개발에 매진하였고, 정치적·사회적으로는 유신체제의 긴장과 갈등이 국민적 반발과 저항운동을 촉발시킨 시기였다. 1972년 10월17일 대통령 특별선언과 함께 전국에 비상계엄령이 선포되고 유신체제가 태동하였기 때문이다.

1973년은 한국방송사에 큰 획을 그은 해였다.

KBS의 체제가 '국영'에서 '공영'으로, 명칭은 문화공보부(문공부) 산하 '서울중앙방송국'에서 '한국방송공사'로 바뀐 것이다. 당시 문화방송, 동양방송, 동아방송, 기독교방송 등 민영·상업 방송이 존재했지만 공영방송 출현이 갖게 된 의미는 특별했다.

아이러니하게도 KBS가 공영방송으로 출발한 때는 한국 현대사에서 정치적으로 가장 억압적이고 암울한 유신시대였다.

독재의 철권정치 속에서 KBS는 국가발전을 위해 동원되고 활용되어야 할 도구로 당연시 되었다. 유신체제와 새마을운동의 홍보도구였고 당시 정권에서는 이를 위해 체계적·전면적으로 방송을 동원하였다. 공영방송으로 출범한 KBS의 구호가 '번영의 길잡이, 민족의 방송'이었다는 것이 이 점을 극명하게 보여주는 한 예다. 공영방송 KBS는 관영방송과 다를 바 없었다. 방송내용에 대한 책임 규명을 위해 '방송의 내용은 사전 심의하고, 방송원고는 1년간, 녹화테이프는 1개월간 보관'하라는 조치가 내려졌으며 이러한 조치들은 해를 거듭할수록 강화되었다.

공영방송이란 이름은 허울뿐이었으며 실상은 집권 정권의 도구였다. 외형적 변신에도 불구하고 정부-방송-국민간의 갈등은 더욱 골이 깊어지고 방송에 대한 불신은 고조되었다.

공무원출신과 방송인출신의 갈등

공무원은 영원한 철밥통이란 말이 있다. 요즘에야 공무원도 쉬운 것은 아니지만 1970년대 초에는 그야말로 거칠 것이 없는 호 시절이었다.

윤주영 문공부장관의 지시 하에 KBS에는 공영화의 분위기가 무르익고 있었다. 그 당시 KBS는 문공부의 한 국의 위치였으며, 중앙

방송국장이나 지방방송국장은 물론 직원까지도 문공부 총무과에서 인사발령을 하던 시절이었다. 관리직은 공무원 신분이었지만, 방송 실무를 담당하고 있는 전문 인력들은 임시직으로 차별이 심했다. 그러니 방송의 의미는 고사하고 방송의 체계도 없었고 국민을 위한 방송을 만들겠다는 의지 또한 애초부터 찾아보기 힘들었다. 그래도 정부에서 지시한 공보용 프로그램 제작은 대개가 임시직들의 몫이 었다. KBS 기자들은 출입처 기자단에서 공무원 취급을 해 기자단에 가입시켜주지 않는 등 정부조직의 하위집단이란 인식이 팽배했다.

관리직들은 KBS에서 꾹 참고 몇 년 만 버티면 중앙부서로 영전해 갈 것이란 기대심리로 세월만 보내기가 일쑤였고, 인사철만 되면 '어떤 자리로 누가 갈 것인지?' 등 자리에만 연연하는 풍토가 지배적이었다.

공영방송 설립위원회가 구성되고 정관작업이 진행되면서 KBS내 대다수 실무 부서원들은 사기가 고무된 한편 계장, 과장 등 관리직에 있던 간부들의 동요는 심각했다. 문공부 산하의 KBS라는 한직에서 일정기간 근무하면서 오로지 본부의 여러 부서로 영전되어 가는 일만 손꼽아 기다렸기 때문이었다.

당시 KBS 하루 일과는 서무과장의 호통소리와 함께 시작되었다. 이유는 '왜 출근부에 도장을 안 찍었느냐', '누가 시켜서 대리로 찍었느냐' 등이었다. 이는 심야 또는 철야까지 하는 방송전문직들의 업무특성을 고려하지 않고 기계적으로 출퇴근 시간만을 중시하는 행정 관료들의 무지에서 기인한 것이었다.

한편 부사장 방에 자주 출입하는
직원들이 일일이 체크되어 사장실
에 보고되고 해당 직원들이 경고를
받는 등 부사장을 고립시키는 상황
이 전개되기도 했다. 공무원출신 사
장과 방송인출신 부사장의 대립은
그래서 이미 예고된 것이나 마찬가
지였다.

최창봉 부사장은 중앙방송국장 시
절에 공영화를 위한 조직개편을 준
비하면서 공무원 70여명을 본인들
의 희망에 따라 정부 내 다른 부처
로 발령하는 길을 터놓았다. 하지만
홍경모 사장이 취임한 바로 그날,
이들의 전출은 홍 사장의 지시로 일
시에 철회되었고, 떠날 준비를 하고
있던 공무원 간부들은 방송공사 간
부로 머물게 되었다.

방송전문직들과 새로운 방송문화
를 확립하려 했던 최 부사장의 의욕
과 열정은 처음부터 묵살되었던 것
이다. 방송전문 인력을 채용하려 하
면 상부에서 공무원을 파견하는 식

이었으니 방송개혁이 이루어질 수가 없었다. 일본을 점령한 맥아더가 NHK이사회 구성에 공무원은 배제하라고 권고했던 것은 KBS와 같은 상황이 될 수 있음을 우려한 통찰력으로 보인다.

최창봉 부사장은 새마을운동에 대해 "정부의 시책이긴 하지만 보릿고개를 없애고 잘 살아 보자는 목표가 좋아 새마을운동 방송본부는 KBS가 자발적으로 만들었고, 방송내용도 감동적인 것이 많아 방송이 사회를 바꾸는 힘을 느낄 수 있었다"고 증언하기도 했다.

최 부사장은 3년 임기 후 장관의 권유로 KBS를 떠나 문예진흥원장으로 자리를 옮겼다. 후임으로는 공화당 당료출신 김재중 씨가 발탁되었다. 그는 당시 윤주영 장관, 이환희 문화방송 사장, 경향신문 출신 최서영 KBS 보도과장과 절친한 관계였다. 이는 방송과 권력이 얼마나 가깝게 이어져 있었는지를 말해준다.

3년에 걸친 부단한 노력과 애정에도 불구하고 최창봉 부사장이 떠나게 됨으로써 KBS는 전문방송인은 없고 충성스런 공무원출신만 자리다툼하는 관료집단으로 회귀하게 되었다. 이러한 관료들과 방송인의 갈등은 이후로도 끊이지 않았고, 방송 발전을 저해하는 원인이 되었다.

변함없는 간섭

방송사의 시청률 경쟁은 예나 지금이나 다를 바가 없다. 경쟁은 주로 드라마와 쇼 프로그램에서 나타난다. 채널 선택권을 갖고 있는 시청자 층이 선호하는 프로그램이기 때문이다.

1970년대 초 당시 KBS, MBC, TBC 등 방송3사는 다 같이 일일드라마를 전략 프로그램으로 삼고 프라임타임에 드라마를 우선 편성하는 경향을 보이고 있었다. '시청자 잡기', 즉 시청률 경쟁을 벌인 것이다.

3사의 일일드라마를 모두 합쳐서 1971년에는 주당 9편, 1972년에는 13편이던 것이 KBS가 공사로 전환된 1973년에 들어 무려 15편으로 늘었다. 말 그대로 '일일드라마 러시'였다.

당시 정부는 이러한 편성경향을 정부가 조국근대화를 위해 진력하는 '새마을운동'의 홍보와 국민의 정서에 지장을 초래한다고 판단하고, 그동안 방송사에 방송방향과 편성지침을 내리던 문화공보부를 통해 간섭에 나섰다. 1973년 7월 16일, 윤주영 문화공보부장관은 '방송내용 개선에 관한 담화'를 발표했다.

'일일극 창설에 비하여 교양프로그램이 방송법에 규정된 30%에 미달하고 있다. 각 텔레비전은 일일극을 1편 씩 줄이는 한편 골든아워에 교양방송을 편성할 것을 요망한다.'

방송사의 프로그램 개편은 계절에 따른 국민생활 시간대를 고려하여 1년에 두 차례 씩 봄 가을에 실시하는 것이 예나 지금의 관례이다. 그것도 시청자의 시청습관형성을 위해 월요일부터 시작하는 것은 지금도 지키고 있는 편성의 원칙이다.

1973년 3월 3일 국영방송에서 방송공사로 개편된 KBS는 새로운 형태의 방송체제인 공영방송으로 체질을 바꾸기 위해 수시로 개편을 단행하는 시도를 하였다. 그런데 자의가 아닌 타의로 개편을 하는 일이 벌어진 것이다. 문공부장관의 담화에 호응하여 KBS는 느닷없이 일일드라마 〈은하의 계절〉을 폐지하는 등의 개편을 주중임에도 불구하고 8월 15일자로 단행하였다.

문공부 장관 담화의 배경에는 단순히 교양프로그램 편성비율이 낮다는 이유만 있는 것은 아니었다. 1972년 10월 17일 박정희 대통령의 구국선언을 계기로 시작된 '10월 유신'의 이념 구현 방송에 간단없이 앞장서 줄 것을 희망하는 정부의 메시지이기도 하였다.

사실 '10월 유신' 선언 직후부터 11월 21일 국민투표일까지 뉴스는 말할 것도 없고 프로그램으로도 유신의 의의와 배경, 유신의 목표와 과제, 한국의 미래상 등을 홍보하는 과업을 게을리 한 언론사는 없었다. 관민영방송의 계몽에 힘입어 국민투표에서 91.5%가 유신헌법에 찬성하는 전례 없는 결과를 얻었다. 그러나 반 년 정도 세월이 흐른 후 '10월 유신' 이념 구현에 쏟는 방송사의 노력이 미약해져 가고 새마을정신에 위배되는 분위기가 조성되고 있었다. 방송 편성에 대한 정부의 간섭은 문공부 관계자가 이런 현상을 감지한 결과일 것이다.

대한민국 PD 1호 최창봉

방송인 최창봉의 화려한 경력은 한국방송사 그 자체라고 할만하다. 그의 인생은 우리나라 방송 분야에 있어 개척자의 길 그것이었다. '대한민국 PD 1호', '우리나라 방송의 산파', 'PD시스템을 확립한 인물' 등 그를 지칭하는 수식어는 수없이 많다.

그의 첫 직장은 대학을 졸업하던 해인 1956년 5월 12일 첫 전파를 발사한 HLKZ-TV방송, 우리나라 최초의 텔레비전 방송국이었다. 종로에 위치해 있던 이 방송국은 1959년 화재로 소실되고 끝내 복구되지 못했다.

당시 31세였던 그는 텔레비전의 연출과장으로 발탁되어 본격 TV드라마 〈사형수〉를 연출하였다. 이후로도 방송이라는 외길만을 걸었던 그의 명성이 오랜 세월 속에서도 퇴색되지 않고 빛나는 것은 그가 소신을 굽히지 않으며 오로지 방송발전을 위해 노력했던 족적 때문이다.

KBS의 공영화는 당시 문공부 윤주영 장관과 최창봉 국장의 합작품으로도 유명하다. 이로 인해 그에겐 '방송국 개국 전문가' 라는 수식어 하나가 더 붙게 된다.

어느 날 윤 장관이 최창봉 국장을 불렀다. "KBS를 맡아 새롭게 만들어 달라"는 주문이었다. 그는 몇 번의 고사 끝에 그 일을 맡았고 어려운 고비를 넘기면서 공영화의 기틀을 다지는데 전념했다. 주위에서는 당연히 그가 KBS 초대사장이 될 것으로 예상했으나 그마저도 최창봉은 거절한 것으로 알려졌다. 결국 초대사장으로 홍경모 문공부차관이 임명되었으며 최창봉은 부사장이 되었다.

그러나 방송인과 관료와는 애초부터 궁합이 안 맞는 관계일 수밖에 없었다. KBS 개국의 일등공신이었던 최창봉은 부사장으로 근무하면서 홍 사장과의 마찰을 피할 수 없었으며, 방송으로 소신을 펼쳐보고자 했지만 그 역시 순탄치가 않았다.

개국 당시의 일이다. 첫 번째 프로그램 개편안 시행이 임박했는데 사장결재가 나지 않아 최 부사장이 사장실에 찾아가보니 홍 사장이 마음대로 줄을 긋고 바꾸려고 하는 것을 보고 눈앞이 캄캄했다고 한다.

관료의 시각으로 본 프로그램들이 홍 사장의 내심으로 기꺼울 리 없었겠지만, 그렇다고 방송을 며칠 앞두고 자신의 입맛에 맞게 수정하려고 했던 것을 보면 공적 방송을 일개 개인의 소유물로 인식하였던 홍 사장의 전횡이 얼마나 심했는지 짐작케 한다.

최창봉에게 평생 가장 안타깝고 한스러운 일은 방송센터 건립이었다. KBS공영화 작업의 일환으로 새로운 방송환경을 구축하고자 시작된 대공사였다.

박춘명 씨의 설계도는 당시 세계 최고를 자랑하던 NHK 요요기 센터를 능가하는 방송센터가 될 것으로 극찬을 받았다.

NHK 요요기 센터 설계를 담당했던 일본전문가들의 도움까지 받으며 완성되었던 초기 설계도는, 그가 영국, 네덜란드 등 유럽 선진

방송현장을 경험하기 위한 출장 중에 완전히 변경돼버렸다. 애초 제작동과 행정동을 분리, 방송 제작기능에 중점을 두었던 그 설계도는 몇몇 어설픈 전문가와 목소리 높은 사공들의 신중치 못한 의견으로 가볍게 묵살되었다. 그 이유라는 것이 단지 "방송국이 감히 국회보다 높아서는 안 된다"는 것이었다.

그는 최초의 텔레비전 PD이자 처음부터 끝까지 방송과 함께 살아온 전문방송인이라 할 수 있다. 일개 방송PD로부터 방송국 최고 수장의 자리까지 오르기도 했던 그가 남긴 한마디는 다름 아닌 "방송인은 프로그램으로 말한다"이다. 더도 덜도 군더더기 하나 없는 그의 말은, 그로부터 30여년이 흐른 지금에도 변함없는 방송인의 화두가 되고 있다.

〈실화극장〉, 기획-중앙정보부, 제작-KBS

드라마는 작가의 메시지를 직접적으로 표출하지 않고 상징적 또는 우회적으로 표현, 전달할 수 있다. 드라마를 통해서 일반 국민들에게 정권의 메시지를 거부감 없이 전달할 수 있다는 점에서 과거 여러 정권은 정치적 목적 달성을 위해 드라마를 이용하려는 시도가 많았다.

드라마 중 정치적 성격이 가장 강했던 프로그램은 1964년부터 1975년까지 방송되었던 〈실화극장〉이었다. 실화극장은 도쿄올림픽 당시 신금단 부녀 상봉을 모티프로 한 드라마이다.

신금단은 북한을 대표하는 육상선수로서 1961~63년 모스크바에서 개최된 즈나덴스키 형제상 쟁탈 국제육상대회 400m, 800m 종목에서 3년 연속 우승을 차지했고, 1963년 11월 10~22일 인도네시아 자카르타에서 개최된 제1회 가네포대회(신생국 경기대회)에서 200m, 400m, 800m의 3관왕을 차지했는데, 특히 400m 종목에서 51초 40과, 800m 종목에서 1분 59초 10의 세계신기록을 세웠던 인물이다.

신금단은 북한에서 1961년 10월 공훈체육인 칭호와 1966년 10월 인민체육인 칭호를 받았다.

신금단은 1964년 도쿄올림픽에는 북한선수단으로 왔으나, 국제올림픽위원회가 출전 금지를 선언했던 가네포대회에 출전했기 때문에 이 대회 참가 선수들의 도쿄올림픽 출전자격을 박탈당했다.

도쿄까지 온 북한 선수단은 이에 반발해 철수를 선언했다. 그때 신생국 경기대회에서 신금단의 활약을 전해들은 아버지 신문준씨(당시 49세)가 딸을 찾아온 것이었다.

도쿄 조선회관에서 가졌던 이들 부녀의 상봉은 단 7분 만에 끝났다. "아바이! …." 아버지의 등 뒤로 금단이 외마디처럼 쏟아놓은 한마디는 전 국민의 유행어가 됐다.

'꿈 인가요 생시 인가요/ 하늘도 울고 땅도 울었소….' 한복남 씨가 작사 작곡하고 황금심 씨가 노래한 가요 「눈물의 신금단」도 인기를 끌었다.

신금단 사건은 반공 이데올로기를 선전할 수 있는 좋은 소재이기도 했기 때문에 이를 소재로 북한정권을 희화화하는 〈실화극장〉을 만들게 되었다. 당시 이 드라마는 반공 드라마였음에도 불구하고 높은 시청률을 보였다.

〈실화극장〉을 만들 당시 드라마 제작을 위해 중앙정보부에서 요원이 나와 녹화를 도와주었다. 윤정희, 최무룡, 신성일 등 당시 유명했던 배우들도 중앙정보부에서 출연하라고 하면 어쩔 수 없이 출연할 수밖에 없던 상황이어서 PD로서는 출연자 섭외 면에서 아주 편했던 점도 있었다.

당시 〈실화극장〉의 연출자와 조연출은 회사로부터의 급여 이외에 매달 중앙정보부에서 나오는 비공식적인 급여를 받기도 했다.

정권에서 방송사를 이용하기도 했지만 방송사에 근무하고 있던 사원 중 정치적으로 민감한 일부 PD들은 정치적 성향이 강한 프로그램 제작을 통해서 출세를 꾀하려 하기도 했다.

두 마리 토끼 잡은 〈꽃피는 팔도강산〉

1973년까지 우리나라는 1인당 국민소득이 북한은 물론 필리핀, 태국, 인도네시아, 말레이시아, 버마 등보다 낮아 아시아권에서 최후진국 중의 하나였다. 조국근대화를 기치로 근면 · 자조 · 협동하는 정신인 '새마을운동'에 힘입어 우리나라가 1인당 국민소득이 북한을 앞지르며 잘살기 시작한 것은 부인할 수 없는 사실이다. 새마을운동이 성공하는 데에는 관 · 민영방송의 적극적인 홍보가 큰 역할을 했으며, 특히 KBS의 역할이 지대했다.

한국방송공사 출범과 함께 '번영의 길잡이, 민족의 방송'을 표방하고 나선 KBS는 정책홍보와 새마을 프로그램에 역점을 두었다. 퇴폐풍조를 일소하고 생산적인 사회기풍을 조성함은 물론 길을 넓히고 주거환경을 개선하는데 전력했다. 당시 편성에서 새마을 프로그램에 대한 비중은 지금 관점으로는 가히 파격적이었다. 주 3~4개의 새마을 프로그램 중에서 한 개는 반드시 매일 밤 9시나 10시대에 20~30분짜리로 편성하였다. 프라임 타임에 정책홍보 고정시간을 편성한 것이다.

국가정책을 국민에게 홍보하기 위한 드라마 제작도 있었는데 대표적인 드라마가 〈꽃피는 팔도강산〉이다. 당시 "윤주영 문공부장관이 이 드라마의 실제적인 기획자다"라는 말이 돌았다. 드라마 제목을 정한 것도 역시 그였다. 이 드라마가 방영되기 전에는 부정적인 의견이 많았다. 당시 비슷한 제목과 같은 맥락으로 극장가에서 흥행에 성공했던 〈팔도강산〉이란 영화가 나와 있었다. 이처럼 뒷북치는 드라마를 제작하라는 지시는 제작진의 자존심을 적지 않게 건드렸다. 위에서부터 내려온 낙하산 드라마라는 사실 외에, 현실적인 제작여건을 무시한 기획이라는 점도 빈축을 샀다. 특히 당시에는 ENG 같은 카메라가 없는 시절이라 대형 녹화차량을 끌고 전국을 돌아다니면서 매주 스튜디오 녹화를 병행한다는 것이 물리적으로 어려웠던 시절이었기에 그 같은 불만은 당연했는지도 모른다.

하지만 방송이 결정된 마당에 일선 제작관계자들은 더 이상 손을 쓸 방법이 없었다. 결국 드라마 구성을 약간 변경하고 무미건조한 스토리에 양념을 보태는 방법으로 제작에 들어갔다. 조국근대화의 기치아래 새마을 노래와 '잘살아보세'가 울려 퍼지며 국민적 공감대가 형성되었던 시절, 전국 방방곡곡을 누비며 발전하는 모습을 배경에 담는 것을 근간으로 부모 자식 간의 사랑과 가족애를 다룬다는 점에 포인트를 두었다.

김희갑과 황정순 부부가 8도에 사는 자식들을 찾아다니며 각 지방의 일화와 명소 및 발전상 등을 유람하는 내용으로 정부의 조국근대화 정책을 홍보하는 대표적인 프로그램이었다. 전국 곳곳을 돌며 '새마을운동'으로 변모한 모습을 시청자들의 안방에 전달한다는 취지였다.

드라마 〈꽃피는 팔도강산〉에 출연한 배우와 탤런트는 김희갑, 황정순, 최은희, 장민호, 황해, 박노식, 태현실, 오지명, 전양자, 박근형, 문오장, 한혜숙, 김자옥, 윤소정 등 당시 스타를 총망라한 초호화 캐스팅이었다. 당시 연출자 김수동PD는 귀한 녹화차량과 야외촬영반을 독점하다시피 활용하는 특권을 누리며 30분짜리 일일드라마를 398회에 걸쳐 방송했다. 감독으로서 흥행 성적이 저조하여 간단한 문화영화 제작으로 연명하던 김수동PD는 이 드라마의 연출을 위해 홍경모 문공부 차관으로부터 전격 발탁됐었다.

방송에 대해 문외한이었던 그는 하는 수 없이 3개월 동안 연수라는 명목으로 스튜디오와 부조종실을 다니며 시스템을 익혔다. 이러한 상황을 몰랐던 스태프들은 자신들을 감시하고 있다고 의심의 눈초리를 보냈고, 낙하산 인사이다 보니 낯선 얼굴이어서 정보부 요원이라는 오해를 받기도 했다.

드라마 〈꽃피는 팔도강산〉은 회를 거듭하면서 대가족제도의 가족애와 정을 그린 내용이라는 소구력으로 기대 이상으로 시청자들의 대대적인 반응을 불러일으켰다. 하늘의 별보기보다 어려운 초호화 스타들을 매일 밤 볼 수 있다는 즐거움과 함께 가난에 찌든 우리에게 희망을 불러일으켜 주었다.

시청자들은 '새마을운동'으로 괄목할 만한 변화를 맞은 우리나라의 모습을 TV를 통해 확인하며 전 국민이 함께 놀라워했다. 비록 정권의 홍보차원에서 제작·방송되었다고는 하나 이 드라마는 드라마로서는 물론 국가 정책 홍보와 시청자에게 만족을 주는 데도 성공, 두 마리 토끼를 잡을 수 있었던 최고의 드라마였다.

〈꽃피는 팔도강산〉이 '새마을운동'의 성과를 홍보하기 위한 정책 드라마라는 이단아로 출발하였음에도 불구하고 대성공을 거두며 높은 시청률을 기록했다는 사실은 당시 우리 국민의 희망이 무엇이 었는지를 짐작하게 해준다.

"박대통령을 따르라"

박정희 대통령이 서거하고, 전두환 정권이 집권하면서 박대통령 시절에 임명되었던 최세경 사장은 KBS를 떠나게 되었다. 그의 짧은 재임기간이 말해주듯, 뚜렷한 업적이나 과오를 들추어내기 힘들다. 다만 박정희 대통령의 충복으로서 정부 방침과 홍보정책에 순응하였지만 공익이념이나 공영방송체제를 정착시키지 못했다는 평을 듣고 있다.

최세경 사장
(3대/ 1979.2.22~1980.7.28)

▲ 1922년 경남 사천 출생
▲ 일본에서 고등학교 졸업
▲ 서울대 철학과 중퇴
▲ 군공보장교 근무 중 박정희 대통령과 인연을 맺음
▲ 부산일보 논설위원
▲ 국가재건최고회의 의장 고문

1980년 초에 몰아친 언론계의 격변은 최 사장의 이른 낙마를 초래했다. 박정희 대통령 신봉자로 알려진 최 사장은 박 대통령이 지명하여 KBS사장으로 전격 입성하게 되었다.
1979년에 신군부가 들어오면서 대량 해직이라는 '악역'을 담당해야만 했고 끝내는 자신도 물러나야 하는 상황에 이르렀다. 이임 전에 '10.26 피격' 직전 박 대통령이 방문한 충남 삽교 방조제 인근 당진송신소에 직접 내려가서 대통령 방문 기념비를 건립하고 올 정도로 박 대통령을 개인적으로 존경한 인물이었다.

[집행기관]
감사 이치순
부사장 김재중
이사 김종면 이덕주

1979년 2월 19일 KBS사장으로 부임하면서 최 사장은 전임 홍경모 사장의 권위주의적 풍토를 일신하였다. 취임사 중 기억나는 한마디는 "외부의 바람은 사장이 막아낼 것이니, 사원들은 소신대로 열심히 일하라"는 당부였다. 사내에 활기가 일기 시작하였다. 그만큼 사원들의 최 사장에 대한 기대 역시 높았다.

최세경 사장이 외부의 인사 청탁을 배제한 것은 너무나 유명한 이야기로 남아있다. 당시 국회 문공위원장 강병규는 출신이 진주였다. 진주는 최세경 사장을 국회에 내보낸 텃밭이었다. 강병규 의원의 정치적 배경은 대통령 경호실장 차지철이었다. 또한 KBS는 국회 문공위원회의 국정감사 대상이었다. 이처럼 주변을 둘러싼 배경이 얽혀있는 상황에서 최 사장은 운신이 자유로울 수 없었을 것이다. 어느 날인가 최 사장은 강병규 문공위원장으로부터 인사 청탁을 받게 되었다. 청탁이라기보다는 압력 또는 실력행사에 버금가는 일이었다. 자신의 비서관을 KBS 부장급 사원으로 넣어달라는 것이었다. 그러나 최 사장은 강 위원장의 청탁을 과감히 뿌리쳤다. 동향 출신으로서 가볍게 부탁을 들어줄 것으로 생각했던 강 위원장의 입장이 곤혹스러워졌다.

두 사람의 사이가 틀어진 것은 불문가지였다. 장관과 국회의원이 모인 자리에서 벌어진 일이었기에 체면손상 문제까지 겹쳤다. 강 위원장이 최 사장에게 모욕적인 발언을 하자 최 사장은 자리를 박차고 일어나면서 상을 뒤집어엎었고 친선을 도모하자는 자리는 아수라장이 되었다. 이 사건은 당연히 장안의 화제가 됐으나 그 속사정은 두 사람만이 알 일이다.

박정희 대통령이 김재규의 저격으로 숨지던 날, KBS는 당진송신소를 개소하였다. 이날 박정희 대통령은 삽교천 준공식에 이어 KBS 행사에도 참석했다. 최 사장은 다음해인 1980년 4월 박대통령의 마지막 행사장이 된 당진송신소에 기념비를 세웠다. 내부의 비난을 피하기 위해서 경비는 개소식장에서 박대통령이 하사한 금액으로 충당하였다.

그에게는 오직 한사람의 대통령, 박정희만이 그의 대통령이었던 것이다.

KBS를 퇴임하는 날 아침, 최 사장은 부인에게 명연설을 준비해 간다면서 집을 나섰다. 그는 이임식장에서 전 사원들에게 혀 짧은 서당 훈장이야기를 하면서 "내가 비록 '바담 풍' 했더라도 여러분은 부디 '바람 풍' 할 것"을 주문하였다. 우레와 같은 사원들의 박수소리가 홀에 메아리쳤다. 그 역시 마음속에 담아둔 숱한 말들이 어찌 없었을 것이며, 말 못할 속사정은 또 얼마나 많았을 것인가를 생각하게 해주는 대목이다. KBS를 그만둔 뒤 최세경 사장은 당시 군의 실력자로 등장한 전두환 국보위 상임위원장으로부터 MBC를 맡아달라는 제안을 받았지만 이를 고사했다고 한다.

　최세경 사장은 인사의 외풍을 막기 위해서 나름대로 최선을 다했는지도 모른다. 그러나 정작 자신의 보좌관이었던 사람이나 고향사람 등 외부인들을 특별 채용한 것은 여전히 좋지 않은 선례로 남아있다.

서울의 봄,
그러나 새로운 암흑기의 도래

신군부의 화려한 등장—대량해직, 그리고 방송통폐합

12대 총선, 여당 선거운동 채널 KBS

'전비어천가' 방송

전 국민을 울린 〈이산가족찾기 생방송〉

시청료 거부 운동의 확산

'땡전뉴스' 시대

대통령의 가신, 공영방송사장

KBS 노조 탄생과 초기 활동

88서울올림픽과 방송의 도약

제2장

서울의 봄,
그러나 새로운 암흑기의 도래

유신체제가 비극적으로 막을 내렸지만 서울의 봄은 그리 길지 않았다. 곧바로 전두환 장군을 비롯한 신군부에 의해 다시 권위주의 철권통치의 시대가 이어졌다. 광주민주항쟁에 대한 피의 진압과 군부독재의 이미지는 역으로 체제 정당화를 위해 강한 이미지 탈피와 은폐에 대한 필요성을 더욱 절실하게 했다. 이를 위한 가장 손쉽고 영향력 강한 도구가 바로 언론매체였다. 신군부 정권은 1980년 언론기본법 제정과 함께 언론 통폐합을 단행함으로써 그 검은 마각을 드러냈다.

이 시기의 KBS는 동양방송, 동아방송, 한국FM, 전일방송, 서해방송 등을 통합해서 거대 방송사로 탈바꿈하였고, 동시에 MBC주식의 65%를 형식적으로 인수함으로써 KBS를 정점으로 한 이른바 공영방송체제를 갖추었다. KBS가 소유하고 있던 MBC주식은 나중에 70%까지 늘어났다가 1988년 MBC의 대주주인 방송문화진흥회에 넘겨졌다.

또한 KBS는 TV와 라디오의 양적팽창을 기함으로써 국가 기간방송이자 대표방송의 기틀을 마련하였다. 1981년 1월에는 한국방송광고공사가 설립되어 기존에 개별방송사가 해오던 방송광고 판매대행 역할을 맡게 되었고, 상업방송광고를 통하여 KBS는 기존의 시청료 외에 다른 재원을 확보할 수 있었다.

한편 방송국 내에서는 무명의 군인을 국가지도자로 부각시키는 이미지 조작이 대대적으로 이루어지고 있었다. 용비어천가를 연상케 하는 전두환 대통령에 대한 방송과 '땡전뉴스'라는 웃지 못 할 충성경쟁은 시대의 아픔이자 상처일 수밖에 없었다. 12대 총선 시기의 편파방송은 시청료 거부운동을 불러오기도 했다.

군부 정권은 광주민주항쟁의 상처를 덮을만한 거대 이벤트를 필요로 했고, 그것은 〈국풍81〉을 필두로 하여 '86아시안게임'과 '88 서울올림픽'으로 이어졌다.

신군부의 화려한 등장 - 대량해직, 그리고 방송통폐합

1980년, 모두들 서울의 봄을 기다렸다. 그리고 그 봄은 오는 듯 했다. 영원할 것 같았던 유신정권이 1979년 10월, 박정희 대통령의 서거로 한순간에 몰락하였다. 민주화를 향한 국민적 열망이 비로소 이루어지는 것이라고 믿어 의심치 않았다. 그러나 들뜬 분위기도 잠깐, 갑작스런 정권의 몰락은 정치공백을 가져왔고 이후 정치권은 물론 사회전반에 커다란 변화가 몰아쳤다.

언론 역시 예외가 아니었다. 오히려 개혁과 변화라는 명분으로 더욱 치명적 타격을 입고 대대적인 숙청바람에 시달려야 했다. 1980년 7월, 전두환 정권이 들어서면서 사이비 언론인과 부정부패 연루자 정리라는 대대적인 조치가 강제적으로 이루어진 것이다.

공영방송 KBS 또한 그 칼바람에서 벗어날 수 없었다. 신군부 정권의 눈에 가시 같은 사람, 새로운 경영주의 구미에 맞지 않는 사람 등이 그 대상이 되었다. 언론인 강제해직 단행을 위하여 각 방송사에 '방송인 자체정화 대상자 명단'을 작성하라는 엄명이 하달됐고, 그해 8월 16일 문화공보부가 작성한 '언론인 정

이원홍 사장
(제4대, 5대/ 1980.7.28~1985.2.18)

▲ 1929년 경남 고성 출생
▲ 부산고등학교, 서울대 종교학과 졸업
▲ 1956년 한국일보 입사
▲ 한국일보 사회부장, 주일특파원, 편집국장, 논설위원
▲ 1974년 문공부 주일본 공보관장
▲ 청와대 민원비서관

이원홍 사장은 5공 신군부의 등장과 함께 KBS에 진주해 5년 넘게 KBS를 장악, 왕PD 역할을 하면서 정권과 자신의 출세를 위한 도구로 방송을 철저히 이용했다.
그는 전두환 대통령의 신봉자이며 권력과 결탁한 대표적 언론인으로, '5공 언론'의 주역으로 꼽힌다. 광주민주항쟁에 대한 왜곡보도, 국풍, 이산가족찾기, 12대 총선 불공정 편파방송, 땡전뉴스, 송출공사 강제이관 등 수많은 사건 및 행사를 통하여 신군부에 걸맞게 KBS에 대한 철권통치를 자행했다.
반면 난시청해소 추진, 컬러TV방송, ENG 등 새 장비 도입 등으로 방송기술을 발전시켰으며, 직원들 처우개선을 위하여 노력했다. 또한 그의 방송에 대한 관심에 힘입어 프로그램의 품질을 높이려는 제작현장에서의 노력과 발전이 있었음은 부인할 수 없는 사실이다. 그러나 군부독재 권력을 철저히 옹호하고 합리화·정당화하는데 TV를 적극적으로 활용했던 것은 심각한 오점으로 남았다.

[집행기관]
감사 임진택(1980), 김수득(1982)

[이사회]
이덕주 정순일 윤혁기 손영호 차종호 강용식 박경환

화 결과'에 따르면 자체정화대상자 수는 모두 318명으로 확인되었다.

당시 강제 해직조치 대상자는 총 933명이었다. 그 중 298명은 신군부가 작성하였고 나머지 635명은 각 언론사가 자체적으로 선정한 것으로 나중에 밝혀졌다. 언론사들이 알아서 한 충성경쟁의 후유증이었다.

KBS는 1980년 7월 19일 오후, 전 직원에게 사표 제출을 지시하였으며, 그중 선별하여 5회에 걸쳐 1차 해직자 명단을 발표하고, 곧이어 8월 중순까지 여섯 차례에 걸쳐 140여명을 해고하였다. 이보다 앞서 MBC는 7월 15일과 19일 총 97명을 해직시켰다.

당시 국보위 문공 분과위원회의 해직기준은 '① 반체제 용공불순분자 또는 이들과 직간접으로 동조하는 자 ② 검열거부와 제작거부 주동 및 동조자 ③ 부조리, 부정부패한 자 ④ 특정 정치·경제인과 유착되어 국민을 오도한 자 ⑤ 기타 사회의 지탄을 받는 자'로 되어 있었다. 그러나 사실상 정화사유를 살펴보면 '무능' 37명, '무사안일' 7명, '기회편승과 지탄대상' 각각 7명, '고령' 12명, '품위손상' 9명, '장기근무' 3명, '특정정치인 유착' 2명, '직원상호간 불화' 1명 등이었다.

그 외에 지방방송의 경우 자격미달, 국가관 빈곤, 성격포악, 근무불량 등 이해하기 힘든 어이없는 사유도 많았다. 해직자 중 90여 명이 호남출신이었다는 사실은 위에 기술한 해직사유의 허구성을 잘 대변하고 있다. 결국 신군부측이 정권창출에 저해가 될 것으로 판단되는 기자 이외에 기타 회사 불만세력을 숙청대상으로 포함시켰던 것으로 보인다.

또한 12월 1일을 기해 언론기관 통폐합이 단행되었다. 방송의 경우 기독교방송은 보도기능의 상실로 광고방송이 폐지되고 복음방송에만 전념하게 되었으며, 문화방송은 21개 지방방송국의 주식 51%를 양수하여 이를 MBC의 지방방송망으로 계열화하게 되었다. KBS는 동아방송, 동양방송, 서해방송, 전일방송, 한국FM, 기독교방송 보도요원을 흡수통합하여 TV 2개 채널, 라디오 4개 채널, FM 음악방송을 포함한 총 8개 채널을 보유하게 되었다.

이때 동양방송 812명, 동아방송 198명, 기독교방송 128명, 서해방송 58명, 전일방송 51명, 한국FM 39명 등 대규모 인원이 KBS로 자리를 옮겨왔다. 여러 방송사가 KBS로 통폐합된 이후 출신방송사 간의 문화적 차이에서 빚어진 갈등과 대립이 생기면서 발전 장애요인이 되었고 KBS는 구심점을 잃어버렸다.

이러한 방송통폐합과 강제해직으로 보도나 제작 업무에 종사하는 직원들은 본인 의사와 관계없이 군사정부의 하수인 또는 홍보역군으로 근무해야했다. 대구에 근무하는 모씨는 본사에서 무조건 해직자 명단을 제출하라고 독촉하는 바람에 어쩔 수 없이 본인의 이름을 쓰고 강제해직되어 부인과 이혼하고, 자식들은 뿔뿔이 흩어지는 등 단란한 가정이 한 순간에 무너져 술로 세상을 한탄하며 보내다가 그 여파로 복직도 하지 못한 채 세상을 등지고 말았다. 이 같은 일은 그 당시에 비일비재했다. 직장에만 충실하면 된다는 일념으로 살아왔던 직원들이 정권창출의 제물로 강제 해직됐을 때 누가 그 정권을 올바른 정권으로 납득할 수 있겠는가.

그러나 이 난국에서도 형편이 피고 출세하는 직원도 있었다. 평소 같으면 KBS 입사란 엄두조차 내지 못했을 사람들이 언론통폐합을 기회로 자리를 차지하게 되었던 것이다.

어느 해직자의 회고

역사는 작용과 반작용의 끊임없는 충돌 속에서 후퇴와 전진을 거듭하면서 발전해왔다고 할 수 있다. 광주민주항쟁으로 대표되는 국민적 저항은 신군부의 집권장악 기도라는 작용에 대한 반작용의 충돌이었다. 충돌의 결과로 엄청난 피해자가 양산되면서 역사는 일시적으로 후퇴했다. 그 퇴행의 범주에는 언론도 들어있었다.

1980년 봄, 신군부의 철저한 언론 검열을 통한 사실 왜곡과 허위보도는 당근과 채찍에 길들여질 대로 길들여진 당시 언론인들의 쥐꼬리만한 양심마저도 송두리째 무너트리는 것이었다.

결국 전국의 각 언론사는 기자협회를 중심으로 한 전국적 연대와 함께 개별 언론사별로 저항을 할 수밖에 없는 상황으로 내몰렸다. KBS에서도 기자협회 분회를 중심으로 국민의 방송으로서 본연의 사명을 다해야 한다는 자성의 목소리가 나오기 시작했다. 특히 1973년 공사 창립이후 입사한 1기~5기까지의 공채생들은 신군부의 언론통제에 적극적으로 저항할 것을 요구했다. 당시 KBS내에서는 지금처럼 노조나 각종 직능단체가 전혀 없었기 때문에 기자협회 분회만이 KBS의 입장을 공식적으로 대변할 수 있는 위치에 있었다. 기자협회 KBS분회(회장 이홍기/ 부회장 이규창)는 회원들의 이 같은 요구를 받아들여 1980년 5월 12, 13, 16일 사흘 동안 자유토론회를 거쳐 의견을 수렴했으며 'KBS 보도를 위한 우리의 결의와 제의'라는 결의문을 채택하고 이를 회사의 보도 및 경영책임자들에게 전달했다.

이 결의문은 전문과 보도, 경영, 복지부문으로 구성돼 있었다. 이는 당시 신군부의 언론통제 속에서 KBS기자로서의 본분을 지켜나가자는 각오와 함께 KBS내부에 존재하는 불합리를 개선할 것을 함께 요구하는 기자들의 뜻을 반영하는 것이었다. 세 차례의 토론회는 모두 이규창 기자의 사회로 진행됐다. 토론회가 진행되는 도중 몇몇 선배들은 젊은 후배들에게 너무 나서지 말고 몸조심하라는 충고 겸 경고를 하기도 했는데 숙청이라는 명분의 대량해직을 예상한 선견지명(?)이었다.

광주 민주항쟁을 총칼로 진압한 신군부는 정권장악을 위한 정지작업의 일환으로 1980년 7월부터 공직사회와 언론계를 대상으로 대규모 숙청을 시작했다. 무능, 부패일소라는 그럴듯한 명분을 내세우면서 신군부에 반대하는 세력을 제거하기 위한 바람몰이를 시작한 것이다.

신군부는 이미 각 언론사별로 그들에게 저항하는 기자들의 성분을 파악하고 명단까지 작성해놓고 자진해서 사직하도록 언론사주들에게 강요했다.

KBS의 경우 1980년 7월과 8월 사이에 전 직원들은 모두 세 차례나 사직서 제출을 강요받았다. 이 과정을 거쳐 7월에 두 차례, 8월에 한 차례의 강제 대량해직이 이루어졌으며 전국에서 모두 66명의 기자, PD, 기술, 행정직 사우들이 KBS를 떠나게 됐다.

7월의 강제해직은 최세경 사장 재임 시에, 8월의 강제해직은 이원홍 사장 취임과 동시에 이루어졌다.

특기할 것은 7월에 해직된 사원명단에 보도자유를 요구하며 조직적 저항에 앞장섰던 공채생은 한 명도 포함되지 않았다는 사실이다. 최세경 사장은 7월의 두 차례 강제해직이 끝난 다음 직원조회를 통해 침통함을 토로한 후 이제 KBS에서 더 이상의 불행한 사태는 없을 것이며 전 직원은 해직된 동료들과 아픔을 함께 하면서 심기일전해 줄 것을 당부하기도 했다. 그러나 이 조회가 끝난 다음 최세경 사장도 KBS를 떠나게 된다. 이어 부임한 이원홍 사장은 바로 다음 날 다시 전 직원에게 사직원 제출을 요구했다. 당시 최사장의 말을 믿고 여름휴가를 떠났던 직원들의 경우는 다른 사람이 대신 사직원을 제출해야 했다.

1980년 8월 2일 오후에 발표된 3차 해직자들은 모두 공사창립 이후의 공채생들이었다. 앞에서 언급한 보도국 자유토론회에서 적극적으로 발언한 기자들이거나 광주민주항쟁 현장을 직접 눈으로 목격한 기자들이었다.

1기 이규창, 2기 박동영, 심의표, 이윤배, 3기 이몽룡, 5기 전종옥, 이희찬, 최성민, 김용관 등이 이때 회사를 떠났다.

뒤에 들은 얘기지만 최세경 사장이 1차, 2차에 신군부가 반드시 해직시켜야 할 기자로 분류해 놓은 공채생들을 포함시켰다면 자신은 물론 해직대상자를 대폭 줄일 수도 있었다고 한다. 결국 신군부는 이원홍 사장을 보내 그들의 목적을 달성한 것이다. 이들 해직자들은 마치 큰 죄라도 지은 것처럼 서둘러 회사를 떠나야 했으며 송별회 같은 모임은 차라리 사치였다. 숙청이라는 미명하에 하루아침에 직장에서 쫓겨난 언론인들은 일정기간 다른 직장은 엄두도 낼 수 없었다. 신군부의 기피인물을 받아줄 배짱 있는 기업이 없었기 때문이다.

KBS의 언론자유 수호를 위해 앞장서다 해직된 어느 기자는 구멍가게로 생계를 이어가기도 했다. 이 기자는 숙청바람이 불기 시작하면서 당시 만삭이던 부인에게 이번 숙청은 신군부에 반대하는 언론인을 내쫓기 위해 교묘하게 위장하는 것이기 때문에 "나도 100% 대상이 되니 부끄러워 할 필요가 없다"는 말과 함께 "기자하다가 해직되면 구멍가게밖에 할 것이 없으니 단단히 각오해야 할 것이다"라는 말을 몇 차례 하면서 부인이 받을 충격을 감소시키는 노력을 기울였다고 한다. 그런데 정말 해직 후 한 달도 안 돼 부인이 구멍가게를 계약하는 바람에 그 후 1년 가까이 구멍가게 사장을 하게 되었다. 이것을 본 다른 해직기자 한 명도 구멍가게를 차렸다. 이처럼 강제해직된 KBS 사우들은 수 년 동안 힘겨운 생활을 할 수 밖에 없었다.

해직일로부터 9년 가까운 세월이 흐른 1989년이 되어서야 이들 중 일부가 복직됐다. 그러나 말이 복직이지 실제로는 재입사였다. 해직 후 9년의 세월은 그대로 공백으로 남았고 이 공백은 인사 상 불이익으로 고스란히 이어졌다. 이들은 해직기자회와 해직자 동우회를 만들어 KBS의 부당한 처리에 대해 경영진 및 노조에 공식문서나 대화를 통해 시정을 요구했으나 받아들여진 것은 하나도 없었다.

관제 축제 〈국풍81〉

박 대통령 서거로 인한 권력의 진공상태에서 새로운 권력집단으로 부상한 신군부는 광주 민주화운동을 무자비하게 진압하고 질풍같은 속도로 정권을 장악하게 된다.

〈국풍81〉은 광주 민주화운동 1주년 추모 분위기를 꺾기 위해 전두환 정권이 만든 대규모 관제문화행사로 1981년5월28일부터 6월1일까지 5일간 여의도 광장에서 개최되었다.

행사의 면면은 개막행사, 민속제, 전통예술제, 젊은이 가요제, 연극제, 학술제 등으로 다양했다. 국민들 사이에 우리나라 전통문화에 대한 관심을 불러일으켰고, 또 가요제를 통해 '이용'과 같은 가수를 배출해 내기도 했지만 쿠데타로 집권한 전두환 신군부가 정권에 대한 국민의 불신을 희석시키기 위해 계획한 여론 호도책에 불과했다는 것이 일반적인 평가다. 〈국풍81〉은 1만 3,000명의 출연자와 연인원 약 1,000만 명의 관람객이 동원된 유사 이래 최대 규모의 축제로 널리 알려져 있다.

2005년 4월에 방송된 문화 방송의 〈이제는 말할 수 있다-허문도와 국풍81〉에서는 〈국풍81〉을 총괄 기획했던 허문도 당시 청와대 정무 제1비서관이 이 행사의 성공을 위해 김지하 시인 등 민중문화

운동 그룹의 인사들을 적극적으로 회유·포섭하려고 했던 것으로 드러났다고 밝혔다.

방송에 따르면, 허문도 씨는 1980년 12월 출소한 김지하 시인을 원주와 해남까지 찾아가서 광주 민주화운동 1주년과 때를 같이 해 준비되고 있던 국풍 행사에 참가해달라고 요청하였다고 한다. 그러나 김지하 시인은 허 씨의 의도를 간파하고는 분명한 거절의 의사를 밝히고 참여하지 않았다고 한다.

허문도 씨는 유신체제 하에서 탄압받던 민주문화운동가들에게 "문화적 리더십을 발휘해 달라!"는 미명 하에 국풍 행사에 참가해줄 것을 요청하면서 "공개적으로 놀 수 있는 마당을 마련해주겠다"고 했다. 하지만 이들 역시 김지하 시인과 같은 이유로 〈국풍81〉에 참여하기를 거부했다고 한다. 당시 KBS에서 프로듀서로 근무하던 임진택 씨의 경우엔 국풍 행사의 연출을 거부했다는 이유로 아예 직장에서 쫓겨나기도 했다. 이후 그는 마당극 소리꾼의 역할에 전념하게 된다.

'전국대학생 민속국악 큰잔치'라는 부제와 함께 열린 〈국풍81〉은 유사 이래 가장 성공한 축제라는 공을 인정받았지만 논란도 분분했다. 이 상업적이고 퇴폐적인 방송에 분개한 지식인들과 대학생들로 인해 행사기간 내내 곳곳에서 산발적인 시위가 발생했고 이것을 최루탄으로 제지하는 등 불미스러운 사건도 발생했다.

한 마디로 전두환 정권은 대규모 군중동원 행사를 통해 대학 내에 불기 시작한 민주화의 바람을 차단하고, 광주 민주화운동으로 인해 얻게 된 부정적인 이미지를 씻겠다는 속내를 갖고 있었던 것이다. 그러나 전두환 정권은 전통문화를 권력의 도구로 활용하는 '문화적 학살'로 많은 이들의 지탄을 받았고, 민중을 자신의 권력 안에 수용하는 데에도 실패했다.

여의도 광장에서 5일간 진행된 〈국풍81〉에 대해 당시 일부 언론에서는 '신명나는 민중의 큰 잔치'니 '사상 최대의 인파'니 하는 표현으로 찬사를 늘어놓으면서 '1년에 한 번씩 매년 열었으면 좋겠다'는 사족까지 붙였으나 결국 한차례의 죽은 행사로 그치고 말았다.

〈국풍81〉은 여론조작을 위해 집권자가 의도적으로 기획한 관제축제가 얼마나 허구이며 무의미한 것인가를 잘 보여준 대표적 사례이다.

12대 총선, 여당 선거운동 채널 KBS

1985년 2월 12일 총선은 KBS로서는 매우 불행한 오점을 남긴 선거이다.

당시 청와대는 출입기자 10명중 TV방송사 기자만 2진으로 활용하면서 TV매체를 통한 집권 합리화 작업에 박차를 가했다. 기존의 출입기자인 1진을 무력화 시키고 2진을 통해 TV방송사 사장에게 은밀한 메시지를 보내는 수법을 동원하면서 청와대는 역대 최초로 TV 전담부서를 신설하고 모 방송국 출신으로 전담 비서진을 구성했다. 당시 청와대 1진이었던 KBS 모 기자는 해설위원으로 좌천되었다. 청와대 출입기자는 정치부장이 되는 것이 관례였으므로 신군부와 고향이 다르다는 이유로 그렇게 처리된 것이 아닌가 하는 소문이 한동안 나돌았다.

12대 2.12 총선은 TV 선거방송의 원년이라고 말할 수 있다. 후보자 수천 명의 비디오파일 제작에서 컴퓨터그래픽 등 컬러TV 방송시대 최초로 첨단 방송기술이 시도되는 등 본격적인 선거방송이 이뤄졌다. 그런데 해괴한 선거방송지침이 결정되었다. 즉 '여당(민정당) 후보를 부각시키고 야당(신민당) 후보를 축소 보도한다' 는 것이었다. 구체적인 내용을 보면, '여당후보 기사는 처음 순서에 놓고 리포트를 길게 하고, 화면도 여당후보의 얼굴은 클로즈업 하며, 군중은 많아 보이게 롱 쇼트로 처리 한다. 반면 야당후보는 상대적으로 느슨한 처리로, 군중도 적게 보이도록 타이트하게 앵글을 잡고, 음향에서도 여당은 맑고 선명하게 하고 야당은 음질이 떨어져 탁하게 한다. 기사의 양은 여당은 길게 야당은 짧게 코멘트 하며, 내용면에서도 여당후보는 핵심적 내용을 길게 하고 야당후보는 부수적 내용을 편집하여 두 번째 순서로 한다.' 등 구체적인 편파보도 형식이 하달되었고 KBS는 그 이상으로 충실하게 방송하였다.

투표일이 임박해지면서 선거는 혼탁, 과열 분위기로 치달았다. 겉으로는 공정·투명 선거를 표방했던 정권은 KBS를 통해서 앞에서는 〈공명선거 캠페인〉, 〈공명선거를 위한 토론〉 등을 방송하게 하고 뒤로는 편파방송을 종용하였다.

1985년 2월 11일 〈특집방송—한 표의 결단〉에서는 12대 총선 편파·왜곡방송이 절정을 이루었다. 집권여당의 다수 의석 확보만이 안정된 성장을 기약할 수 있다는 인터뷰와 대통령의 선거공약, 북한의 남침위협 등 다양하고 노골적인 내용을 통해 편파왜곡방송이 자행되었다. 이러한 편파보도는 이후 시청료 거부운동의 발화점이 되었고 다음 13대 총선에서는 선거방송 보도지침을 마련하는 계기가 되었다.

그러고도 무언가 2% 부족하다고 판단한 KBS는 급기야 드라마 편성에 착안하게 되었다. 방송에서 TV드라마는 최고의 시청률을 자랑하는 분야이다. 거부감 없이 국민의 눈과 귀를 사로잡을 수 있는 최고 수단이며, 불평불만 없이 국민의 심금을 울리며 정부시책을 하달할 수 있는 것이 바로 드라마였다.

1985년 12대 총선을 앞둔 시점에서 긴급 편성된 드라마 몇 편을 살펴본다. 정확히 15편이 총선용 드라마로 편성된 것이었다.

(1) 1월 29일 〈연속입체기획-여우의 이간질〉
야당을 교활하고 이간질에 능한 여우에 비유, 매도하고 있다. 선거운동원들이 모두 공무원을 사칭해 여권후보자의 표가 줄어들게 하려고 음모를 꾸미다가 들키는 내용이다.

(2) 2월 9일 〈잠깐만 생각해봐요〉
일방적으로 여당의 지지를 유도하고 있으며 야당이 주장하는 민주화 등의 바람은 실체가 없는 환상이며, 선동을 잘하고 무책임하다는 이미지를 강하게 부각시켰다. 마지막으로 미래의 밝은 모습을 제시함으로써 현실에 대한 비판의식을 마비시키고 있다.

드라마의 역풍으로 애꿎은 피해자가 양산되기도 했다. 〈연속입체 기획-잠깐만 생각해봐요〉에 출연한 탤런트 송재호 씨의 경우를 보면, 송재호 씨는 '여권 옹호성 편파방송을 맡을 수 없다'고 항의하였으나 당시 분위기로 더 이상 거절할 수 없었다. 녹화가 진행되는 동안 당시 KBS사장이었던 이원홍 씨는 수시로 녹화장소에 찾아와 지켜 서서 즉석에서 마음에 안 드는 대목을 고치라고 지시하는 등 수시로 전화를 걸어 녹화 진전 상황을 점검하기도 했다.

송 씨는 이 프로그램으로 인해 국민들로부터 거센 항의와 협박을 받았다. 효성빌라에 산다는 한 주부는 송 씨에게 "당신은 왜 그 같은 방송을 하느냐. 돈이 없어서라면 내가 돈을 줄 테니 그따위 방송을 하지 마라"는 전화를 했는가 하면 무수한 편지로 강력한 항의를 받았다고 한다. 방송사에서도 한 1년 동안 '저 친구가 나오면 시청률 떨어진다'며 배역 주기를 거부했으므로 자신도 2.12 총선에서 KBS의 편파왜곡 선거방송의 피해자라고 주장한다. 송씨는 지금도 이 일로 인해 늘 억울하고 죄스런 마음을 가지고 있다고 한다.

15편에 걸쳐 제작 방송된 선거용 홍보드라마의 대부분은 야당을 일방적으로 비난하는 내용으로 일관되어 있었다. 이 같은 드라마의 편파방송은 당시 시청자들의 거센 반발과 비난을 초래했다. 오죽했으면 민정당의 일부 의원들조차도 '드라마가 집권여당의 표를 감소시켰다'고 주장하며 KBS의 과잉충성을 비난했을까.

선거 결과는 여당인 민정당의 참패였다. 창당 25일밖에 안된 신민당이 서울을 비롯한 대도시를 휩쓸면서 제1당으로 부상했으며 뒤이어 민한당을 흡수 통합해 102석을 확보하여 거대 야당으로 원내 진출하였다. 이처럼 편파왜곡을 일삼은 방송사를 용서할 수 없다며, 신민당에서는 1985년 2월 11일, KBS 이원홍 사장과 MBC 이웅희 사장을 선거법위반으로 고소하기도 했다.

'전비어천가' 방송

1980년 전두환 씨가 정권을 장악하자 각 방송사의 충성 아이디어가 백출했다. 그 대표적인 사례가 이른바 '땡전뉴스'였다. '땡전뉴스'를 주도했던 방송사 간부들은 이후 주요 직책을 섭렵했고 일부 인사들은 정계에까지 진출했다. MBC 정치부장(1978~81년)을 하다가 6년 간 〈MBC 뉴스데스크〉 앵커를 맡았던 이득렬 씨는 〈제5공화국 정치발전 진단(80년 10월 31일)〉 등 전 씨를 찬양하는 각종 특집 프로그램을 진행했다.

1981년부터 8년 간 KBS 〈보도본부 24시〉 앵커를 지낸 이윤성 씨는 〈광주사태〉 진행을 맡았다. KBS 보도국장이었던 강용식 씨도 대표적인 정치 언론인에 꼽혔다. 강 씨는 1981년 KBS 보도본부장으로 승진했다가 1985년 민정당 국회의원으로 정계에 진출, 국회 사무총장을 지냈다.

전두환 씨 찬양일변도의 특집 프로그램으로는 KBS의 〈다큐멘터리 전두환 장군의 이모저모(8월 22일)〉와 MBC의 〈제5공화국 정치발전 진단〉이 대표적이었다. KBS는 60분짜리로 제작한 〈전두환 장군의 이모저모〉에서 '시련과 도전에 맞서서 새 시대의 지도자로 추앙받는 전두환 장군… 전두환 장군이 탁월한 지도자의 능력을 갖추고 있다는 기록이 남아있다… 그는 국가가 누란의 위기에 처한 것을 알고는 맨몸을 던져서라도 나라 위해 싸울 결심… 뛰어난 지도자적 자질과 공사가 분명한 태도 그리고 칼날처럼 날카로운 판단력' 운운하며 전 씨를 찬양했다.

　신군부를 위한 방송프로그램은 단지 전 씨 집권을 찬양하는데 그치지 않았다. 방송사는 민주화를 요구하는 시민들의 요구를 사회불안 요소로 매도하고 반공 이데올로기를 유포해 전 씨의 폭압통치를 강화하는데 적극 나섰다. 특히 김대중 씨를 비롯한 신군부 반대세력들을 용공인사로 매도하는 각종 프로그램을 방송했다.

특집대담-학원사태(4.17)　　　　특집방송-학원, 무엇이 문제인가(4.25)
특집방송-사회안정과 정치인의 자세(7.4)　김대중 사건 이렇게 본다(7.5)
수요특집-민주사회와 공산주의 침투(7.9)　특집방송-사회의 정화(7.10)
특집방송-한민전의 정체(8.2)　　　특집방송-한민통과 김대중(8.12)
특집좌담-최대통령 담화를 듣고(8.16)　특집 90분토론-새 시대가 열렸다(8.31)
수요특집-외국의 선거제도(9.10)　　특집 90분토론-새 시대 새 해법(10.5)

스포츠를 통한 여론 호도

　1979년 '10 · 26'과 '12 · 12' 등을 겪은 우리 사회는 극도의 혼란에 빠져 있었다. 5공 정권은 여론을 조작하고 국민적 관심사를 호도하기 위해 전통적인 수법인 3S(sports, sex, scandal)에 착안했다. 그 중에서도 스포츠는 가장 손쉽게 국민들의 마음을 사로잡을 수 있는 방법이었다.

그러나 축구의 경우 전두환 대통령이 골키퍼 출신이라는 것이 알려지자 축구에 대한 열기가 급속도로 식어 경기장을 찾는 관중이 채 200명도 안 될 정도였다. 더구나 축구 인프라는 제로 상태여서 무거운 사회 분위기를 타개하고 척박한 축구 환경을 개선할 필요가 있었다. 1980년에 등장한 한국의 컬러TV방송은 국민의 눈과 귀를 TV앞에 묶어 놓는데는 최적격이었다. 우민정책의 일환이었다.

(1) 프로축구의 출범

프로축구의 탄생에는 KBS의 이원홍 사장이 결정적인 공헌을 했다. 이 사장은 최순영 축구협회장을 만나 프로축구 태동을 위한 전략적 제휴를 약속했다. 또 주식회사 유공은 전 대통령이 축구를 좋아 한다는 것을 알고 눈치 빠르게 축구팀을 창단했고 이학봉 수석이 적극적으로 도와줘 유공과 럭키금성, 할렐루야, 현대, 아마추어인 국민은행 등이 참가하는 프로리그가 1983년 출범하게 됐다. KBS는 주말에 2경기씩, 전국을 순회하는 전 경기 실황을 생중계 방송했다.

담당PD는 전 프로축구연맹 사무총장까지 지낸 정건일 씨, AD는 KBS에서 SBS로 옮긴 뒤 작고한 허규 씨였다. KBS는 단순히 중계 방송만 한 것이 아니라 관중동원에도 적극적으로 나섰다. 이원홍 사장은 자신의 집무실에서 프로축구 중계방송을 모두 모니터하면서 만약 관중석이 비면 해당 지역 방송국장에게 관중동원이 형편없다며 호통을 쳤다. 심한 경우에는 인사조치까지 단행해 프로축구가 열리는 지역의 KBS국장은 목을 걸고 관중동원에 앞장섰다. 이원홍 사장은 이에 그치지 않고 예고방송과 부대사업까지도 직접 챙겼다. KBS사업부장과 축구협회 사업부장은 프로축구가 열리는 지방마다 일일이 찾아 다니면서 점검에 여념이 없었다. 이로 인해 프로축구는 출범 초기부터 엄청난 붐을 일으키며 성공적인 리그가 됐고 뿔뿔이 흩어졌던 축구인들이 단합하는 계기가 됐다.

특히 우리나라가 1954년 스위스월드컵 이후 32년만인 1986년 멕시코 월드컵 본선에 오른 것은 프로축구 태동으로 인해 선수들의 경기력이 크게 향상된 결과였다. 또 2002년 한일 월드컵에서 한국 축구가 4강 신화를 이룬 것도 그 뿌리는 1983년 한국 프로축구의 출범으로 보고 있다.

이를테면 장덕진 씨가 대한축구협회장을 맡았던 1970년대 금융단 축구가 크게 융성했던 시절을 한국 축구의 첫 르네상스로 본다면, 프로축구가 태동한 1980년대는 두 번째 르네상스, 2002년 한일 월드컵을 전후한 시기는 세 번째 르네상스라 할 수 있다. 또 KBS로 보면 프로축구를 중계방송하면서 중계제작 기술도 비약적으로 발전해 1986년 아시안게임과 1988년 서울올림픽 중계방송을 성공적으로 치러내는 토대를 마련했다고 볼 수 있다.

프로축구 출범 이전만 해도 일본의 NHK는 한국의 제작능력을 의심해 자신들이 장비와 제작인력을 직접 가지고 와 중계방송을 했었다. 그러나 1985년 잠실 종합운동장에서 벌어진 한국과 일본과의 월드컵 최종예선에 KBS가 카메라 12대를 동원해 중계방송을 하는 것을 보고는 KBS의 방송 수준도 NHK 못지않다며 이후에는 자신들이 장비와 인원을 직접 동원하지 않고 KBS의 화면을 받아서 방송하게 되었다.

이날 한일 예선경기 중계방송은 국무회의에서도 큰 화제가 되었다. 이원홍 문공부장관은 전두환 대통령이 크게 칭찬을 했다며, 박현태 사장에게 직접 전화를 걸어 제작 스태프들의 노고를 치하하기도 했다. 덕분에 스태프들 모두가 남강식당에 모여 대규모 회식을 하는 호사를 누렸다.

반면에 이런 일도 있었다. 남북 축구대회 날이었다. 경기장에 지붕 그림자가 드리워져 화면이 이상하게 나오자 대통령이 이를 지적했다. KBS는 남북 축구를 총괄하던 안기부의 협조를 얻어 대낮에 잠실 주경기장의 라이트를 모두 켜고 운동장에 그림자가 지는 것을 막았다. 이처럼 대통령의 축구사랑은 당시 모든 공무원과 관계자들을 초긴장시켰다.

한편 프로축구 개막전날 개막행사 예행연습에 동원됐던 동두천 여상 학생들이 행사용으로 사용할 꽃 수술을 들고 있었는데 마침 누군가가 던진 담뱃불이 여학생들의 꽃 수술로 옮겨 붙었다. 순식간에 수십 명의 여학생들이 온몸에 화상을 입고 일부는 뛰어내리다 다리가 부러지는 등의 중상을 입는 비상사태가 발생했다. 얼굴 화상은 물론 여학생들의 가슴까지 화상을 입는 심각한 상황이었다. 이로 인해 자칫 개막행사가 엉망진창이 될 수 있었으나 이원홍 사장은 모든 것을 KBS가 책임지겠다며 신속한 현장 수습에 나서 부상 학생들을 병원으로 긴급후송한 뒤 행사를 무사히 마쳤다. 이후 KBS는 부상학생들을 모두 KBS사업소, 대한생명 각 영업지점 등에 취업시킨 숨은 비화도 있다.

(2) 민속씨름대회의 유래

천하장사씨름대회인 프로 민속씨름대회의 발족은 스포츠 캐스터와 씨름인의 아이디어를 정치권이 필요에 의해 수용함으로써 이루어졌다. 사실 KBS는 1972년 KBS배 전국장사씨름대회를 창설하여 해마다 개최하고 있었다. TV로는 별 인기 없이 치러지고 있던 장사씨름대회 중계방송이었는데 제3회 대회 최종일 경기의 시청률은 타 방송사를 앞지르는 이변을 낳았다. 이점을 주목하고 민속씨름 창설을 제안한 사람은 바로 씨름 전문 캐스터인 이규항 아나운서였다. 프로 스포츠의 필요충분조건인 시청률확보와 관중동원의 흥행 면에서 모두 성공할 수 있다는 확신을 가진 것이다. 이규항 씨가 처음 접촉한 사람은 씨름 해설자 김태성 씨였다.

의기투합한 두 사람이 막연한 희망을 품은 지 7년이 지난 1981년 제18회 대통령기대회(9.18~20, 부산구덕체육관. 장사 최욱진)가 민속씨름탄생의 급물살을 타게 한 시점이었다. 해설자 김태성 씨가 대회 직전에 교통사고로 경희의료원에 입원한 사실이 기폭제가 되었다. 당황한 제작진은 대타 해설자를 지목하였고 중계팀의 분위기는 가라앉아 있었다. 그런데 방송을 앞둔 시점에 양 겨드랑이에 목발을 짚은 김태성 씨가 거짓말처럼 씨름대회장에 나타났다. 담당의사의 외출 불가 엄명을 어기고 서울서 부산까지 온 것이다. 당시 이규항 아나운서는 김태성 씨의 씨름에 대한 애정을 재확인하며 프로씨름 창설의 불을 다시 지필 수 있었다고 한다.

1981년 9월말, 수년 동안 미루어 왔던 거사를 다시 착수하며 김태성 씨는 방송스포츠 PD 1호인 김재길 씨와 함께 실무를 다지기 시작했다. 결국 그해 12월 31일 역사적인 발기인 모임을 가졌다. 씨름계의 김해수(전 민속씨름협회 부회장. 작고), 김동수(사업가), 김태성, 김성률, 김창한(전 민속씨름협회전무. 작고), 그리고 KBS체육부의 박세호, 김재길, 이명환, 아나운서 이규항 등이 참여했다.

한국사회에서는 어떤 새로운 일을 꾸밀 때는 정치적으로 영향력 있는 인물이 필요하다. 신군부시절 이학봉 청와대 민정수석이 김해 출신의 씨름인 이학조 선생의 형님이었다. 무소불위였던 전두한 정권당시 청와대의 이만한 자리였다면 민속씨름 창설 정도의 일은 손바닥 뒤집기였다. 때마침 KBS는 정부의 어용나팔수 확성기 노릇을 할 때였기에 청와대에서의 결정을 KBS로서는 수용할 수밖에 없었다. 권력지향적이었던 이원홍 사장은 열과 성을 다하는 충성을 보였다.

발기인 규합이 있은 지 1년 4개월만인 1983년 4월 14일, 모든 씨름인들의 꿈이었던 민속씨름이 탄생되었다. 영남지역을 제외한 다른 지역에서는 비인기종목이었던 씨름도 이러한 연유로 말석이나마 프로화가 되었던 것이다.

천하장사의 상금은 무려 1,500만 원이었다. 1983년의 소값이 350kg의 경우 암소 158만 5,800원, 수소 141만 4,800원이었다. 씨름판의 상은 전통적으로 소 한 마리였는데, 천하장사의 상금 1,500만 원은 소 열 마리를 살 수 있는 거금이어서 다른 스포츠 종목의 상금과 견주어도 손색이 없었다.

민속씨름의 탄생으로 씨름선수는 명예와 돈을 함께 거머쥐면서 대중의 스타로 급부상하기에 이른다. 제1회 천하장사 대회에 혜성처럼 나타난 무명의 이만기(경남대2년)는 민속씨름을 성공으로 이끄는데 결정적인 역할을 하였다. 그것은 힘의 씨름판을 기술의 씨름판으로 바꾸어 놓았기 때문이다.

과거의 씨름꾼들은 불룩 튀어나온 자기의 배 위에다 술잔을 놓고 마시는 치기를 자랑으로 여겼다. 그러나 민속씨름 탄생이후 배가 나온 씨름 장사시대도 함께 막을 내리게 되었다.

우리나라 민속씨름의 탄생은 이규항 아나운서의 아이디어로 촉발된 것이었다. 그는 씨름중계방송을 개척한 아나운서이자, 민속씨름이 열매를 맺게 하는데 결정적 촉매역할을 한 방송인으로 평가되고 있다.

〈황강에서 북악까지〉

1981년 3월 3일, 제12대 전두환 대통령 취임식이 있었다. 얼마 지나지 않아 소설가 천금성씨가 전두환 대통령 전기『황강에서 북악까지』를 세상에 내놓았다. 이 소설은 작가 혼자 취재와 집필을 맡은 다큐멘터리로 황강은 전두환 대통령의 고향 합천에 있는 강이며 북악은 청와대를 일컫는다.『황강에서 북악까지』는 전국 모든 관공서와 군부대에 비치되어 당시 군 생활을 했던 사람들은 누구나 서너번씩은 독파했다고 한다.

이런 상황에서 L모 방송위원은 이 책에 남다른 애착을 갖게 되었다. 그는 KBS 제1라디오 연속입체낭독 〈황강에서 북악까지〉의 방송계획을 세워 결재를 올렸고, 방송이 거의 성사되는 듯 했다. 그런데 TV다큐멘터리 팀에서 제동을 걸었다. 대통령의 전기물을 다루는 대작(?)을 라디오에서 그것도 10분짜리 낭독물로 만든다는 것은 어불성설이라 주장하고 나섰던 것이다. TV다큐멘터리로 제작해야 마땅하다며 천금성 작가와 서둘러 접촉하는 등 야단법석을 떨었고, 서로 한 치의 양보도 없이 라디오와 TV는 묘한 대립양상을 보였다. 이처럼 대통령의 위대한 전기를 방송하고자 하는 두 부서간의 경쟁은 심각한 파문을 몰고 오기도 했다.

결국 이 문제는 청와대로 올라가 대통령에게 보고되었다. 당시 전두환 대통령은 "기왕 대통령이 된 상황에서 새삼스럽게 전기물을 방송한다는 것은 쑥스러운 일이다"라며 방송중단을 지시해 〈황강에서 북악까지〉의 방송계획은 라디오와 TV, 양쪽 다 무산되고 말았다.

애초 이 〈황강에서 북악까지〉를 라디오 연속입체낭독으로 기획했던 L모 방송위원은 박정희 정권당시 육영수 여사가 서거한 직후 박목월 씨가 쓴 전기 『육영수 여사』를 같은 형식으로 제작해 방송한 전력이 있었다. 당시 그 프로그램이 방송될 때 박정희 대통령은 물론 청와대의 전 직원이 매일 아침 숨을 죽이며 라디오를 애청했다고 한다. 덕분에 L모 방송위원은 청와대에 수차례 초청되는 등 후한 대접을 받기도 했었다.

〈황강에서 북악까지〉를 기획한 내밀한 의도가 거기에 있었던 것이다. 방송으로 권력에 줄을 대고자 했던 원대한 포부가 이번에는 엇나간 것이었다. 또 한 가지 소설가 천금성씨는 문제의 소설 『황강에서 북악까지』를 집필한 덕에 책이 발간되자마자 곧 문화방송의 편집위원으로 특채되는 영광을 안았다. 당시는 물론 지금도 문화방송에는 이러한 직제가 존재하지 않는다. 천금성씨 단 한사람을 위한 새로운 직제였다.

전 국민을 울린 〈이산가족찾기 생방송〉

1983년 6월 30일 밤 10시 15분, 가수 패티 김의 애절한 노래 '누가 이 사람을 모르시나요'(가수 곽순옥이 처음 불렀음)가 주제음악으로 흘러나오며 KBS공개홀에서 〈이산가족찾기 생방송〉은 시작되었다. 아무도 이 프로그램이 최고 시청률 78%를 기록하며 온 국민을 눈물바다로 빠뜨리면서 장장 4개월 보름동안 생방송으로 계속될 줄 몰랐다. 세계적으로 그 유례가 없는 경우로, 비극적인 역사를 갖고 있는 한국에서만 가능할 수 있었던 프로그램이었다. 11월 14일까지 138일간, 총 방송시간은 453시간 45분이었으며, 신청자는 100,952명, 그중 53,536명이 출연해서 10,189명이 상봉의 기쁨을 누리는 대기록을 남겼다.

이 프로그램은 애초에 '6·25 33주년 특집 프로그램'으로 편성되어 다음 날인 7월 1일 새벽 1시까지 3시간 정도 방영할 예정이었다. 그러나 이후 펼쳐진 반응은 상상을 초월했다. 이산가족 150명을 초청한 방청석에는 무려 1천여 명이 넘는 이산가족이 장사진을 이루었고 방송 중에는 업무가 마비될 정도로 전화가 폭주하는 사태가 발생했다. 다음날 즉시 KBS본관에 '이산가족찾기 추진본부'가 긴급 설치되었고 7월 2일에는 14시간의 생방송이 이어졌는데 이날 하루 동안 혈육을 찾은 이산가족만도 300여 가족이 되었다.

KBS는 모든 정규방송을 취소한 채, 5일 동안 '이산가족찾기'라는 단일 주제로 릴레이 생방송을 진행하였다. 이 기간에 가족을 만나기 위해 여의도를 찾은 이산가족만 5만여 명에 달했고, 총 500여 명의 이산가족이 상봉을 하였다. 또 78%라는 최고의 시청률을 기록하며 내외신 기자들의 열띤 취재 속에서 세계 각국의 주요뉴스로 소개되기도 했다.

이산가족찾기 생방송으로 온 국민이 눈물바다에 빠져있던 1983년 9월 1일, 미국을 떠나 한국으로 비행하던 대한항공 KAL 007기가 사할린 오호츠크 해에서 소련 공군기의 미사일 요격으로 격추되어 269명이 차가운 북태평양의 원혼으로 숨져간 사건이 발생했다. 이어 10월 9일에는 버마를 방문 중인 전두환 대통령 일행의 암살을 기도한 북한 공작원들의 아웅산 묘소 폭탄테러가 일어났다. 전 대통령은 구사일생으로 화를 면했으나 이범석 외무부장관 등 수행원 17명이 폭사했다. 대형 사건사고들이 계속해서 이어지자 국민들의 충격은 적지 않았다. TV에서는 유족들이 통곡하며 눈물짓는 장면이 무수히 방송되었다.

이러한 시국에서 KBS는 갑작스럽게 〈이산가족찾기 생방송〉 종료 선언과 함께 '기록 명부'를 통한 상봉으로 대체하겠다는 입장을 발표했다. 이 같은 발표의 배경에는 "국가적 애사가 빈발하는 이유가 〈이산가족찾기 생방송〉으로 국민들의 눈물 흘리는 장면이 장기간 방송되었기 때문이다"는 점술가들의 얘기를 집권층에서 수용하고

KBS경영진에게 은밀히 방송종료를 유도한 것이라는 주장이 설득력을 얻고 있다.

그 후 1990년 1월에는 '사할린방송국-서울-대구KBS'를 연결하는 3각 위성방송으로 〈사할린의 이산가족을 찾습니다〉가 방영되어 일제강점기에 징용으로 끌려간 사할린 섬 동포와 국내거주 18가족이 텔레비전 화면을 통해 극적으로 상봉하기도 하였다.

이 프로그램의 일등공신은 컬러 TV라고 할 수 있다. '이산가족 찾기 행사'가 대대적인 호응을 얻었던 것은 얼굴의 세세함을 또렷이 보여주는 TV앞에서 잊었던 가족의 얼굴을 찾을 수 있었기 때문이다.

'얼굴은 잊었지만 몸 어딘가에 있던 점, 흉터 등으로 찾은 가족', '이름은 잊었지만 고향을 잊지 않아 찾은 가족', '구경왔다가 우연히 찾은 가족' 등 사연도 가지각색이었고, TV를 시청하다가 잃어버렸던 가족을 보고 실신하는 사람도 있었다고 하니 실로 TV가 가진 위력이 대단하다 하지 않을 수 없다.

그전에도 신문사, 관련기관 등이 이산가족찾기 행사를 주관한 적은 있었다. 하지만 별다른 효과를 보지 못했기 때문에 이 기획에 나섰던 KBS 관계자들도 사실 반신반의하는 마음이었다. 어찌됐건 이 프로그램은 온 국민을 하나로 만들기에 충분했고 진행을 맡았던 유철종, 이지연 씨는 일약 스타 MC가 되기도 했다.

선비 방송인 장기범

예나 지금이나 어느 분야건 방송을 하는 사람은 많지만, 진정한 방송인이라 칭할만한 인물은 많지 않다. 더구나 평생 권력과 재물을 탐하지 않고 초연히 외길 방송인으로 올곧게 살다간 인물은 더더욱 드문 것이 현실이다.

방송가에서 방송인 장기범은 여전히 후배들이 기려야할 자랑스럽고 존경스러운 선배 방송인으로 남아있다. 아나운서로 입사해 프로듀서, 기자, 앵커 분야에서 두루 활동했던 그는 뛰어난 방송능력에 숱한 유혹에도 불구하고 권력과 불의와는 결코 타협하지 않아 개인적으로는 불운한 행로를 걸어야 했다.

1947년까지 교사생활을 했던 그는 대한민국 정부수립 직후인 1948년 10월 21세의 나이로 방송에 입문한 이래, 1982년 KBS에서 55세로 정년퇴임할 때까지 만 33년 8개월이란 세월을 방송만을 위해 살며 방송인들의 정신적인 지주가 되었다.

1950년대 라디오는 대중들의 욕구를 채워주는 유일한 매체였다. 지금처럼 방송제작과 관련된 메커니즘이 널리 알려지지 않았던 때였던 만큼 라디오를 통해 흘러나오는 아나운서의 목소리가 맡은 역할은 더할 수 없이 중요했으며 청취자에 대한 영향력 또한 막강했다.

당시 장기범은 〈스무고개〉, 〈노래자랑〉, 〈재치문답〉 등을 진행하며 특유의 순수한 열정과 따뜻한 심성에 유연하고 재치 있는 진행솜씨를 접목시켜 대중을 라디오로 이끄는데 중요한 역할을 했다.

또한 그는 공개방송을 신설해 새로운 방송장르로 정착시키기도 했는데, 청취자들의 반응이 너무나 폭발적이어서 그는 당대의 웬만한 영화배우들보다 더 높은 인기를 누렸다.

권력의 향배에 따라 방송인의 부침이 심했던 당시에도 장기범의 일상이나 가치관에는 변함이 없었다. KBS가 공영방송으로 재편될 때 주위에서는 당연히 중역이 될 것이라는 소문이 돌았지만, 그가 맡은 첫 보직은 라디오 국장이었다. 이 자리에서 그는 방송생활 중 가장 오랜 기간인 3년 동안 재임했다. 박정희 정권이 유신헌법을 공포하고 대통령 긴급조치를 선포하여 언론의 자유는 물론 국민의 알권리가 극도로 차단된, 역사상 가장 암울했던 시기였다.

권력의 부당한 지시에 항명했던 장기범에게는 그로 인해 받은 불이익과 관련된 일화가 무수히 많다. 대통령 선거 무렵, 집권여당으로부터 청중 수 부풀리기, 야당 청중 수 줄이기와 같은 강압적인 주문이 KBS에 쇄도했다. "그럴 수는 없다. 사실은 사실대로 보도할 뿐이다"라는 것이 그의 단호한 입장이었다. 여당이 승리하고 두 달이 채 못 되어 그는 지방으로 보따리를 싸야했다.

공정한 보도를 위해서는 친구조차도 예외일 수 없었다. 보도 분야를 관장하던 방송과장 시절, 대학 동창이자 절친한 친구였던 송 모 의원이 검찰에 기소된 사건이 있었는데 이때에도 그 친구의 원성을 들어야 했다. 집권당 의원의 체면 깎이는 보도는 대체로 축소되거나 사장되기 일쑤였던 당시, 친구인 장기범이 바람막이가 되어줄 것으로 믿었던 송 의원은 절연선언을 하는 등 화를 냈다. 그러나 그는 침착하고 조용한 목소리로 "나는 이 나라의 보도방송을 책임지고 있는 공인이다. 너는 나의 친구지만 사실보도를 하지 않을 수는 없다"고 응대했다 한다.

또 이런 일도 있었다. 서슬 퍼렇던 군인출신 장관들이 흔하던 시절이었다. 문공부 모 장관이 특별히 총애하던 스포츠 캐스터가 있었다. 당연한 수순으로 KBS에서 가장 비중 있는 뉴스시간대인 정오뉴스를 독점하고 있었다. 그러나 편성을 맡고 있던 장기범에게 이 캐스터는 자질과 능력이 부족해보여 다른 앵커로 교체되었다. 이 캐스터는 즉각 장관에게 보고하였고 노발대발한 열혈 팬인 장관은 "당장 복귀시켜라"고 지시했다. 그러나 그는 소신을 굽히지 않았다. 그 결과는 춘천방송국으로의 좌천이었다. 항명죄였다. 이처럼 좌천과 전출을 거듭하면서도 그는 자신의 소신을 끝내 굽히지 않았다.

이제 그 대쪽 같던 선비 방송인 장기범은 가고 없다.

〈시대의 아픔을 가슴으로 삭이신 은둔의 지사/ 난세를 학처럼 사신 위대한 상식인/ 방송의 한 시대를 풍미하시며/ 모든 방송인의 사표가 되신 준엄한 선비/ 그러나 달과 술을 사랑하셨던 낭만인/ 당신은 한국의 영원한 아나운서.〉

장기범의 묘비명에는 그의 진솔한 생애가 고스란히 담겨있다. 이 묘비명을 쓴 이계진 아나운서는 2003년 참여정부와 함께 KBS에 새 경영진이 입성하자마자 프로그램을 모두 잃고 현직인 방송에서 퇴출당한 후 본의 아니게 국회의원이 되었다. 그는 그동안 KBS 아나운서실에서 해오던 장기범 기념사업을 수년 전부터 이어 나가고 있다. 오늘날의 방송은 세상을 움직이는 거대한 이정표다. 방송인들의 책임이 더없이 무겁고 중요하다는 의미이다. 암울했던 방송시대를 소신과 사명감으로 살았던 방송인 장기범이 더 절실하게 그리워지는 때이다.

시청률을 낮춰라

공영방송 KBS는 당연히 시청률보다는 공익성을 더 존중하는 것이 바람직한 자세이다. 그러나 현실은 꼭 그렇지만은 않다. 시청률이 너무 떨어지면 프로그램의 경제성이 떨어진다. 적어도 투자한 비용과 시간, 인력에 비례할 정도의 시청률은 확보되어야 한다. 그것이 곧 프로그램의 경제성 원리이다. 국민의 혈세로 제작된 프로그램인 만큼 당연히 일정한 수준의 시청자를 확보해야 하는 것은 프로그램이 지녀야 할 윤리이며 덕목이기도 하다.

이런 측면에서 건전한 시청률 경쟁은 결코 나쁜 것이 아니며 권장되어야 한다. 단지 인간의 말초신경을 자극하고 지나친 폭력이나 선정성을 앞세우는 시청률 지상주의가 문제일 뿐이다. 아무튼 좋은 프로그램과 시청률의 관계는 아직도 방송 현업종사자들에게는 풀리지 않는 숙제로 남아있다.

시청률 이야기만 나오면 모든 방송인들은 긴장하기 마련이고 그 앞에서 울고 웃는다. KBS는 사장이 바뀔 때마다 "시청률에 연연하지 않는 공영방송 본연의 모습을 보여줄 것"이라고 말해 왔지만 역대 어느 사장도 시청률에 자유로웠던 사람은 없었다. 시청률에 민감한 반응은 사실 방송의 힘이나 영향력을 제대로 파악한 방송을 아는 사장일수록 심했다.

그런 사장으로 분류되는 대표적인 인물은 이원홍 사장과 홍두표 사장이었다. 특히 이원홍 사장은 방송을 이용한 정권유지와 홍보에 몰두하여 5공 정권을 공고히 하는데 혁혁한 공을 세운 인물이다. 5공 초 허문도와 함께 〈국풍 81〉을 만든 장본인이기도 하다. 또한 이원홍 사장의 정권에 대한 맹목적인 충성은 마침내 '땡전 뉴스'라는 전무후무한 용어를 탄생시켰다.

이원홍 사장 시절인 1980년 어느 날 제작국 아침회의에서 A국장이 B차장에게 말했다. "B차장, 당신 프로그램 너무 재미있어. 제발 좀 재미없게 만들 수 없나?" 회의에 참석한 간부들 모두 무슨 영문인지 의아해서 B차장을 쳐다보고 있었다. 한참을 머뭇거리던 B차장도 특유의 머리카락을 만지는 어색한 표정으로 "거참, 저보고 그럼 어떻게 하란 말입니까?" 그러자 "아니, 잠시 동안만 좀 재미없게 만들어 시청률을 낮추라니까" 대꾸가 없자, A국장은 재차 말했다. "B차장 내말이 안 들려? 영감이 자꾸 뭐라고 하잖아." B차장도 그제야 감을 잡았다는 듯이 "알았다니까요"라고 퉁명스럽게 답했다.

여기서 '영감'은 당연히 당시 사장인 이원홍 씨를 말한다. 시청률에 민감했던 이원홍 사장이 시청률을 제발 낮춰달라고 명령했다니 도대체 어떤 일이 있었기에 지상 명제인 시청률을 포기하라고 주문했을까? 그리고 이것은 사실인가? 물론 사실이다. 그 자리에 있었던 사람들은 아직도 KBS에 근무하고 있다.

시청률을 낮추라는 명령을 받은 프로그램은 당시 신완수, 왕영은이 진행했던 2TV의 〈생방송 오늘(월~금, 밤 8:40~9:30)〉이었다.

이 프로그램의 목표는 심형래, 임하룡 씨 등 인기 개그맨들을 출연시켜 일탈한 모습을 보여줌으로써 군사독재에 찌든 서민들의 등을 긁어 주자는 것이었다.

당연히 대부분의 시청자는 "전두환 대통령은~"으로 시작되는 소위 '땡전뉴스'를 외면하고 2TV의 〈오늘〉을 대체해서 보고 있었다. 전두환 대통령이 나오는 〈KBS 9 뉴스〉보다 〈오늘〉의 시청률이 높다는 것이 5공 군사정권의 권부에 알려지자 권부에서는 화가 난 것이었다.

그래서 이원홍 사장은 '땡전뉴스'를 많이 볼 수 있도록 같은 시간에 방송되는 〈오늘〉을 재미없게 만들어 시청률을 낮추라는 해괴한 명령을 한 것이다. B차장은 그 프로그램을 재미없게 만드는 노력을 해야 했다. 그것도 시청자들이 눈치 못 채게 하면서 8시 55분부터 '땡전뉴스'가 나오는 9시 5분까지를 특히 재미없게 만들어야 했다. 5공 시절 '땡전뉴스'는 방송사 최고의 보물인 시청률도 맥못추게 하고 이웃 프로그램도 못살게 구는 위력을 발휘했다.

"여의도가 물에 잠긴다" – 평화의 댐

5공 시절 방송은 말 그대로 권력의 수족이었다. 저 유명한 북한의 수공에 대비하기 위한 '평화의 댐' 역시 5공의 통치기반을 공고히 하는데 혁혁한 공을 세운 손꼽을 만한 사건이었다. 북한이 금강산 댐을 일시에 열거나 파괴하면 화천댐, 소양강댐, 춘천댐, 청평댐 등 북한강 수계의 모든 댐이 무너지고 수도 서울은 물바다가 돼 여의도는 물에 잠긴다는 시나리오였다. 특히 여의도의 경우 63빌딩 허리 부근까지 물이 차오른다는 참으로 가공할 만한 시나리오였다.

군부 세력이 어디에서 이런 기획과 시나리오를 얻었는지 아직 알려진 바가 없다. 어쨌든 이 기상천외한 아이디어는 당시 방송계에서 군부에 충성심을 보여줄 수 있는 기가 막힌 아이템이었다. KBS 본관 공개홀에서는 모금 특별 생방송이 시작되었다. 부랴부랴 시작된 〈특별생방송 평화의 댐〉은 생방송하면서 기획구성회의를 하는 번갯불에 콩 구워먹는 제작이 되었다.

졸속으로 시작된 〈특별생방송 평화의 댐〉에서 가장 핵심이 되는 문제는 '금강산댐을 열면 과연 여의도가 물에 잠기느냐'였다. 이를 확인시켜줄 수 있다면 시청자의 공감을 얻고 프로그램의 설득력도 높아질 것이 분명했다. 제작진은 여의도가 물에 잠기는 모습을 어떤 식으로든 보여줘야 했다.

기술적으로 두 가지 방법이 있었다. 애니메이션 구사로 한강이 넘치고 63빌딩 허리까지 물이 차는 장면을 보여주거나 정밀한 모형을 만들어서 시뮬레이션을 할 수 있었다. 다만 특집 프로그램의 구성상 63빌딩에 물이 차는 모습을 방송이 시작한 당일 밤에 바로 보여줘야 하는 시급함이 있었다. 따라서 많은 시간이 걸리는 애니메이션 제작은 어렵고 정밀한 모형을 만들어 시뮬레이션으로 보여주는 쪽으로 의견이 모아졌다. 물론 지금 같으면 짧은 시간에 컴퓨터 그래픽을 소기의 목적에 맞게 세련되게 만들 수 있었을 것이다.

밤 9시 기획회의가 끝나고 시뮬레이션 제작에 들어갔다. 놀랍게도 이미 시뮬레이션 모형 제작업자가 선정되어 있었다. 제작팀은 어디로 가라는 명령만 받고 홍대 앞 K 모형연구소로 갔다. 이미 밤늦은 시간임에도 불구하고 수십 명이 모여서 금강산댐에서 한강에 이르는 지형을 모형으로 제작하고 있었다.

모형제작사는 모처에서 연락을 받고 이미 작업을 60%이상 끝낸 상태였다. 급히 방송을 제작해야하는 관계로 녹화차도 배정돼 있었다. 이 프로그램은 기획제작실 A실장이 책임자였다. 모형제작자는 금강산에서 한강 63빌딩까지 실제 고도와 지형을 일일이 입력하여 정밀하게 모형을 제작했고, 63빌딩에 물이 차는 모습이 그대로 재현될 것이라고 몇 번씩 장담하였다.

어수선한 분위기 속에 모형이 완성되었다. 금강산댐 가득 물을 채우고 수문을 열었다. 그러나 이게 웬일인가. 금강산댐에 가득 찬 물을 아무리 내려 보내도 한강은 넘치지 않았다. 63빌딩에 물이 차기는커녕 여의도가 물에 잠기지도 않는 것이었다. 실제로 금강산댐이 무너져도 여의도까지 물이 범람하지 않는 것인지, 아니면 K씨의 모형이 엉터리인지 당시로서는 확인할 길이 없었다.

어쨌든 제작진은 금강산댐이 무너지면, 즉 북의 수공이 개시되면 여의도가 물에 잠기고 63빌딩까지 물이 차오른다는 것을 보여줌으로써 '평화의 댐'을 건설해야할 당위성을 부여해야 했다. 할 수 없이 이 기상천외한 방법이 동원되었다.

금강산이 있는 위치에 물을 부으면서 모형을 여럿이 들어 올렸다. 금강산댐 쪽을 인공적으로 들어 올려 여의도에 물이 넘치는 모습을 연출하려는 의도였다. 국민의 방송 KBS가 권력에 아부하기 위해 국민의 눈을 속이는 사기 조작행위를 아무 거리낌 없이 저질렀던 것이다.

몇 번의 NG 끝에 심야녹화가 끝났다. 제작진은 녹화 테이프를 본사로 급송했다. 모형을 통해 재현된, 금강산댐의 수문이 열리면서 여의도가 물에 잠기는 모습은 편집실의 교묘한 조작을 거쳐 정확한 사실처럼 TV에 방송되었다.

그 다음날 많은 시청자들은 "야, 금강산댐이 무너지면 63빌딩까지 물에 잠기더라"라고 이구동성으로 떠들었다. 군부정권을 위해 당시 KBS에서는 조작과 술수를 이렇게 거침없이 자행하였다.

이렇게 모인 성금으로 정권은 평화의 댐을 50% 정도 축조하였으나 사업은 더 이상 진행되지 못하고 중단되었다. 1993년 김영삼 정부가 출범한 뒤 감사원은 "금강산댐 위협이 터무니 없이 과장되었다"고 발표하기에 이르렀다.

그러나 김대중 정권 들어서 금강산댐 수공 위험성에 대한 검토가 재개되었다. 만에 하나 북한이 금강산댐을 터놓으면 화천댐을 시작으로 한강수계 댐들은 도미노 현상으로 붕괴되고 수도권이 물바다가 될 수 있다는 의견이 지배적이었다. 결국 DJ 정권은 평화의 댐을 추가 축조하는 사업에 착수하여 150m 높이로 완성하였다.

결국 평화의 댐 축조 사업은 군사정권이 당시의 흉흉한 여론을 다른 곳으로 유도하려는 불순한 의도에서 시작되었다는 주장이 있으나, 북한의 수공 위험성을 감안하면 타당성 있는 이론이라고 훗날 인식한 DJ정권이 완성한 아이러니한 사업이었다.

KBS의 충성심 〈특별생방송〉

요즘도 TV를 보다보면 심심치 않게 볼 수 있는 것이 〈OOO 특별생방송〉이다. 시청자의 뇌리에 각인되어있는 특별생방송 프로그램으로는 〈이산가족찾기 생방송〉과 〈금모으기 특별생방송〉 등이 있으며 흔하게는 〈불우이웃돕기 특별생방송〉, 〈수재민돕기 특별생방송〉, 〈폭설피해 특별생방송〉, 〈지구촌 기아난민돕기 특별생방송〉 등 사회적 이슈가 되는 사건에 대한 〈특별생방송〉이 많기도 하다.

언제부터 이 〈특별생방송〉 프로그램이 방송되기 시작했을까. 그 원류는 아무래도 전두환 신군부 독재정권 당시로 거슬러 올라간다. 제12대 전두환 대통령이 취임하면서 획기적인 프로그램으로 정권의 마음을 사로잡아 충성심을 보여야 했던 당시 KBS 이원홍 사장의 기획 작품이다.

이 사장은 KBS의 사활을 건 대대적인 프로그램으로 취임 경축 쇼를 기획하였다. 강원도 춘천을 시작으로 해서 전북 전주에서 마지막 무대를 장식하기로 하는 전국순회 대형 쇼이자 〈특별생방송〉이었다. 대통령에게 공을 세워 눈에 들어야 했던 KBS사장과 간부들은 프로그램 구성 콘티에도 없던 스타 영화배우를 긴급 투입하는 등 각고의 노력을 기울였고 대통령은 기대했던 대로 매우 흡족해 하였다.

취임경축 쇼를 성공리에 마쳐 대통령에게 확실하게 눈도장을 찍은 KBS 사장과 간부들은 더욱 바빠졌다. 대통령이 쇼 프로그램을 좋아한다는 소문이 퍼졌기 때문이다. 이때 〈100분 쇼〉라는 와이드 쇼

프로그램이 탄생했다. 기획자는 물론 이원홍 사장이었으며 직접 PD가 되어 제작을 진두지휘하였다. 당시 톱가수들 역시 대통령의 눈에 들고자 서로 전두환 대통령 참석시간에 노래를 부르기 위해 치열한 마이크 쟁탈전을 벌였고 대통령이 좋아하는 가수는 이미 순서가 지나갔어도 다시 한 번 노래를 하는 영광을 안기도 했었다.

또한 이원홍 사장의 대표적인 작품은 이벤트성 행사 〈국풍81〉이었다. 사실은 일본의 극우에 심취해 있었던 허문도 씨의 기획으로 일본의 가미가제 정신을 본떠 이름붙인 것이 〈국풍81〉이었다.

〈특별생방송〉이란 타이틀은 전두환 정권이 필요로 하는 방송을 입맛에 맞게 수시로 편성 · 방송할 수 있는 아주 편리한 포맷이었다. 방송 기술면에서는 1980년 당시 KBS 마이크로 웨이브가 전국 네트워크로 연결되는 시점이기도 하였다. KBS는 네트워크를 과시하기 위해 〈특별생방송 나의 사랑 한반도〉를 시리즈로 방송하였고 〈전국은 지금〉, 〈전국일주〉, 〈전국노래자랑〉 등 전국이란 이름이 들어가는 프로그램이 많이 생겨났다. 이원홍 사장은 이렇게 전두환 정권에 대해 그야말로 신명을 다 바쳤다.

전두환 대통령에 대한 충성경쟁에서는 MBC 또한 KBS에 버금갔다. 쇼는 물론 드라마 한편 한편에 공을 기울였고, 단 한 치라도 의혹의 빌미를 줄 것 같은 드라마 내용은 사장 직권으로 과감히 삭제, 편집을 단행하였던 것이다. 어찌됐건 당시 KBS 이원홍 사장과 MBC 이진희 사장, 이들 두 방송주역은 충성의 공으로 차례로 문화공보부 장관에 발탁되었다.

이처럼 각고의 노력 끝에 영전한 이원홍 사장은 문공부 장관으로 취임한지 불과 4개월여 만에 불행하게도 독립기념관 화재사건으로 장관직에서 물러나야 했다. 독립기념관 화재 당시 이원홍장관이 박현태 신임사장에게 화재사건을 축소보도해줄 것을 요청하였으나 박 사장은 측근들에게 "똬리로 OO가리기"라는 유명한(?) 말을 남기며 냉정하게 거절했다는 후문이다.

종로서 뺨맞고 한강에서 화풀이

권정달 당시 민정당 사무총장은 경북 안동 지역구 국회의원 출마 선언을 하면서 KBS 예산으로 안동시민들의 '문화의 전당'을 만들겠다는 공약을 했다. 이에 호응하듯 KBS는 KBS 안동중계소를 TV 방송을 할 수 있는 을지방송국으로 승격시키고 '문화의 전당'에 필요한 구체적인 청사진을 마련해 시행하기로 했다.

하루는 권정달 사무총장이 안동지구당 당사에서 이원홍 KBS사장을 찾았다. 이 사장은 그날따라 전화를 직접 받지 못하고 비서에게 전달받고는 서울서 안동까지 헐레벌떡 달려가 도착한 시각이 밤 10시쯤 되었다. 성깔이 있는 권 총장은 불쾌함을 역력히 드러내는 바람에 이 사장은 사무실에 들어가지도 못하고 문 밖에서 마냥 기다려야 했다.

오랜 시간 끈기 있게 기다린 끝에 이 사장은 권 총장을 만날 수 있었다. 민정당 안동지구당 J모 사무국장의 설득으로 간신히 만남이 이루어졌다. 이런 저런 환담이 끝난 시간은 밤 1시를 넘어서였다.

권 총장이 귀가하고 난 뒤 민정당 사무실에서는 한바탕 소동이 벌어졌다. 권 총장에게 치욕을 당한 이 사장은 그때까지 저녁식사도 못한 허기진 상태였고 그 불똥은 애꿎게도 민정당 지구당사에서 대기하고 있던 KBS직원 O씨에게 튀었다.

이 사장은 다짜고짜 "야, 너 라면 하나 끓여와!"라고 소리를 지르며 화풀이를 한 것이었다. 통행금지가 있던 시절이라 난감하기도 했을 법한 O씨였지만 할 수 없이 잠자고 있던 부인에게 전화를 해 라면 심부름을 시켰다는 일화가 있다.

후일 권정달 전 민정당 사무총장에게 그때 이 사장과 무슨 이야기를 했는지 물었으나 자세히는 기억하지 못하고 있었는데, 아마도 KBS 안동방송국 사옥 건설 관련일 것이라고 했다.

권 의원의 안동 '문화의 전당' 설립 공약으로 현재 안동 KBS는 부지 8,600여 평에 전국에서 처음으로 잔디로 만든 축구장과 테니스장 2면 등의 부대시설을 갖추게 되었다. 건축 당시의 청사진은 수영장, 헬스장, 골프장 등 체육시설을 갖춘 5층 건물에 연건평 3천여 평 규모의 체육·문화 공간이었으나 정권이 교체되는 바람에 체육시설과 문화 공간 공사는 중단되고 1989년에 현 청사만 준공되었다.

권력을 향한 변신 3화

이원홍 사장은 변신에 변신을 거듭할 줄 아는 진정한 카멜레온이었다. 이 사장만큼 철저하게 보호색으로 위장할 줄 아는 사장도 별로 없었다. KBS 내에서는 무소불위의 전횡을 일삼았던 이원홍 사장이지만 권력에 줄을 대기 위해서는 아랫사람에게 굽힐 수도 있는 처세술의 소유자였다. 사장 역시 정권에서 낙점하여 부임한 존재였지만 거대 KBS 조직 안에는 알게 모르게 해당 정권과 인연이 있었던 사람들이 상당수 있을 수밖에 없었다. 대통령의 친인척은 물론 장관, 국회의원들과 약간의 연줄만 닿아 있어도 그들의 한마디가 이 사장에게는 언덕이 되어 줄 수 있었던 것이다.

그런 이유로 웃지 못 할 에피소드도 많았다.

(1) 마른하늘에 비가 오려나…

이원홍 사장은 역대 그 어느 사장보다 연초 업무보고에 엄격했다. 어느 날 지역국 업무보고 자리. 막강한 권력으로 추상같던 권정달 전 의원의 소속 지역이었다. 이원홍 사장의 안동방송국 방문으로 직원들은 초비상이었다. 간부들까지 나서 바닥과 창문청소, 환경정리를 하는 등 부산했다. 안동방송국 TV방송 개국을 앞둔 중요한 시점이라 한 치의 착오도 용납될 수 없었고 자칫 사소한 실수 하나로도 옷을 벗을 수 있는 삼엄한 분위기였다.

그런데 사장에게 업무계획을 보고하고 결재를 받아야할 O국장이 출근하지 않았다. O국장은 업무보고시간이 임박해서야 나타났고 이 사장은 벌써 도착해 보고받을 준비를 마친 상태였다. 평상시라면 보고서가 날아가는 등 불벼락을 각오해야만 되는 긴박한 상황이었다. 누가 봐도 간 큰 O국장이 업무보고를 시작했는데 급하게 업무보고서를 받아들고 온 터라 보고를 제대로 할 수 있을 리 없었다.

"에, 업무보고를 드리겠습니다. 안동방송국은 7개 권역을 거느리고 있고…(우물쭈물). 아! 죄송합니다. 7개 권역이 아니고 7개 시군을 관장하고 있습니다." 이렇게 헤매고 있었다.

이 사장의 호통이 떨어질 것은 당연한데 뜻밖의 상황이 벌어졌다. "어허, TV방송을 개국하는 것이 시급한데 마스터플랜도 마련되지 않다니…" 이 사장은 나지막한 목소리로 이 한마디만을 하고는 자리에서 일어나 창문 밖 청명한 하늘을 내다보며 "오늘 비가 오려나…"라며 엉뚱한 반응을 보였던 것이다. 배석했던 간부들이 웃음을 참지 못해 킥킥거리는 등 업무보고장은 엉망진창이 되었다.

만약 이 같은 일이 안동이 아니고 다른 지역국 또는 본사 부서에서 발생했다면 과연 해당 국장은 무사했을까? 평상시라면 재떨이가 날아가고 담당 국장과 부서장은 그날로 대기발령 났을 것이다.

이렇게 엉망인 업무보고를 받으면서도 이원홍 사장은 왜 O국장을 질타하지 못했을까? 그것은 O국장의 막강한 배경 때문이었을 것으로 생각된다. O국장은 권정달 국회의원의 추천으로 OO총국 과장에서 졸지에 국장으로 승진한 사람이었기 때문이다.

(2) 성우를 향한 애정 공세

성우 전 씨는 전두환 대통령의 사촌형 딸이었다. 오촌 당숙이 대통령으로 취임할 때 그는 KBS 전속성우였다. 현재 라디오본부장 J모 PD가 일선 연출가로 드라마를 제작할 때였다. 라디오 드라마는 그 제작 특성상 특별한 주의력이 필요하다. 효과음을 살리기 위해 스튜디오에서는 숨소리조차 크게 낼 수 없고 드라마 녹음하는 시간에는 타인이 마음대로 드나들 수 없도록 출입통제도 해야 한다.

그런데 갑자기 PD 뒤에서 문이 벌컥 열렸다. 그 시간 드라마 연출에 여념이 없던 J PD의 고함이 터졌다. 뒤를 돌아보지도 않고 당장 문 닫으라고 화를 내놓고 보니 이원홍 사장이 와 있는 것이었다. 제작진이 모두 바짝 긴장했다. 예고 없이 녹음실을 친히 방문한 이유는 순전히 전 씨의 노고에 대한 위문이었다. 이 사장은 특별히 전 씨를 사장실로 불러 PD나 기자 등 원하는 직종을 말하라며 지극한 애정과 관심을 표현했는데, 본인이 끝까지 고사하고 성우로 활동했다.

그 무렵 전 씨는 결혼을 했는데, 담당 PD나 동료들에게도 청첩을 하지 않고 조용히 고향 대전에서 가족끼리 치른다는 말만 남긴 채 휴가를 떠났다. 대전의 중심지인 중앙로에 위치한 식장에서 예식을 치렀다. 그런데 결혼식 날 그 일대 교통이 마비되었다. 당시 KBS의 실세 간부들이 거의 다 제각각 참석했기 때문이었다.

그 후 정권이 바뀌자 전 씨는 역차별을 받기 시작했고, 마침내 성우활동을 중단하고 미국으로 이민을 떠나버렸다. 그의 아버지, 즉 전두환 대통령의 사촌형은 원래 채소가게 등을 하면서 어렵게 살아가고 있었다. 그러다가 갑자기 대전 중앙시장 상인연합회 회장으로 취임했다. 훗날 정권이 바뀌어 부정축재로 징역 생활까지 하고 결국 화병으로 타계했다는 후문이다.

(3) 대통령 아들 전재만과 KBS 교향악단

KBS교향악단은 원래 국립교향악단으로 따로 존재하던 단체였는데 제5공화국이 탄생한 후, KBS교향악단으로 이름만 바뀌어 운영되고 있다. 이원홍 사장 재임 당시 전두환 대통령의 막내아들 전재만군은 중학생이었다. 그는 취미로 바이올린을 하고 있었는데, 어느 날 KBS교향악단과 협연을 하게 되었다는 이야기가 돌았다. 그소식을 접한 단원들은 KBS교향악단의 명예가 걸린 문제라며 엄청나게 반발했으나, 어떠한 공작 탓인지 협연이 무사히 치러졌다. 취미 생활하는 중학생과 한국을 대표하는 교향악단과의 협연을 기획한 자가 누군지 알 수 없지만, 청와대를 향한 '받들어 총' 정신과 그자세만큼은 대단했다고 볼 수 있다.

한사람을 위한 부서 -기획제작실 탄생비화

5공 시절 언론사 통폐합으로 TBC, DBS, CBS가 KBS로 흡수 통합되었다. 통합 당시 넘쳐나는 인력으로 차장급 이상 간부 사원들은 서로 살아남기 경쟁이 치열하였다. 당시 유행어 중 하나는 'KBS놈들', 'TBC분들'이었다. 기존 KBS 사람들은 공무원 습성이 몸에 배어있고 고집이 세서 이원홍 사장이 못마땅해 했고, 삼성계열의 민영방송 TBC출신들은 눈치가 빨라 이 사장이 좋아했다는 데서 비롯된 표현이었다.

그런데 유독 KBS출신 중에서 이 사장 마음에 드는 PD가 있었다. 그 사람이 바로 A씨다. A씨는 이원홍 사장이 힘주었던 개혁 프로그램의 대명사인 〈100분 토론〉을 성공시켰다. A씨는 당시 좌파에서 전향한 K대의 K교수를 정권의 입맛에 맞게 MC로 내세우고, 격랑의 시대를 상징하듯 토론의 서막을 파도치는 특수효과를 활용하는 등 이 사장의 취향에 맞게 프로그램을 제작하였다.

그때 A씨는 차장이었고 A씨 위에는 부장 B씨가 있었다. A씨가 승승장구하는 것과는 달리 원칙에 충실하고 고지식한 B부장은 밀리기 시작하였고 결국 자의반 타의반으로 영국 연수를 떠났다. B씨가 없어지자 A씨는 바로 B씨의 자리를 차지하여 교양특집부장이 되었다.

A씨는 당시 잘나가던 허문도 씨와도 끊임없는 교분을 가지며 5공 군부정권을 홍보하는 각종 프로그램의 아이디어를 양산해 내었다. 그 대표적인 프로그램이 〈국풍 81〉, 〈황강에서 북악까지〉를 비롯한 각종 특집프로그램과 〈내 고향 지금〉, 〈전국 일주〉 등 정규 프로그램이었다. 그 당시 소설가 이병주 씨와 함께 해외취재에서 돌아와 방송을 준비 중이던 C PD는 이원홍 사장과 A씨 사이에서 샌드위치 맨이 되어 심한 스트레스와 홧병으로 자리에 드러누웠고 결국 다시는 돌아오지 못하는 길로 떠나야 했다.

교양특집부장 또는 '안기부장'으로 불렸던 A씨는 당시로는 혁명적인 장비였던 ENG 카메라와 스튜디오를 독점하는 권한을 이원홍 사장에게서 부여 받았고 그 장비들은 군사독재를 공고히 하는 데 아낌없이 바쳐졌다.

A씨가 관장하던 교양특집부는 별관 6층에 자리 잡고 있었다. 이원홍 사장의 특명을 수시로 받아야 하는 A씨에게는 별관 6층이 불

편하였다. 사장실이 있는 본관으로 사무실을 옮기는 것이 여러 가지로 유리하고 편리하였다. 드디어 본관 1층 차고 옆 지금의 구내 매장자리에 사무실 조성공사가 시작되었다. 공사가 완공되고 직제까지 개편되었다.

교양특집부는 당시 교육국에서 벗어나 '기획제작실'이라는 이름으로 확대 개편되었다. 물론 기획제작실장도 A씨가 되었다. 이렇게 A씨의 자리를 확보해주기 위해 기획제작실이 태어났고, 기획제작실은 5공의 통치이념과 정권유지를 위한 각종 〈특별생방송〉을 수행하는 주무부서가 되었다. 연수에서 돌아온 B씨는 이 사장의 총애를 받아 출세한 후배 A씨 밑에서 근무하지 않으면 안 되었다. A씨의 정권을 향한 충성은 선배 PD 1인을 불귀의 객으로 만들고, 또 다른 선배 B씨를 강등시키는 거센 힘을 발휘하였다.

시청료 거부 운동의 확산

전두환 대통령을 위한 충성방송은 날이 갈수록 그 도를 더해갔다. TV에선 스포츠와 쇼프로그램 등이 주류를 이루었고 뉴스는 대통령의 업적홍보 도구로 전락하여 대중을 정치적 망각이란 최면에 들게 했다. 급기야 전남, 전북지역의 농민들 사이에서 산발적인 시청료 거부운동이 일기 시작했다.

1984년 4월 28일 천주교 전주교구 고산 천주교회와 한국가톨릭농민회 전주교구연합회 완주협의회에서 낸 성명서를 계기로 시청료 거부 운동은 들불처럼 거세어졌고, 결국 전국적인 민주화운동의 성격으로 확산되었다.

당시 시청료 거부운동의 이유로 제기된 KBS의 문제점은 다음과 같았다.

"KBS-TV는 2.12 국회의원 선거 보도의 경우처럼 여당인 민정당의 홍보·선전매체다. 특히 학원문제에 대한 보도에서는 왜곡되고 일방적인 보도뿐이다. 또한 공영TV는 공정한 뉴스보도와 국민정신을 함양하는 건전한 교양프로그램과 건강한 오락물을 방송하는 데 주력해야 하나, KBS는 국민의 눈과 귀를 현혹시키고 있으며 과다한 스포츠에 많은 시간을 할애하여 국민의 정치의식을 잠재우고 있고 환락가의 무대가 안방으로 쳐들어와 청소년들의 성의식을 왜곡시킨다."

KBS의 실상을 적나라하게 꼬집은 비판적 내용이었다. 결국 현정권의 하수인으로 이용당하며 언론의 참된 본질을 왜곡하고 편파보도를 자행하는 KBS를 규탄한다는 내용으

박현태 사장
(제6대/ 1985.2.19~1986.8.29)

▲ 1933년 경남 사천 출생
▲ 부산 동래고등학교
▲ 서울대 법대 졸업
▲ 1956년 한국일보 입사
▲ 한국일보 정치부장, 논설위원
▲ 서울경제신문 편집국장
▲ 1981년 민정당 선전국장, 11대 국회의원, 민정당 정책조정실장, 중앙집행위원
▲ 8대 문화공보부 차관

박현태 사장은 장관으로 영전한 전임 이원홍 사장과 한국일보 재직 시부터 라이벌 관계였다. 집권여당 민정당은 KBS를 확실히 장악할 의도로 그를 사장으로 내세웠지만 시청료 거부운동과 관련해 동아일보와 정면 승부를 걸고 싸우며 신문사들과 심각한 마찰을 일으키고, 올림픽 방송센터 건설 문제를 놓고 이원홍 장관과도 갈등이 심화되는 등 집권층의 우려를 낳아 중도 하차할 수밖에 없었던 단명의 사장이었다.

[집행기관]
감사 김수득
경영본부장 차종호, 손영호
방송본부장 윤혁기
보도본부장 정순일
기술본부장 김광식
시청자본부장 김학영

로 일관되어 있었던 가히 치욕스런 운동이었던 것이다.

기독교 범국민운동본부는 'KBS-TV 시청료를 낼 수 없습니다' 라는 캐치프레이즈로 스티커와 전단지를 전국에 배포하고 가두캠페인을 벌이기도 했다. 하지만 KBS의 대처는 지극히 미온적이었고 정권 또한 임기 말 레임덕에 시달리면서 얄팍한 수법으로 무마시키고자 하였다.

이러한 대응은 오히려 전 국민적 분노를 가져왔고 민주화 투쟁열기로 이어졌다. 또한 KBS는 저조한 시청료 징수율로 인해 고전을 면치 못하게 되었다.

시청료 거부운동이 범국민적 호응을 얻으면서 KBS는 비상이 걸렸다. 어느 날 박현태 사장은 KBS 공개홀에 전 직원을 집합시켰다. 전사적인 징수체제로 돌입하여 전 직원이 '시청료 독려 운동'에 참여하라는 것이었다.

제작, 보도, 기술 등 직종을 불문하고 KBS의 녹을 먹는 사람은 누구나 징수독려를 위해 가가호호 방문에 나서야 했다. 참으로 난데없는 사장의 지시였으나 직원들은 꿀 먹은 벙어리가 되지 않을 수 없는 상황이었다.

단 한 사람, 나형수 기자만이 예외였다. 누구 하나 이견을 달 수 없었던 분위기에서 그는 전 직원의 시청료 징수독려에 대해 부당성을 제기하며 강하게 반대하고 나섰다. 노동조합이 없었던 당시로선 대단한 만용(?)이 아닐 수 없었다. 스스로를 감싸줄 보호 장치마저 없던 시절이었으니 얼마나 큰 용기와 뱃심이 필요했을까 싶다. 어쨌거나 수천 명의 직원들은 불평불만을 속으로 삭이면서 묵묵히 위의 지시대로 징수독려를 다녔다.

당시 시청료는 2,500원. 지금도 여전히 2,500원이다. 지금 가치로는 너무나 적은 금액이지만 당시 물가 등으로 봤을 때는 적지 않은 금액이었다. 출근하면 시청료 징수독려를 위해서 각 지역으로 출장을 가곤 했는데, ·역시나 부자동네의 대문은 높았고 사람을 만나기도 어려웠다. 어쩌다 산꼭대기 높은 곳에 자리하고 있는 달동네로 출장을 가면 시청료를 징수하기에 민망할 정도로 가난에 찌든 서민들의 모습도 볼 수 있었다. 시청료 거두러 갔다가 동네에서 만난 아이들에게 과자 부스러기를 사주거나 라면 값을 쥐어주고 오는 직원들도 있었다. 직원 모두 살아있는 현장학습, 산 공부를 톡톡히 했던 셈이니, 수모를 당하면서 시청료를 걷으러 다녔던 고생스런 기억마저도 지금은 아련한 추억으로 남아 있다.

기술인 강제 이관

1980년 방송통폐합 이후 비대해진 KBS는 조직개편 문제가 풀어야 할 난제가 되어 있었다. KBS 직원이면 누구나 공감하는 문제였지만 그렇다고 어느 누구도 나설 수 없는 입장 때문에 더욱 곤혹스런 난제이기도 했다. 어느 누가 KBS의 따뜻함과 배부름이 보장되는 품안을 떠나 낯선 곳으로 가고 싶어 하겠는가. 때문에 경영진이 바뀔 때마다 공언은 하지만 결국은 지키지 못하는 공수표로 남기고 퇴진하기 마련이었다.

1984년 어느 날인가, KBS 기술직 직원들에게 날벼락 같은 급보가 떨어졌다. 송출기술 직원 전체를 KTA(한국통신공사)로 전보 발령한다는 소식이었다. 이유도 설명도 덧붙이지 않았다. KBS 기술업무 분야는 크게 세 분류로 나뉜다. 제작기술, 기술행정, 송출기술 분야가 그것이다. 그중에서도 송출기술 직원들의 근무지는 근무환경이 매우 열악한 편이다.

방송사의 송신소와 중계소는 주로 산 정상에 위치하고 있다. 당연히 근무지도 험하고 오지인 경우가 태반이었다. 그래도 그나마 위안이 되었던 것은 일정기간 근무하고 나면 연주소(지역방송국과 본사) 발령을 받을 수 있는 순환근무체제에 대한 기대감이었다. 몇 년만 고생하면 빠져 나올 수 있다는 희망이 그들의 버팀목이었던 것이다.

만약 이 송출기술직들이 KTA로 발령을 받게 될 경우 이에 따르는 불이익과 불평등은 충분히 짐작이 되었다. 순수 KTA 직원들의 텃세는 물론이고 타 기업에서 이동해온 사람들에게 보수, 직급 등 신분상의 불이익도 감수해야 하는 상황이었다. 기대했던 순환근무는 고사하고 정년퇴직 때까지 산간오지, 외딴벽지를 전전해야 하는 위기상황까지 겹쳤다. 해당 직원들의 반발은 당연했다.

사전 통보 한마디 없이 무조건 떠밀려서 그것도 송출기술직 직원들만 남의 집 살이를 가야 하는 것이 해당직원들의 대대적인 불만을 일으켰고 힘없고 줄 없는 분야라 이런 설움을 당하는 것이라 해서 더욱 분개했다. 당당히 시험을 통과해 입사한 내 회사에서 이유도 없이 쫓겨나 강제이주 당하는 형국이었으니 인권을 침해한 기형적인 조치라고 밖에 볼 수 없었다.

KBS 입사를 집안의 자랑이요, 개인의 영광으로 여기고 자부심을 가진 직원들 입장에서 순순히 자리이동을 할 리가 없었다. 이러한 불만은 집단적인 반발로 이어졌고 순순히 발령을 수용하리라 믿었던 경영진은 당황했다. 그러나 서슬 퍼런 정권하에서 결국 송출기술직 직원들은 KTA로 강제 이관될 수밖에 없었다.

4년 후 KBS로 전원 복귀되었지만, 이 전횡은 경영진으로부터 일체의 사과나 설명도 없이 유야무야 흐려지고 말았다. 이때 한국통신공사로 이관되었던 인원은 총 1,144명, 그중 KBS 직원이 765명이었으며 이들은 꼬박 3년7개월을 타 회사에서 근무해야 했다.

요즘도 방송개혁과 KBS 구조조정의 일환으로 송출공사의 필요성을 제기하는 시각이 있다. 선진국의 사례에서 보듯이 송출 시스템의 통합 운영은 각 방송사의 경영에는 물론 국가적인 차원에서도 의미 있는 정책이어서 채택의 필요성은 잠재되어 있다고 보여 진다. 다만 과거 강제 이관과 같은 과오를 반복하지 말고 원론에 입각하여 추진하는 지혜가 요구된다.

'땡전뉴스' 시대

(1) 〈KBS 9 뉴스〉의 로열박스, '땡전뉴스'

거의 날마다 〈KBS 9 뉴스〉의 톱은 대통령이 차지했다. 시계의 알람이 땡! 하거나 뚜뚜우~!하면 나타나는 탤런트라 해서 '땡전뉴스' 혹은 '뚜뚜전뉴스'로도 불렸다.

세상에 떠들썩한 큰 사건이 터져도 이는 대통령의 한가한 동정소식에 밀렸다. 그러니 뉴스 머리 부분은 항상 경기장의 로열박스나 다름없었다. 각종 행사의 대통령 치사 내용은 한 문장도 건너뛰지 않고 모두 기사화 됐다. 리포트의 길이는 거의 무제한이었다. 어느 날은 총 뉴스시간 45분에 30분가량이 대통령 동정으로 할애되기도 했다. 게다가 이를 리포트 하는 청와대 출입기자의 목소리는 정말 경건하고 경외심이 넘쳤다. 또 문장마다 내용을 요약한 자막을 두 줄로 곱게 뽑아 넣었는데 방송사고에 대비해 자막을 넣고 빼는 등의 진행을 리포터 자신이 직접 스튜디오에 나와 하기도 했다.

그뿐인가. 대통령의 치사 내용에 이어 때로는 '의미'를 보태주는 해설식 리포트 등 더 이상 보도할 것이 없을 만큼 꼭지 수를 늘리고도 대통령 뉴스는 이어졌다. 이른바 신임 또는 이임 대사 접견이나 무슨 임명장 수여 장면 등이었다. 사실 할 말이 없으니(기사가 안 되니까) 기사는 짧은데 화면 속의 동작이 느릴 경우가 많아 골치였다. 그럴 땐 앵커가 화면을 봐 가면서 읽는 속도를 조절하기도 했고 화면에서 대통령의 동작이 완료될 때까지 아무 말 없이 기다리기도 했다. 뉴스의 맥이 끊기는 것은 상관할 바 아니었다.

대통령의 동정이 3건 이상일 경우엔 리포트를 하기도 했는데 기사 내용을 예를 들어 보면 정말 코미디 중의 코미디였다.

"전두환 대통령은 오늘 OO 신임 코스타리카 대사를 접견하고 양 국의 우호협력증진 방안에 대해 환담했습니다. 전두환 대통령은 오늘 방한 중인 아프리카 봉고의 OO 사무총장을 접견하고 다과를 함께 하며 환담했습니다. 전두환 대통령은 오늘 이임하는 OO 모

로코 대사를 접견하고 재임기간 양국의 협력증진에 기여한 데 대
해 치하했습니다."

KBS가 어느 정도 권력의 주구노릇을 했는지 상징적으로 보여주
는 극명한 실례는 바로 1983년 KAL기 격추사건 보도였다. 그날 뉴
스의 첫 번째는 전두환 대통령의 간단한 하루 동정이 차지했다. 서
울 어느 거리에서 빗자루를 들고 밝게 웃으며 조기청소를 하는 부
지런한(?) 모습을 위해 대한민국 국민 수백 명이 억울하게 목숨을
잃었던 천인공노할 사건이 톱뉴스 자리를 물려준 것이었다.

물론 기자의 양심으로 KAL기 실종사건과 대통령 동정을 놓고 고
민과 갈등을 했을 것이다. 하지만 참담했던 당시의 상황을 볼 때 방
송역사에 씻을 수 없는 오점을 남긴 것도 부인할 수 없다.

세계 언론사의 연구 대상 거리라 할 기사와 리포트 감임에 틀림없
다. 당시 청와대 비서진은 날마다 TV뉴스에 비쳐질 대통령의 동정
을 짜는 것이 가장 핵심적인 일이었다.

(2) 상대사보다 짧으면 불안

청와대 관련 뉴스를 장황하게 내보내면서도 간부들은 늘 상대사
의 눈치를 봤다. 상대사가 우리보다 먼저 끝나면 다행이지만 우리
가 먼저 끝나면 서로의 얼굴을 쳐다보며 뭔가 불경죄(?)를 저지른
듯 안절부절못하기도 했다. 이 얼마나 웃기는 일인가.

그것도 모자라 KBS에서는 차장급 기자 1명이 아예 청와대에 파견
돼 그쪽과 이쪽의 교량역할을 맡기도 했다. 감(느낌)을 전달하기 위
해서였다. 마치 냉전시절 우발 전쟁을 막기 위해 미국과 소련이 핫

라인을 설치했던 것과 흡사한 상황이었다.

　대통령이 해외순방에 나서면 정말 요란했다. 방문할 나라마다 각 방송사가 선발대를 파견해 며칠 전부터 교민들의 기대와 그 나라의 풍물, 자원 등에 관한 뉴스로 연일 브라운관을 메웠다.

　해외 공관에서는 교민들을 거의 강압적으로 동원했고 순방 시에는 손에 태극기를 쥐어 주다시피하고 '선진조국!', '대한민국 만세!'를 외치도록 했던 것이다. 또한 리포트는 "…자발적으로 연도에 나온 시민들은 모국의 대통령 내외를 진심으로 환영했습니다"라는 식이었으니 '한심' 그 자체일 수밖에 없었다.

　(3) 괴로운 인터뷰

　대통령이 아프리카 순방을 앞두고 있을 때 이에 대한 시민의 기대를 담은 라디오 인터뷰를 지시 받은 기자가 있었다. 거리에서 녹음기를 들이밀며 요청했지만 시민들은 이 기자를 미친놈 보듯 힐끔거리고 지나쳤다. 허탕을 치고 온 기자는 고민 끝에 동기 기자와 사정을 얘기했더니 자기도 허탕을 쳤다며 기발한 아이디어를 내놨다. 그것은 서로 인터뷰를 해주는 것이었다.

　두 기자는 보도국에서 멀리 떨어진 빈 스튜디오에 도둑처럼 들어가 목소리를 약간 변조시켜 아주 의젓하게 인터뷰를 했다. "에, 대통령의 이번 아프리카 순방은 우리의 외교역량을 전 세계에 다시 한 번 과시하는 것이고 앞으로 한국과 아프리카의 경제협력에 큰 견인차가 될 것으로 기대합니다."

　당시 젊은 기자들이 처한 상황이 얼마나 처절하고 암담했던가를 잘 말해주는 일화 중 하나라 하겠다.

(4) 주군을 향한 시청률 경쟁

KBS와 MBC 간의 〈9 뉴스〉 경쟁은 그야말로 초를 다투는 피 말리는 싸움과 같은 것이었다. 어떻게든 전두환 대통령을 흡족하게 해야 했던 터라 사장이하 간부, 기자들까지 손에 땀을 쥐는 일이 허다했는데 그만큼 시청률로 뭔가 보여주어야 했다. 그때의 시청률은 바로 전두환 대통령 1인을 대상으로 한 시청률 경쟁이었다.

지금도 마찬가지지만 청와대 거실에는 수십 대의 TV수상기가 설치되어있다. 즉 어떤 방송국에서 어떤 내용을 방송하는지 한눈으로 볼 수 있었다. 하지만 매체 속성상 모니터에는 한계가 있어 대통령 입맛에 맞는 오직 한 개 채널의 볼륨만 선택해서 듣게 되어 있었다. 그러자니 뉴스내용은 물론 화면구성 하나하나까지 세심한 신경을 곤두세워야 했던 것이다. 단 한마디라도 자사의 뉴스내용을 들을 수 있도록 말이다.

KBS의 경우가 좀 더 유리했다. 2TV를 적극 활용할 수 있었기 때문이다. 1TV 〈KBS 9 뉴스〉의 대통령의 시청률을 높이기 위한 전략도 기발했다. 뉴스 앞 시간대에 편성된 일일드라마에 역점을 기울이는 한편 또 다른 유인책으로 경쟁관계에 있는 타사 프로그램들을 견제하기 위해 타방송의 유사한 프로그램을 2TV에 편성하는 보조수단으로 만든 것이다.

이 과정에서 2TV는 불가피하게 오락성이 강화되는 불균형한 편성으로 짜여지고 독립성이나 공영성 측면에서 문제가 발생하기도 했다. 방송의 주인인 시청자는 안중에 없고 권력을 향한 충성만이 난무했던 시절의 웃지 못할 코미디였다.

대통령의 가신, 공영방송 사장

(1) '왕 피디'의 폭력연출 5년

1995년 말 5.18 광주민주화운동 특별법 추진에 따라 전두환 전 대통령은 군사반란혐의로 구속위기에 몰렸다. 그는 연행 하루 전 고향으로 떠나면서 연희동 집 앞에서 이를 반박하는 성명을 발표했다.

이른바 '골목길 성명'이라고 불리는 전 씨의 대 국민 협박이 있었던 그 자리에는 그의 핵심 추종자들이 병풍처럼 진을 치고 위용을 과시했다. 그 때 KBS 직원들은 남달리 참담했다. 추종자들 가운데 한 명은 바로 KBS를 5년이나 통치했던 이원홍 전 사장이었기 때문이었다.

그의 골목길 성명 보조출연은 이른바 '땡전뉴스'의 창시자로 5공화국 내내 국민의 방송 KBS를 정권의 시녀로 만들어 버린 장본인이었음을 만천하에 공언하는 것이나 다름없었다. 그랬다. 그는 정말 무서운 폭군이었다. 그에겐 강한 카리스마가 있었고 직원들은 그의 공포통치 앞에 점점 순한 짐승처럼 길들여져 갔다.

그는 '왕 피디'로 불렸다. 뉴스는 물론 거의 모든 프로그램의 제작 방향에 직접 관여했다. 심지어 프로그램이나 특집 제목까지도 사장의 최종 승인이 나야 녹화와 방송이 가능했다. 마음에 들지 않으면 방송시간 30분 전에도 가차 없이 뜯어고치도록 지시했고 그럴 땐 제작진이 한바탕 곤욕을 치르곤 했다.

(2) 부본부장 즉석 구두경질

'왕 피디' 는 정말 무서웠다. 1983년 9월 대한항공 007기가 사할린 상공에서 소련 전투기의 미사일 공격을 받고 승객과 승무원 269명이 전원 사망한 사건이 발생해 국가적으로 매우 우울했던 때의 일이다.

그날은 일요일이었다. 정오쯤 됐을 때 갑자기 상대사가 뉴스특보를 했다. 내용은 일본과 한국의 취재진을 태운 경비행기가 KAL기 잔해 수색작업이 벌어지고 있는 일본 북해도 최북단 와카나이 상공에서 추락했다는 내용이었다.

보도국 국제부에서는 도쿄지국을 통해 확인 작업에 들어가는 한편 편집부원들은 누가 먼저랄 것도 없이 즉각 속보체제에 돌입했다. 아나운서를 부를 겨를이 없어 마침 양복을 입고 있던 모 기자가 앵커로 앉았고 날쌘 어느 기자는 상대사의 속보내용을 대충 메모해 그 앵커에게 참고하라고 건네줬다.

사실을 확인하는 동안 철저히 준비를 했던 것이다. 그런데 주조정실에서 곧바로 정규방송을 중단하고 〈KBS 뉴스속보〉 타이틀을 내보냈다. 기사도 없이 메모지만 들고 스튜디오에 앉아있던 그 앵커는 카메라에 불이 들어오자 엉겁결에 방송을 해버렸다.

"대한항공 007기 잔해 수색작업을 취재하러가던 한국과 일본 기자들을 태운 경비행기가 일본 북해도 와카나이 상공에서 추락해

이 시각 현재 수색작업이 벌어지고 있습니다. 다시 한 번 전해드리겠습니다..."

번갯불에 콩을 볶아 먹어도 이렇게 완벽할 수는 없을 것이다. 그런데 웬걸, 잠시 후 오보로 판명이 났다. 확인도 안 된 상태에서 상대사의 오보를 따라갔다가 개망신을 당한 것이었다. 문제는 그 다음부터였다.

'왕 피디'가 보도국에 들이 닥쳤다. "무엇들 하는 거야!" 고함을 지르더니 K 부본부장에게 호통을 쳤다. 그는 평소처럼 연신 종이로 손의 땀을 닦으면서 안절부절못했다. 사실 그는 당시 국제부에서 확인을 하고 있었지 어떤 지시도 하지 않았는데 속보방송이 처리돼 버려 미처 손을 쓸 겨를도 없었던 것이다.

화가 안 풀린 '왕 피디'의 역정은 거기서 그치지 않았다. "야! L! 너 이 자리(부본부장)로 와. 그리고 K! 너 정치부장 자리로 가." 당시 사무실에 나와 있던 L정치부장에게 부본부장 자리를, 그리고 정치부장 자리에 K정치부 차장을 구두발령 내버린 것이다. K부본부장은 현장 직위해제를 당했다. 그렇다고 어떻게 자리를 옮길 것인가. 해당 3인은 어정쩡하게 서 있었다.

그러나 그는 단호했다. 다시 한 번 발령사항을 외쳤고 그들은 머쓱하게 자리를 옮기는 시늉까지 해야 했다. 설마 했지만 다음날 출근하자마자 그대로 정식발령이 났다.

'왕 피디'는 평소 아침부터 저녁까지 회사를 떠나지 않았다. 집도 회사 맞은편 광장아파트로 옮겨와 TV를 보다가 여차하면 전화를 걸거나 뛰어나와 호통을 치니 고위 간부들은 회사에 대기하다시피 해야 했다. 그는 1980년부터 무려 5년 동안이나 KBS사장을 하면서 자나 깨나 방송을 생각했기에 컬러시대의 KBS를 기술적으로 업그레이드시켰다는 찬사를 받기도 한다.

쓰레기통으로 직행한 반정부 시위기사

5, 6공화국 당시 사회적으로 가장 중요했던 사건은 단연 반정부 시위 등 민주화 운동이었다. 대학가와 시내 중심가 곳곳에서 연일 정권타도를 외치는 집회와 시위가 벌어졌다. 보도블록은 남아난 것이 없었고 화염병과 돌멩이 그리고 최루탄이 범벅이 되는 시가전은 거의 날마다 이어졌다.

사건기자들은 하루 종일 그 아수라장 속에서 취재를 하고 송고했지만 기사는 한 줄도 방송되지 않았다. 알고 보니 그런 기사는 모두 쓰레기통으로 직행한 것이었다. 하기야 일상이 돼버린 반정부 시위가 무슨 기사거리가 되랴.

그러다가도 기사가 왕창 먹힐 때가 있었다. 시위 도중 인명피해 사고가 났을 때다. 특히 경찰관이 사망하는 사고도 가끔 발생했는데 그런 날이면 정말 요란했다. 학생들의 시위는 순수성을 넘어 '공권력을 무력화시키려는 도시 게릴라식 무장투쟁 내지는 체제전복 운동'이라며 몰아 붙였다. 공안당국에서는 때맞춰 화끈한 '보따리'를 터뜨리곤 했다. '친북용공 00파 일당 검거' 등의 사건인데 '학생 운동권과 연계돼 암약해 왔다'는 것이 단골 메뉴였다.

사건기자들은 그 시절 박종철 군 고문치사사건을 비롯해 이동수 군 분신자살 사건, 이재호·김세진 군 분신자살, 강경대 군 쇠파이프 사망사건, 김귀정 양 압사사건, 이한열 군 최루탄 사망사건 등 수많은 젊은이들의 희생을 지켜봐야 했다.

그럴 때마다 방송의 보도는 사건의 축소 내지는 엉뚱한 방향으로 뺑튀기기가 일쑤였다. 신문들이 얼마나 크게 다루느냐에 따라 방송 보도의 수준이 결정됐다. 깔아뭉개 버리고 싶다가도 신문에 대문짝 만큼 나면 어쩔 수 없이 모양새를 갖추는 것이 편집준칙이나 다름 없었다.

(1) 분노의 표적 KBS 카메라

시위에 나선 학생들은 방송 카메라만 보면 공격적으로 변해 노골 적으로 욕설을 퍼붓거나 심지어 KBS취재진을 잡아 한동안 감금한 사건도 서울대에서 있었다. 유세현장에선 KBS의 취재차량이 불타 기도 했다.

5.18 몇 주기를 맞아 광주 망월동 묘지 취재를 간 기자가 있었다. 이 기자 일행은 KBS로고가 새겨진 승합차를 도청에 세워두고 도청 에서 차를 빌려 타고 망월동으로 가야했다. 입구에서부터 학생들의 시위가 벌어지고 있었는데 가까스로 차를 주차장에 댔지만 감히 카 메라를 꺼낼 엄두를 내지 못하고 눈치만 살폈다.

그러던 중 갑자기 시위대가 기자 일행과 함께 온 도청의 승용차를 보더니 몽둥이로 유리창을 작살낸 다음 마른 나뭇가지를 차안에 넣 고 불을 질렀다. 차에 붙어 있는 '공무수행' 이라는 글씨를 보고 공

권력에 대한 흥분이 폭발한 것이었다.

기자 일행이 타고 있던 차에도 '공무수행' 글씨가 붙어 있었는데 차안에서 카메라를 의자 밑에 숨겨놓고 숨을 죽여야 했다. 결국 봉변을 면한 것을 다행으로 여기며 취재는커녕 카메라에 전원도 넣어보지 못하고 철수한 일화도 있었다.

(2) 단골메뉴 '대다수학생은 면학열중'

그 시절 반정부 시위열기를 덮는 수법은 가지가지였는데 대표적인 것이 '대학가의 면학열기' 였다. 이는 취업시즌 등을 앞두고 1년이면 두어 번씩 우려먹는 단골 메뉴였다. 극렬시위를 벌이는 학생들은 소수일 뿐 대다수는 본분인 면학에 열중하고 있다는 낯 뜨거운 메시지였다.

모 기자는 어느 날 바로 그런 아이템을 제작하기 위해 서울대 도서관에 카메라 기자와 함께 들어갔다가 낭패를 당했다. 학교 측이 학생들을 자극할지 모른다며 만류했지만 용기를 냈다. 곧 학생들이 웅성거리기 시작했다. 갑자기 한 학생이 벌떡 일어나 "아하, 대다수 학생들 공부 열심히 한다고?"라며 비아냥조로 소리를 질렀다. 정말 족집게였다.

이 기자는 더 이상 도서관에 머물 용기를 잃고 철수했다. 대신 정문 주변에서 학생들을 상대로 인터뷰를 시도했다. 그런 상황에서 인터뷰가 가능할까 불안했지만 아이러니하게도 가능했다. "나는 정치에는 관심이 없고 취업을 위해 영어공부에 주력하고 있다"는 등의 인터뷰를 성공적으로 마친 것이다. 당국의 주장대로 정말 그런

학생도 있기는 있었다. 당시는 KBS 연예 프로그램에서 가수 윤시내를 수시로 출연시켜 "공부합시다"를 열창시키던 때였다.

시국사건 외에 당시의 큰 사회문제는 살인강도 등 강력사건이었다. 사건기자들은 강력사건에는 정말 물불을 안 가리고 덤볐다. 뉴스에 상당히 잘 먹히기 때문이었다. 그러나 그것도 잠시 어느 날 갑자기 뉴스에서 사건이 사라졌다. 연유를 알아봤더니 정말 해괴망측했다.

(3) 대통령 뒤의 사건기사는 불경죄

사건을 다루더라도 교묘한 편집이 유행했다. 사실상 톱인데도 대통령 때문에 어쩔 수 없이 뒤로 돌리면서 중간에 이른바 쿠션을 넣는 수법이다. 대통령에 이어 곧바로 흉측한 사건뉴스가 나가면 불경스럽다는 판단에서였다.

그런 예는 지난 1991년 6월 27일 〈KBS 9 뉴스〉에서도 찾아 볼 수 있다. 경기도 의정부에서 한 경찰관이 권총으로 사건과 관련된 두 사람을 찾아다니다 계획적으로 쏴 죽인 사건이 발생했다. 그러나 〈KBS 9 뉴스〉는 '건대 입시부정 속보-대통령 출입기자 간담회-신도시 아파트 불량레미콘 공사 지연-신도시 대책 경제장관 간담회(단신)-총기난동 사건-총기관리 허술-치안 본부장 사과(단신)'로 이어졌다.

중요하지도 않은 건대 속보와 대통령의 간담회 리포트에 이어 엉뚱하게도 기획성인 아이템인 신도시 공사 지연 문제를 끼워 넣은 다음에야 그 날의 가장 따끈따끈(?)한 뉴스인 경찰관 총기사고를 배치한 것이다.

이처럼 사건기사는 정치적으로 악용되기도 하고 정부의 도덕성과 관련될 경우 때로는 죽기도 하고 다시 꿈틀거리다가 또다시 죽임을 당하는 등 곡절을 거쳐 왔다.

정치권 입김에 놀아난 간부 인사

KBS의 인사풍토는 사장의 출신지나 출신학교에 따라 부사장, 본부장들이 결정됐고, 본부장의 의중에 따라 국장이 결정됐다. 이는 특히 같은 지역끼리 '독식하기' 와 '안배하기' 의 두 가지 양상으로 이어져 왔는데 5, 6공 시절에는 특정지역이 독식을 했고 문민정부를 거쳐 국민의 정부 때는 반대로 나눠 갖는 모양새를 갖췄다.

일부 운 좋은 사람들은 출신지 덕에 '독식시대' 때부터 '안배시대' 까지 모두 영예를 누리는 경우도 있었다. 그러다 보니 나중에는 깜이 되는 사람도 윗사람과 같은 지역이라는 이유로 배제되는 역차별을 당한 경우도 있었다.

출신지뿐만 아니라 통폐합의 부작용으로 출신 방송사에 따른 고려가 관행화돼 왔고 특정 대학과 특정 고교가 판을 치기도 했으니 전체 인사의 흐름이 얼마나 왜곡됐겠는가. 그 와중에 이리 밀리고 저리 밀려야했던 대다수 직원들의 낭패감이 어떠했는지는 짐작이 가고도 남을 것이다.

역시 으뜸은 정치권의 입김이었다. 과거 얘기는 말할 필요조차 없고 가까운 DJ 초기시절의 예를 들어보자. 신임 사장이 오면서 보도국을 오래 전에 떠났던 그의 고교 후배가 일약 보도본부장으로 등극했다. 다음은 보도국장이 누가 될 것인가에 관심이 쏠렸다.

세 사람이 거론됐는데 출신지를 보면 경상도와 충청도 그리고 전라도였다. 전라도 출신 선배는 사장의 고교후배이기도해 일찌감치 배제됐다. 충청도 출신 선배가 여러모로 유력시됐으나 반대로 과거 정권에서 잘 나가던 경상도 출신 선배가 내정됐다. 이것이 바로 안배의 묘수였다. 그는 당시 곧 있을 기자들의 인사 안까지 짰을 만큼 이미 보도국장이었다.

드디어 인사가 있던 날 모 기자는 낙마하게 된 충청도 선배를 우연히 회사 정문에서 마주쳤는데 매우 참담하게 심경을 털어놨다. "난 (보도국장 못하고) 지방으로 간다. 앞으로 너희들이 나를 많이 도와줘야 해. 어제 통보 받았고 짐 다 싸놨어…" 그로부터 약 30분 뒤에 공개된 발령사항에는 오히려 그가 보도국장이었고 내정됐던 선배는 지방 총국장이었다. 어떻게 된 일일까? 마지막 순간에 어디선가의 입김으로 인사가 뒤바뀌었던 것으로 전해지고 있다. 두 사람의 운명은 일순간에 뒤바뀌었다.

이런 일은 비일비재했다. 아침 간부회의에서 정식으로 통보된 인사내용이 오후에 정작 발표되면 달라지기도 했는데 그것은 백발백중 정치권의 입김 때문이었다. 모 기자는 국제부장으로 통보 받았다가 엉뚱한 사람이 치고 들어오는 바람에 바보가 돼야했다. 그것도 정치권의 뜻이었다고 전해진다.

그래서 KBS 직원들 사이에서는 올라갈수록 실력보다는 운이 중요하다는 자조적인 인식이 팽배하다. 즉 자신의 승진 시점에 정권이 어떻게 바뀌고 윗자리가 어떻게 짜지느냐에 따라 운명이 결정된다는 뜻이다. 3년 임기의 사장이 바뀌면 그 판은 또 춤춘다. 어떻게 보면 가능성이 항상 열려있는 아주 '좋은 회사' 이기도 하다.

온갖 특혜 누린 낙하산 기자들

KBS에는 어느 날 슬그머니 낯모르는 얼굴이 새 식구로 들어오는 경우가 허다했다. 그가 어떤 절차를 통해 무엇 때문에 입사하게 됐다는 등의 공식적인 설명은 일체 없었다. 당연히 여기저기서 수군대는 소리가 들린다.

신문사에서 왔다느니, 사장이 데려왔다느니, 능력은 있는 사람이라느니, 말도 안 된다느니 등등 입 달린 사람은 저마다 한마디씩 하게 된다. 그것은 공개채용 조직문화의 근간을 뒤흔드는 것이기에 불만이 팽배했지만 누구도 공식적으로 항변하거나 그럴 의지를 갖는 경우는 없었다. 해봐야 먹히지도 않고 괜스레 미움만 살 것이 불을 보듯 뻔하기에 그렇다.

특채가 금지된 것은 아니지만 공개적이지 못한 것이 늘 문제였다. 기존 조직원들에게 낭패감을 안겨 주기 때문이었다. 그렇게 특채된 사람들은 대부분 성공가도를 달렸다. 개인의 능력도 능력이려니와 이른바 물을 먹을 가능성이 전혀 없는, 말 그대로 특별관리를 받았기 때문이다.

낙하산 부대의 위용 앞에 기존 멤버들은 정말 무력했다. 낙하병은 적진 깊숙이 침투돼 적의 전열을 교란시키는 것이 주 임무이다. 그들의 잦은 출몰로 조직의 전열이 얼마나 뒤틀렸을 지는 상상이 가고도 남는다. 문제는 그들 능력의 유무가 아니라 불공정한 게임이라는 점이다. 경사진 구장에서 누구는 올려 차야했고 그들은 감독의 비호아래 내려 차는 형국이었기 때문이었다.

KBS의 주인은 국민인데도, 흔히들 KBS를 주인 없는 회사라고 부른다. 주인이 있는 회사와 없는 회사가 있다면 어느 쪽의 리더가 더 독선이 강할까. 없는 쪽 리더가 결코 약하지 않다고 본다. 임기가 한정됐기 때문에 발산욕구가 어쩌면 더 강할 수 있다는 얘기이다.

권력형 특채 – 학도호국단

해가 거듭할수록 KBS의 채용규모가 줄어들면서 취업문이 좁아져가고 있던 즈음, 각 대학 학도호국단 간부들이 특채라는 명분으로 KBS에 하나둘씩 자리를 차지하기 시작했다. 정권에 협조한 사람들을 배려하기 위해 KBS의 요직이나 눈에 띄지 않는 부서에 한두 명씩 취직시키는 것만으로는 유공자(?)들을 모두 대우하기에 부족했던 상황이었다.

물론 이때 입사한 학도호국단 출신 직원 중에는 명석하고 전문방송인의 자질이 뛰어난 우수한 인재도 포함되어 있었고 지금까지도 당당히 방송인으로서 몫을 해내고 있는 직원도 많다. 하지만 정규 관문인 공개채용이 아닌 정치권의 방침에 의해 특별채용이라는 형식으로 입사했던 만큼 언제나 제3채널이라는 멍에는 벗어날 수가 없었다.

사실 군사정권이 전국의 각 대학교 학도호국단 간부들에게 버젓한 직장을 마련해 주려는 방침을 제도적으로 시행하는 데에는 그만한 이유가 있었다. 그들에게 채무가 있었기 때문이다. 그들은 정권의 요구와 회유에 의해 체제 유지를 위한 각종 정보를 제공했다. 즉 반정부 운동권 학생들에 대한 정보와 체제를 부정하는 집단들에 대한 정보 등을 다양하게 제공한 공로에 대한 예우였다.

3년 가까이 KBS 직원채용이 학도호국단 출신으로 이루어지면서 매년 시행되던 공채가 중단되었다. 이처럼 몇 년에 걸쳐 공개채용이 시행되지 않자, 각 유명대학의 신문방송학과에서는 불만과 원성이 높아졌고, 급기야 해당 학과 교수들은 신문지상에 비난하는 글을 싣는 등 항의하기에 이르렀다. "공영방송 KBS가 신입사원 채용을 하지 않는 것은 젊은 인재를 사장시키는 옳지 못한 태도요, 훌륭한 방송인을 꿈꾸는 젊은이들에 대한 횡포"라는 지적이었다.

때를 맞춘 듯이 KBS는 유사 이래 대규모의 인력채용을 두 차례 단행했다. 지역국에 근무할 인력과 88올림픽 방송을 위한 인력 충원 때문이었다. 그런데 웃지 못 할 비화가 있다. 집권자가 육사 11기이기 때문에 '11기'라는 기수 명칭을 쓰는 것은 불경스런 일이라는 것이었다. 그래서 10기 공채 이후에 '지역국 근무 조건'으로 모집요강을 발표하면서 '11기'를 부여하지 않고 '지역공채 1기'라는 명칭을, 후속 공채에는 '올림픽 방송요원'이라는 명칭을 쓴 것이었다.

훗날 '올림픽 방송요원'이 '11기'로 명명되면서 '지역공채 1기'는 공식 기수 명칭도 없이 '10.5기'로 불리는 난맥상을 보이게 되었다. 학도호국단 출신을 권력의 요구대로 특채하던 관행이 줄어들면서

'11기'로 331명, 같은 해의 '12기'로 160명, 다음해 상반기에 '13기'로 115명, 하반기에 '14기'로 363명을 채용하는 등 단기간에 엄청난 인원을 채용하는 인재 홍수시대가 초래되었다.

한 시대, 한 사람의 사장에 의한 그릇된 파행은 집안 식구들의 질서를 파괴하고 조직의 결속력을 약화시키며 종래에는 경영의 어려움을 안겨주는 독버섯의 포자가 되었다.

KBS 노조의 탄생과 초기 활동

1988년 5월 20일 드디어 KBS 노조가 결성되었다. 민주화 투쟁열기가 확산되는 시점에서 여타 언론사나 방송사에 비해서는 비교적 뒤늦은 탄생이었다.

1987년 6·29선언을 계기로, 10월 29일 한국일보사 노조가 언론사로서는 최초로 결성된 이후 동아일보사 노조, 중앙일보사 노조, MBC 노조가 차례로 설립되었다. 한편 그 해 11월 26일 전국 1만 3,000여 언론노동자로 구성된 전국언론노동조합연맹이 결성되었고, 초대위원장에 권영길 서울신문 노조위원장이 선출되었다.

KBS 노조의 태동은 1987년부터 시작되었다. PD협회(회장 이형모), 방송기술인협회(회장 안덕상), 아나운서협회(회장 조춘제), 기자협회KBS분회(분회장 황호형) 등 4개 협회장이 주축이 되어 노동조합 잉태를 준비하였다.

1988년 3월 8일에는 KBS발전위원회를 출범시켜 '공정방송 확보'와 '인사정책의 투명성 보장' 등 사내민주화 요구에 나섰다. 첫

사업으로 특채자 438명의 처리를 위한 인사특위 구성을 요구하고, 노측 위원으로 황호영, 이형모, 안덕상, 조춘제 등 4개 협회장과 강동순 PD를 선정하였다.

같은 해 5월20일, 노조는 본관 휴게실에서 노동조합 발기인 총회를 갖고 초대 노조위원장에 고희일 PD를 선출하였다. 다음날 노동부에 노조설립 신고를 한 후 5월25일 신고필증을 교부받음으로써 역사적인 KBS 노동조합이 탄생하게 되었다. 노조 출범 후 한 달 만에 조합원수가 3,800명을 넘었고 8월 5일에는 노보 창간호가 발행되었다.

(1) 특채자 정리

KBS 노조는 출범과 동시 굴종과 오욕의 역사를 떨치기 위한 정치 특채자 축출을 시도하였다. 정치 특채자들은 청와대, 안기부, 보안사, 감사원, 공보처 등 소위 권력중추기관에서 낙하산 인사를 통해 KBS에 들어온 사람들이었다. 이들은 권력기관과의 연줄을 무기로 KBS 내부요직을 장악하고 온갖 전횡을 일삼았다. 5공 잔재인 정치 특채자 척결은 바로 공정방송 실현의 첫걸음이었다.

노조는 1988년 7월 23일 임시노사협의회를 열어 특채자 3인 문제를 먼저 거론하였다. 전 청와대 의전담당출신으로 사장 비서실장, 청주방송총국장을 역임한 L씨, 안기부 출신으로 감사실장, 춘천방송총국장을 지낸 K씨, 연구원 출신으로 정책개발실장, 사장보좌역을 지낸 L씨 등 3인이 KBS를 떠날 것을 요구하였다. 또한 11월 23일, 5공화국 시절에 자행된 KBS비리를 조사하기 위한 특별위원회를 발족하고 간사에 차갑진 부위원장을 임명하여 무자비한 강제해직, 낙하산식 특채, 통폐합으로 무너져버린 인사원칙 등을 바로 세우기 위해 노력했다. 이러한 특채자 문제 거론을 통해 1988년과 1989년에 약 80여 명의 특채자들이 KBS에서 축출되었다.

첫 특채자 3인중 K씨는 1992년 3월 해고무효 확인소송을 통해 승소판결을 받아 1993년 6월 26일자로 복직하였고 이에 KBS 노조가 출근저지운동을 벌이기도 하였다

(2) 공정방송

KBS가 더 이상 정권의 나팔수가 되지 않도록 공정방송 쟁취와 프로그램의 일대 변신에 힘을 쏟았다. 우선 사장이 뉴스형태와 순서를 좌지우지해서는 안 된다는 점을 강력하게 요구하였다. 또한 〈사랑방 중계〉에 당시 평민당 김

대중 총재의 출연을 정구호 사장과 김도진 TV본부장이 결재하고도
갑자기 '김대중 총재는 KBS에 나올 수 없다'고 제작을 중지시킨
것을 문제 삼았다. 한편 5공 청산을 위한 프로그램 〈다큐멘터리 제
5공화국〉 제작에 노사가 합의한 것은 노조 입장에서는 큰 성과라고
할 수 있었다.

(3) 본부장 추천제

KBS 노조는 단체협약의 부속합의로 '사장은 편성, 제작, 보도 관
련 책임자(TV본부장, 라디오본부장, 보도본부장, 기술본부장)의 임
명에 있어 이사회의 동의를 얻기 전에 공정방송위원회의 의견을 수
렴'하도록 하였다.

이에 따라 1988년 10월 13일 '4개 본부장 추천 선거'를 실시하여
TV본부장 후보로 김경동, 임형두, 장한성을, 라디오본부장 후보로
서병주, 안표순, 전영효를, 보도본부장 후보로 김우철, 박성범, 황
규환을, 기술본부장 후보로 김영선, 조찬길, 최진성 등 각 3배수를
선발하여 사장에게 추천하였다. 사장 및 이사들은 단체협약을 존중
하여 1988년 11월 14일 후보 3명 중 1명씩을 선정, 본부장으로 임명
하였다.

88서울올림픽과 방송의 도약

1980년대는 스포츠 방송이 비약적으로 발전한 시기였다. 스포츠 방송은 언론 통폐합조치와 컬러TV방송 실시라는 방송 내적인 환경 변화와 경제성장에 따른 스포츠의 붐, 1986년 제10회 아시아경기대회 및 1988년 제24회 서울올림픽 개최라는 방송 외적인 여건 성숙이 상승적으로 작용한 결과였다. 또한 암울했던 시대상황에 대한 도피성향도 또 다른 촉매역할을 하였다고 볼 수 있다.

언론 통폐합을 계기로 KBS는 보도국 체육부를 스포츠국으로 승격시켰다. 스포츠국 신설은 제작능력을 강화하고 스포츠 프로그램의 질적인 수준을 한 차원 높이기 위한 것이었다. 초대 스포츠국장은 TBC 체육기자 출신으로 복싱해설로 명성을 떨친 오일룡 씨가 임명되었다. 스포츠 중계가 급증하면서 스포츠 캐스터가 새로운 인기직종으로 부각되었다.

시청료 거부운동이 일어났던 1986년은 KBS로서는 불편한 한해였지만 그해 9월 20일부터 10월 5일까지 제10회 아시아 경기대회가 열렸다. 1988년 9월 17일부터 10월 2일까지 16일간 서울에서 개최된 제24회 하계올림픽은 전 세계 161개국 13,304명의 선수단이 참가하여 올림픽 사상 최대 규모를 기록하였다.

세계적으로는 동과 서, 남과 북이라는 인종과 민족과 이념의 차원을 넘어 스포츠교류를 통해 '화합'에로의 기틀을 다진 의미 있는 대회로 평가되었다. '최다 참가, 최상 화합, 최적 안전'이라는 외형적 평가 이외에 세계만방에 한국의 저력과 신뢰를 구축하고 확고한 위치를 새기는 계기가 되었다. 1948년 대한민국 정부 수립 이후 40년 만에 이룬 기적과도 같은 쾌거였다.

당시 정주영 현대그룹 회장을 위원장으로 하는 대한민국 대표단은 1981년 9월 30일 독일 바덴바덴에서 1988년 하계올림픽 개최지로 서울이 선정되는데 결정적 역할을 했다.

서울 개최가 확정된 이후 7년간 2조 4,364억 원을 투입하여 국제규격의 경기장 시설 및 각종 준비를 해왔다. 그 결과 시설 면에서 올림픽사상 '최고의 시설'이었다는 극찬을 받게 되었다.

예나 지금이나 국제 스포츠 대회에 대한 세계 언론사들의 관심과 취재 열기는 지대하다. 따라서 대회 주최 측에서는 취재 편의를 제공하는 것이 기본이다. 세계의 모든 언론사를 위한 메인 프레스센터(MPC)를 KOEX 별관에 마련하는 것과 동시에 세계의 각 방송사를 위한 국제 방송센터(IBC)를 KBS 본관 옆에 건립하였다. 지하 2층, 지상 9층에 연면적 73,243㎡인 IBC는 대한민국 방송기술 도약의 산실이었고 서울 올림픽 주관방송사(HB-Host Broadcaster)인 KBS의 위상을 세계 속에 각인시킨 첨단 서비스 시설이었다.

올림픽 주관방송사(HB)는 올림픽 전 종목의 모든 경기 실황을 하나도 빠짐없이 국제신호(IS-International Signal)로 제작하여 전 세계 방송사에게 제공해야 한다. 국제신호(IS)란 우리나라 방송 캐스터의 목소리가 전혀 들어가지 않은 상태의 영상과 음향만을 일컫는 말이다. 따라서 선수단을 파견한 나라에서는 자국의 선수가 출전한 경기의 국제신호(IS)를 IBC에서 제공받아 자국 시청자를 위한 중계방송을 할 수 있게 된다.

국제신호(IS)의 수준도 다양하다. 방송사의 기술력에 따라 IS의 품격도 달라진다. IS에서의 영상은 화각(앵글)과 연출력 및 색상과 해상도 등의 차이로 격이 나뉘고 있고, 음향은 크기와 질 및 거리감과 임장감의 유무로 그 수준이 결정된다.

주관방송사(HB)의 기술 수준이 낮으면 평범한 경기실황 영상에 관중의 환호만이 담긴 1차적이며 단순한 IS가 제공된다. KBS는 88 서울올림픽에서 세계 최고 수준의 국제신호(IS)를 제공하여 찬사를 받았다.

힘차게 우레탄 트랙을 내딛으며 달리는 육상 선수의 발자국 소리, 승마 경기장의 말 숨소리, 장대높이뛰기 선수의 도움닫기 발자국 소리, 양궁선수가 시위를 당겼다 놓는 소리, 멀리뛰기 선수의 숨소리, 멀리서 달려오는 선수의 점점 커져오는 발자국 소리 등, 경기장의 모든 미세한 소리들을 완벽하게 집음하여 현장에서 관전하는 것보다 더욱 사실적이고 역동적인 임장감을 전 세계 시청자에게 제공했던 것이다.

서울올림픽 HB인 KBS가 제작한 IS의 기술수준은 전 세계 방송인들을 놀라게 했다. KBS의 기술력에 관한 명성은 세계 방송인들의 뇌리에 남아 14년 후에 찾아온 국제 스포츠의 빅 이벤트인 한·일 월드컵 때 선진국의 스포츠 PD가 KBS의 기술 스태프를 협업 파트너로 결정하는 데에 주저하지 않는 모습을 보이기도 했다.

IBC에서는 단순히 국제신호만 제작하여 공급한 것만은 아니다. 세계 각 방송사의 편집 등 개별제작 지원, 자국으로의 위성송출 등 전송 지원, 방송자료 정보 제공 등의 서비스도 실시하였다. 손님을 극진히 대접하는 한국인의 친절한 심성과 성실하고 탐구적인 장인 정신이 빚어낸 수준급의 IS 제공서비스를 제공하는 IBC를 이용한 방송인은 내국인 3,160명, 외국인 6,250명 등 총 9,410명이었다.

KBS는 86아시안게임과 88서울올림픽의 주관방송사로서의 역할을 수행하면서 스포츠 중계 기술력은 물론 어떠한 장르의 대형 프로젝트도 세계적인 수준으로 방송할 수 있는 저력을 쌓았다.

보통 대통령의 혼돈시대

김 빼기 작전과 〈심야토론〉

노태우 대통령후보 '보통 사람'이 된 사연

〈다큐멘터리 제5공화국〉

서영훈 사장 낙마 부른 법정수당

1990년 4월 KBS 방송민주화 투쟁

제3장

보통 대통령의 혼돈시대

'6.29선언'의 의미는 시민에 대한 일시적 항복, 민주화세력의 분열로 인한 어부지리식 집권, 6월 항쟁 이후 사회각계에서 분출된 민주화 요구 수용 등으로 평가된다.

노태우대통령의 무소신과 무능력은 그의 선거 캠페인처럼 스스로를 비리로 얼룩진 보통사람으로 만들어버렸다. 개헌에 의해 '5년 단임제'로 바뀜으로써 정권의 한탕주의가 기승을 부렸고 상대적으로 사회 각 부문에 대한 통제는 느슨해 질 수밖에 없었다.

KBS 역시 통제가 느슨해진 사회분위기에 힘입어 이때부터 공영방송으로서의 제도적 틀을 하나하나 갖춰 나가기 시작했다.

방송법이 개정되어 방송위원회가 창설되고, 한국방송공사법이 개정되어 KBS는 정부투자기관관리기본법의 예외로 인정받기에 이르렀다. 1988년 10월에는 개정된 '한국방송공사법'에 따라 KBS 이사회가 발족됨으로써 KBS에 대한 자율적 감시·감독 기구가 마련되었고 KBS 사장 임명을 추천하게 되었다.

1990년 9월에는 개정된 방송법에 따라 '시청자위원회'가 구성되어 방송 프로그램에 관한 사항을 자문 및 심의하는 시청자의 최고 기구로서 활동하기 시작했다. 이처럼 이사회, 시청자위원회 등의 출범과 함께 KBS는 공영방송으로서의 제도적 기반을 마련하게 되었다.

노태우 정권 후반이었던 1990년, 많은 언론학 교수들의 반대를 무릅쓰고 SBS 서울방송이 출범하여 방송은 다시 공민영체제로 돌입하였다.

김 빼기 작전과 〈심야토론〉

1987년의 '6.29선언' 이후 관제 민주화의 바람을 타고 공영방송 KBS에도 나름대로 거센 바람이 불어왔다. 그 무렵 KBS드라마 중에서 인구에 회자된 프로그램은 바로 일일극 〈보통사람들〉이었다. 이점에 착안한 5공 실세들이 만들어낸 인물이 군인도 아니고 정치인도 아닌 '보통사람 노태우'였다. 보통사람 노태우는 나름대로 시대흐름에 맞는 선택이자 성공한 TV프로그램을 활용한 괜찮은 아이디어라고 할 수 있었다.

〈국풍 81〉등으로 TV를 활용한 경험을 가진 5공 실세들은 선거를 앞두고 새로운 TV 활용 방안을 고민하고 있었다. 그 결과로 나온 전략 중의 하나가, 말도 안 되는 것이라도 계속해서 반복하면 사실 같이 인식된다는 소위 괴벨스 식 발상 또는 '김 빼기 작전'이었다.

이들은 6.29 선언으로 간신히 정권의 목숨은 부지했지만 호남차별과 광주민주항쟁 등 도저히 있을 수 없는 일들을 장기간 다반사로 저지른 상황에서 1987년 12월 대선 승리를 기대하기가 어려웠다.

KBS 내 정치방송인들은 '김 빼기 작전'에 어울리는 프로그램을 모색했다. 대선전이 본격화되면 김대중 후보 측에서 들고 나와 치명타를 받게 될 우려가 있는 핫 이슈를 점검하여 사전에 방송 프로그램으로 소화시킴으로서 마치 우두예방접종을 맞은 듯한 효과를 확보하자는 아이디어였다. 그렇게 해서 서둘러 만들어진 프로그램이 〈생방송 심야토론〉이었다.

그때까지 방송 프로그램에서 금기시했던 소재를 생방송으로 진행한 까닭에 시청자들의 관심이 지대하여 시청률이 대단했다. 1987년 10월 17일 '정치발전을 위한 조건'을 주제로 첫 방송한 이후 '선거와 지역감정', '정치 민주화', '빈부 격차', '통일 안보론', '우리는 어디로 가고 있는가' 등을 주제로 생방송하였으니 김대중 후보 측이 벼르던 문제가 '김빠진 맥주 격'이 된 것은 당연한 일이다.

5공 실세들이 바라던 대로 '김 빼기 작전'은 확실하게 진행되었다. 그 여파로 양 김 씨가 공격할 예봉은 미리 김이 빠져 무디어졌고 이에 힘입어 대통령 선거에서 양 김을 누르고 '보통사람 노태우'가 승리하였다. 〈생방송 심야토론〉을 아끼는 시청자들에게는 참으로 서글프고 처연한 애기지만 권부에서는 언제나 이런 일이 있었고 지금도 이런 일이 장막 뒤에서 쉴 새 없이 꾸며지고 연출되고 있는지도 모른다.

노태우 대통령후보 '보통사람'이 된 사연

예나 지금이나 방송 프로그램 중에 드라마만큼 시청자들을 사로잡는 방송도 없다. 사람들은 드라마에서 자기 위안을 받을 수 있고 대리 만족을 하며 현실의 불만을 회피하고 해소할 수도 있다.

드라마는 정권의 대변자가 되기 쉬웠고 직설적으로 표현하기 곤란한 정치적 의도와 전략을 자연스럽게 드라마에 반영시킬 수 있었다. 가장 쉽고도 확실한 기대효과를 볼 수 있는 최대의 홍보전략 도구였던 셈이다.

1970년대에 박정희 정권이 성공시킨 〈꽃피는 팔도강산〉이 있었다면, 전두환 대통령 시절의 대표적인 국정홍보 드라마로는 1982년도에 방송된 〈보통 사람들〉을 예로 들 수 있다.

드라마 〈보통 사람들〉은 전두환 정권 하에서 우리나라의 평균수준 사람들이 앞으로 이렇게 잘 살 것이라는 비전을 보여주기 위해 계산된 기획드라마였다.

국민들 대부분이 산업화에 따라 도시로 도시로 몰려들었다. 가족은 분열되어 핵가족화 되었고 도시화 정책에 따라 소외계층이 증가했으며 이로 인해 상처받는 국민들이 많아졌다. 농촌 중산층에서 도시빈민층으로 전락한 국민들에게는 희망이 사라졌다. 대가족 제도하의 따스한 가족애와 이웃사촌에 대한 인정어린 미덕도 자취를 감추었다. 사회는 정권에 대한 불신과 의혹으로 가득 차 있었고 분출구를 찾지 못한 채 포기와 한숨이 높아갔다. 바로 이러한 사회 전반의 분위기를 일신하고자 정권이 기획한 드라마가 바로 〈보통 사람들〉이었다.

드라마의 제목은 이원홍 KBS 사장이 직접 작명했다. 당시 담당 연출자는 〈보통 사람들〉이라는 제목을 가진 외국영화가 있어서 드라마의 제목을 〈보통 사람들〉로 결정하는 것을 반대했다고 한다.

독창성은 없고 외국 드라마나 영화에서 성공한 프로그램의 제목을 차용하는 비상한 능력은 군부정권 사장들의 공통이었던 모양이다. 자리가 인물을 만드는 것인지 인물이 자리를 만드는 것인지는 모르겠지만 제작자들의 자존심을 꺾고 밀어붙인 사장의 카피된 제목은 예상외로 높은 반향을 일으키면서 가장 인기 있는 드라마로 부상했다.

비록 정권이 의도한 드라마였지만 〈보통 사람들〉은 당시의 사회 분위기 등과 잘 맞아 떨어져 약 3년간 방송되어 일일극 중 최장수 드라마가 되었다. 시청자들은 〈보통 사람들〉을 보면서 자신들이 버린 고향과 이웃, 그리고 잃어버린 가족들에 대한 우애와 효를 다시금 생각하게 했다. 우리의 전통적인 미덕을 되찾은 것 같은 착각에 빠져들게 한 것이다.

그리고 무엇보다도 우리도 드라마속의 저들처럼 '잘 살 수 있다'는 희망을 가지게 되었다. 평범한 사람들로 하여금 그 평범함이 더없이 귀중한 재산이며 미래는 아름답다는 환상을 심어주었던 것이다.

전두환 정권의 홍보용, 국민설득용으로 제작되었던 이 드라마는 실로 엉뚱하게도 차기 정권을 이어받은 노태우 후보에게 대통령 선거에서의 승리라는 달콤한 열매를 안겨 주었다. 전두환 정권의 그늘에 가려 전혀 빛을 발하지 못했으면서도 노태우 후보가 대통령에 당선된 것은 순전히 이 드라마의 덕이라고 할 수도 있다.

아무 내세울 것이 없고 국민과 나라에 대한 공적도 없었던, 그래서 지극히 평범했던 인물 노태우가 내세운 것은 바로 '아무것도 내세울 것 없는 평범한 보통 사람' 그것이었다.

너무 많은 비범한 인물과 강력한 권력자들에 식상해있던 국민들에게 노태우 후보의 '보통사람' 즉 평범하다는 선택된 이미지는 최상의 홍보 전략으로 주효했다.

아닌 게 아니라 노태우 후보는 조금은 어수룩해 보이며 특별한 공약도 없고 그렇다고 자랑할 만한 전력도 없었다. 정치경험도 없었다. 국민들은 오히려 이러한 그의 이미지에 한 표를 내주었고 그 보통사람 대통령은 곧 나 자신이며 우리와 같은 사람이라는 새로운 국민적 공감대로 지지 받았다.

보통사람이 대통령이 되면 새로운 세상이 열리는 듯 가장된 전략으로 노태우 후보는 당당하게 청와대로 입성할 수 있었다. 노태우 대통령 후보 출정식에 〈보통 사람들〉 출연진 모두가 초대받아 출연자 전원이 참석하는 일화를 낳기도 했다.

드라마 한 편이 엄청난 시대적 오류를 낳게 된 것이었다. 아마도 당시 사장은 물론 제작진들도 전혀 예측하지 못한 의외의 결과였을 것이다. 그래서 드라마는 그 막강한 영향력을 볼 때 올바른 시대정신을 투영하는 하나의 지표라는 소명의식으로 제작에 임해야 하는지도 모르겠다.

〈다큐멘터리 제5공화국〉

1989년 봄, 한국사회에는 아직 찬바람이 불고 있었다.

1980년대의 암울했던 5공체제가 종식되고 노태우 정권이 출범한 상황이었지만 전임 5공과 본질적으로 다르지 않았다. 언론계도 마찬가지였다. '춘래불사춘'의 시기였다. 그러나 정권의 나팔수라는 오명을 들어왔던 KBS에게 1988년과 1989년은 방송사적으로 대단한 의미가 있는 해였다.

권위주의 시대 정권의 하수인 모습을 과감히 떨쳐 버리고 새롭게 방송이 태어나고자 몸부림 쳤던 1988년 5월, KBS노동조합이 출범했다. 국민의 방송으로 거듭나고자 했던 몸부림의 결과였다. 몇 달 후 KBS는 그것을 상징적으로 보여 주기 위한 어려운 결단을 내렸다. KBS가 노사합의로 〈다큐멘터리 제5공화국〉 시리즈 3부작을 제작, 방송하기로 결정한 것이다.

그 엄혹했던 군사정권시절을 지내면서 명색이 방송인으로서 사회에 대한 환경감시기능도 제대로 하지 못했다는 마음의 빚을 갚고자 당시 제작을 맡은 PD들은 선뜻 지원을 했고 적극적으로 제작에 임했다. 아무리 시대가 바뀌었다고는 하지만 5공의 연장선상에 있는 노태우 군사정권하에서 그 시대를 비판하기 위해서는 많은 용기가 필요했던 시절이었다. 그러나 일단 PD들로서는 회사와 노조가 합의하여 결정한 것이 큰 보호막으로 생각되었고, 선배들의 지원하에 마음이 든든했다.

〈다큐멘터리 제5공화국〉 시리즈 3부작은 1부 〈광주는 말한다〉, 2부 〈인권보고〉, 3부 〈정경유착〉으로 대표적인 5공 비리를 90분짜리 다큐멘터리라는 형식에 담는 것으로 기획되었다.

〈광주는 말한다〉편은 당시 우리 사회에서 가장 무서운 금기였던 '광주'를 본격적으로 다루었다는 점에서 큰 반향을 불러일으켰다. 프로그램의 제작방향은 국회 청문회에서 다루어진 쟁점 사안들에 대한 진실을 밝히는 것이었다. 철저한 기록 다큐멘터리 형식을 유지하며 이성적인 접근과 근거 없는 문제제기를 배제하는 것을 원칙으로 삼았다.

〈광주는 말한다〉는 실로 큰 충격을 안겨주었다. '1980년 5월의 광주'를 슬픔으로, 분노로 증언하는 내용들은 결코 '있을 수 없는' 일들이었다. 광주 외곽 동네 저수지에서 멱 감다 총탄에 간 중학교 1학년 소년(방광범)과 광주에서 철수하는 계엄군 차량행렬을 구경하다 총탄에 간 초등학교 어린이(전재수)도 있었다. 10년 세월이 지난 후에 더 큰 아픔으로 되살아난 '1980년 5월의 광주'는 설마했던 전 국민을 경악하게 했다. 회사 내의 상층부는 물론 군부에서의 편집 요구도 있었으나 일체 거부하고 방송 직전까지 최종 편집 테이프를 필자 캐비닛에 보관하며 지켰던 기억이 지금도 생생하다.

〈인권보고〉편은 5공 시절 폭압적인 정권하에서 숱한 인사들이 반체제인사로 낙인 찍혀 갖은 인권탄압을 받았던 사례를 생생하게 고발하고 그 시대의 아픔을 되새기고자 하였다.

김근태 의원, 이태복 전 보건복지부장관, 김문수 의원…. 지금은 문민정부와 참여정부 하에서 활발하게 정치활동을 하고 있는 쟁쟁한 인사들이지만 당시엔 여전히 방송을 기피하거나 방송에서 기피하는 대상이었다.

남영동 대공분실에서 고문을 당했던 전 민청학련의장 김근태 씨. 반독재운동의 상징이었던 그와 KBS가 처음으로 인터뷰를 했다. 고문기술자 이근안으로부터 받았던 충격적인 고문의 실상을 적나라하게 방송사상 최초로 방송할 수 있었다.

전두환 정권으로부터 반독재운동의 수괴로 지목돼 사형구형까지 받고 8년간의 옥고를 치른 이태복 씨의 절절한 사연도 담았다. 그리고 서울대 경영학과 재학 중 청계천 피복 공장 재단보조공을 시작으로 각종 노동운동을 하다 5.3인천사태로 투옥된 김문수 씨가 당한 고문 이야기는 제작진이 인터뷰하면서 눈물이 날 정도로 참담했다. 옷을 모두 발가벗겨 놓고 회초리로 성기를 때려 가면서 고문을 해 성기가 주먹만 하게 붓도록 하는 등, 인간으로서 가장 치욕적이고 고통스러운 고문을 당했다고 했다.

시청자들이 가장 경악했고 가슴아파했던 사연은 삼청교육대에 이러저러한 이유로 억울하게 끌려가 고초를 겪었던 서민들의 한 맺힌 사연이었다. 성남에 살던 어떤 이는 잘 아는 형사에게 돈을 빌려 주고 몇 차례 빚 독촉을 하다가 교육대상이 되어 고통을 당했다. 또 울진 바닷가 마을에 살던 주민들 몇 명은 친척 중에 납북어부가 있었다는 이유로 간첩혐의를 뒤집어쓰고 갖은 고초를 당한 일도 취재를 통해 밝혀졌다. 그러나 그 안타까운 사연이 90분이라는 프로그램 시간이 모자라 제대로 소개하지 못하여 제작진들을 안타깝게 하기도 했다.

가슴에 맺힌 한을 풀고 싶은 사람들은 수없이 많았고, 제작진들에게도 할말이, 보여주어야 할 사실이, 전해주어야 할 왜곡된 사건들이 너무도 많았지만 90분이라는 제한된 시간 안에서 이 모든 것을 풀어낼 수는 없었던 것이다. 아마도 이처럼 5공 시절 인권탄압의 사례는 약 한달 여의 짧은 취재기간 동안 파악된 것만 보아도 이루 헤아릴 수 없이 많았다. 지금처럼 인터넷을 통해 그 피해사례를 수집할 수 있었다면 훨씬 더 많은 절실한 피해사례를 모아 방송할 수 있었을 것이다.

〈다큐멘터리 제5공화국 – 인권보고〉 프로그램 제작에 있어 가장 사람들의 뇌리에 남게 한 것은 방송사상 최초로 고문상황을 피해자들의 진술내용을 토대로 충실히 재연한 것이다. 재연은 당시 극단 아리랑에서 해 주었다. 고문기술자는 당시 극단 대표였던 김명곤 씨(현 문화관광부장관)가 맡아 주었고, 피해자는 극단 배우들이 담당했다. 새벽녘 어두컴컴한 무대에서 통닭구이, 관절 뽑기, 고춧가루 물붓기 등이 실제상황처럼 재연되었다. 말로만 듣던 고춧가루 물붓기가 그렇게 고통스런 것이라는 것을 재연상황이었지만 제작진은 그때 처음 실감했다고 한다. 그렇게 힘들게 촬영했던 그 장면들이 실제 팩트가 아니라는 이유로 편집과정에서 삭제되었다. 아무리 그것이 피해자들의 체험적 진술내용을 토대로 재연되었음을 밝혔지만 계란으로 바위를 치는 격이었다. 지금은 다큐멘터리에서 재연이 일반화 되었고 그것이 진실에 바탕을 둔 것이라면 시청자들의 이해를 돕기 위해서 허용되지만 그때는 어려웠다. 우선 다큐멘터리에 재연이 허용될 수 없다는 교조주의적 관점, 또 매우 민감한 사안이었다는 점 때문이었다. 그것이 당시의 한계였다.

〈다큐멘터리 제5공화국〉 시리즈는 1989년 3월 7일부터 3월 9일까지 3일간 연속 방송되었다. 반향은 대단했다. 특히 1편 〈광주는 말한다〉에 대한 시청자들의 반응은 폭발적이었다. 5공 청산의 상징적 사건이었으며, 모든 국민들의 최대 관심사였던 소위 '광주사태'에 대한 본격적인 접근이었기 때문이었을 것이다. 2편 〈인권보고〉와 3편 〈정경유착〉까지 5공 청산 프로그램을 마무리한 뒤 KBS는 다소나마 방송으로서 할 일을 했다는 위안을 할 수 있었다. 그 때 이후 한국사회에서의 방송은 서서히 정권의 영향력에서 벗어나기 시작했다고 생각한다.

KBS 위상정립에 지대한 공헌을 한 〈다큐멘터리 제5공화국〉은 KBS 노동조합상을 수상했다. 대내외적인 압력과 회유에도 불구하고 제작에서 방송까지 산고를 치러낸 제작진에 대한 노고를 치하하는 한편 방송민주화를 실천하고자 하는 자세와 용기를 높이 평가한 결과였다.

당시 시상식장에서 했던 인사말이 기억난다.

'현재 어려움은 옳은 일을 실천했다는 마음으로 극복하고 있다. 이번 특집물 방송은 제작반 뿐만 아니라 광주지부장 등 지역국과 노동조합의 도움이 많이 작용했다. 이 프로그램은 시작에 불과하다. 불투명한 정세에 슬기롭게 대처하면서 한 걸음 한 걸음 밟아 나가는 것이 현명하다. 수상자들은 상금을 조합발전 기금으로 쓰

도록 헌납하기로 하였다. 그것은 바로 국민의 이름으로 방송된 국민의 프로그램이기 때문이다.'

그것은 또한 방송 민주화를 침해하는 외부세력 들에 대한 경고의 의미도 있었다. 이제부터 KBS는 정권이나 정치가 아닌 자주·주체의식으로 공영방송으로서 책무를 수행하고자 하는 비장한 결의를 보여주려 한 것이다. 그런 의미에서 〈다큐멘터리 제5공화국〉은 전 KBS인들이 뜻과 의지를 담아 국민들에게 공언하였던 바대로 KBS와 시청자들이 함께 만든 최초의 진정한 합작품이었다.

특별제작반 총 15명
반장 : 김경동 / 부반장 : 강동순
1편 '광주는 말한다팀' 남성우, 박정우, 김종래, 백순모, 함효주
2편 '인권보고팀' 길환영, 김영신, 노병현, 한용희, 김연익
3편 '정경유착팀' 윤강수, 황명수, 구재영

서영훈 사장 낙마 부른 법정수당

뚜렷한 대과없이 1년 4개월 만에 서영훈 사장의 낙마를 초래한 것은 다름 아닌 KBS 법정수당 33억 원의 부당지급 건이었다. 이 사건은 1989년도 예비비 138억 원 중 법정수당으로 책정한 110억 원을 노사 간에 체결한 '시간외 휴일 야간 근무에 관한 협약'에 의거, 지출하는 과정에서 연말결산에서 33억 원이 남게 될 것으로 판단되자 노조 측이 1989년 10월경부터 이 금액을 노조원에게 분배하도록

요구한데서 발단했다.

이에 따라 노사 간에 수차례에 걸친 회합을 가졌고 '법정특근수당 집행에 관한 노사합의'로 국장급을 포함한 전 사원에게 연말 귀성비 명목으로 15만 원씩을 일괄 지급하고 60시간씩 특별근무를 한 것으로 관계서류를 꾸며 이에 상응하는 시간외 근무수당을 지급한 것이 문제였다.

당시 KBS에서는 사원 6,885명에게 총 33억 원(1인당 평균 30만 원)을 지급하였으며 노조 측은 이 과정에서 노조원 5,300명으로부터 1인당 약 5%씩 공제하여 1억 7천만 원의 노조기금을 조성하는데 성공한 것으로 나타났다.

이러한 사실이 감사원 특별감사로 밝혀지고 각 일간지에 대서특필되면서 KBS는 예산의 방만한 운용과 비리의 온상으로 국민들의 지탄을 받게 되었고 일파만파 문제가 확산되었다. 결국 사건의 최종책임자인 서영훈 사장의 퇴임으로 까지 이어졌다.

'KBS가 1989년 법정수당 지급액 중 30여억 원이 남을 것으로 예상하여 이를 '연말특별근무를 통한 법정수당'으로 변칙 지급하였다'라는 내용만으로도 진위여부를 떠나 공영방송의 도덕성에 금이 가는 일대 사건이 되었다.

적십자사 사무총장, 흥사단 이사장 등 방송에는 문외한이었고 경영마인드가 부족하였으며 매사에 '좋은 게 좋은 것'이라는 무골호인 같은 운영태도 등 서 사장의 자질이 문제시 되기도 했다. 노사관계에서도 주관을 갖지 못한 채 노조의 요구를 소신 없이 수용한 결과 문제가 발생된 것이었다.

세간에서는 서영훈 사장의 퇴임에 대해 논란이 많았다. KBS 법정수당에 대한 감사사건은 KBS에 조직적인 비리가 있었다고 여론을 몰아감으로써 KBS 전체 방송인을 여론재판에 올려놓은 것으로 1990년 2월부터 각 일간지에 'KBS 예산 변태지출' 기사가 나가도록 누군가 고의로 정보를 흘린 것으로 알려졌다. 정부 측과 정부의 언론플레이에 장단을 맞춘 신문들은 이 사건을 방송계 전반에 대한 조직적인 비리로 몰아가며 방송인의 도덕성에 치명타를 입혔다.

특히 각 신문들은 서영훈 사장이 사표를 제출하기 이전에 이미 '사표를 제출할 것'으로 보도해 노태우 정권은 조작된 여론에 힘입어 이후 서 사장을 퇴진 시켰던 것이다.

당시 여당의 모 국회의원은 3월 7일 'KBS 사태 진상보고서'를 발표하면서 'KBS의 방송민주화 노력에 대해 호의적인 자세를 견지해온 서영훈 사장에 대한 사퇴압력'이 오래전부터 있었음을 지적했다. 그러나 이러한 발표에 대해서도 한겨레신문을 제외한 모든 일간지들은 보도를 외면함으로써 서 사장 사퇴에 일조 하였다.

1989년부터 1990년 초까지 정부투자기관으로는 최초로 정치성 특채 직원들을 강제 퇴출시키는 등 방송민주화 운동이 한창 불붙었던 시기, KBS 노조에 협조적인 서영훈 사장이 노태우 정권 입장에 서는 고울 리 없었다. 정부의 입장에 맞서는 KBS 사장은 결코 오래 갈수 없다는 오랜 정설의 비근한 예라고 할 수 있다.

전두환 정권과의 단절을 상징하는 인물, KBS를 정권의 대변인이라는 오명에서 벗어나도록 하기 위해 노태우 정권이 야심차게 뽑아든 히든카드 서영훈 사장은 정권의 걸림돌이라는 이유로 윤혁기 부사장, 유태완 감사와 함께 불명예스럽게 퇴진했다.

1990년 4월 KBS 방송민주화 투쟁

1990년 4월 12일, KBS에 본격적인 민주화의 바람이 불기 시작했다. 민주광장에서 노조원은 물론 간부들까지 혼연일체가 되어 한목소리로 외치고 있었다. 대대로 새로운 정권이 들어설 때마다 낙점하여 임명된 사장에 대한 거부의 몸짓이었다. 그리고 그것은 더 이상 KBS가 정권의 방송이 아닌 국민의 방송임을 천명하는 전 KBS인의 자성의 목소리이기도 했다.

서영훈 사장의 때 아닌 사퇴가 사건의 발단이었고 새로운 서기원 사장에 대한 임명 배경이 불씨를 당겼다. 그때까지 서영훈 사장은 거대 방송조직을 이끌기엔 역부족이었다는 객관적인 혹평을 받긴 했지만 그나마 지금까지 임명된 사장 중에 가장 민주적인 인사였고 정치적 성향에서 탈피했다는 이유로 직원들의 지지를 어느 정도 받고 있었다.

이러한 서영훈 사장의 자진사퇴가 강요된 사퇴임이 백일하에 드러났고 이것은 바로 KBS를 또다시 정권의 수하에 두려는 검은 음모의 산물로 지적 되었다. 또한 후임 사장으로 정권과 밀착된 인물을 임명한 것은 정부가 방송을 좌지우지했던 과거정권 인사 관행의 부활을 예고했다. 이와 같은 시대착오적인 인사방침을 더 이상 묵과할 수 없다는 유언무언의 항거였던 셈이다.

KBS노조는 권력의 방송장악 음모를 저지하기 위해 'KBS 자주수호 비상대책위원회'를 구성했다. 비대위는 노조를 근간으로 하되 각 협회 등 비노조원까지 포괄하는 조직체였다. 그때까지 노조원과 비노조원(국장단대표 황규환, 부장단대표 강동순 등 간부급)이 일심 단합하였던 예가 거의 없었던 사실만 봐도 당시 KBS가 정권으로부터 벗어나고자 했던 몸부림이 얼마나 절실했는지 알 수 있다.

1990년 3월 8일 서영훈 사장의 사표가 수리됐다. 후임으로 청와대 대변인과 서울신문 사장 등을 역임한 친정권적 인물인 서기원 씨가 내정됐다는 소문이 돌았다. 비대위는 서기원 씨가 사장이 되면 KBS가 다시 정권의 홍보도구로 전락할 것이라는 위기감을 갖고 민주적이고 중립적 인사를 사장으로 임명해줄 것을 요구했다. 그러나 4월3일 KBS 이사회는 서기원 씨를 사장으로 제청하고 청와대는 4월 9일 사장으로 임명했다.

4월 11일 서기원 신임 사장의 출근 첫날, 비대위는 출근저지 투쟁에 돌입했다. 서기원 사장은 007작전을 방불케 하는 전략으로 전격적으로 사장실에 들어갔으나 노조 집행부의 강력한 저지로 회사 밖으로 밀려났다.

다음날 12일 전경 5개 중대를 투입하여 출근 저지에 적극적인 조합원 117명을 연행했다. 그리고 간부들만 모아놓고 취임식을 거행한다.

이에 자극받은 조합원들은 자발적으로 기획제작국, 교양국에 이어 보도국, 라디오국으로 이어지는 제작거부에 들어가기 시작했다. 권력에 예속되어 비참한 시절을 겪어왔던 KBS인들은 전투경찰 투입과 직원 연행이라는 극단적인 방법으로 사장 자리를 지키려하는 서기원 씨와 정권에 대한 반감 때문에 자연발생적으로 제작거부라는 극단적인 방법을 사용한 것이다.

정권의 홍보도구로 전락할 것을

서기원 사장
(제9대/ 1990.4.9 ～ 1993.3.18)

▲ 1930년 서울 출생
▲ 경복고등학교, 서울대 상대 중퇴
▲ 1956년 동화통신 기자
▲ 조선일보, 서울신문, 서울경제신문 기자, 서울신문 주일특파원, 중앙일보 논설위원
▲ 1973년 경제기획원 대변인
▲ 1976년 국무총리 공보비서관
▲ 1979년 청와대 공보수석 비서관 겸 청와대 대변인
▲ 5공화국 행정개혁위 상임위원
▲ 서울신문 상임감사
▲ 한국문화예술진흥원 원장
▲ 서울신문 사장

서기원 사장은 임명 전부터 언론계와 정·관계에서 다양하고 화려한 경력을 쌓은 실력가였다. 그는 유명한 소설가였고 서울 신문사의 현직 사장이었다. 그러나 KBS 노동조합의 지지를 받다가 정권에 의해 반강제로 퇴진당한 서영훈 사장의 후임이었다는 것이 불행이었다. KBS 노조는 상상을 초월하는 격렬한 시위로 서기원 사장의 출근을 저지했고 방송사상 유례가 없는 장기간의 제작거부로 방송파행을 저질렀다. 마침내 공권력이 투입되어 구속자가 속출하는 비극 속에서 이 사태는 겨우 마무리 되었다. 그는 재임 기간 중 KBS 조직에 새로운 분위기를 불러일으키려 했다. 정치권의 외풍을 막고 부장이하 인사는

본부장에게 일체 위임했으며 해당업무에 대해서는 부서장에게 믿고 맡기는 경영방식 등을 유지했다.

그는 소신과 강한 의지, 그리고 통찰력 있는 사장이었다. 우리 문단사에 커다란 족적을 남긴 작가로 『내일』, 『잉태기』 등 다수의 작품을 남겼으며 현대문학상, 동인문학상등을 받았다. 관계와 언론계 그리고 문단에서도 뚜렷한 자취를 남긴 서기원 사장은 2005년 8월, 다소 이른 75세를 일기로 세상을 떠났다.

[집행기관]
감사 차종호(1990) 조봉균(1992)
부사장 손영호
기획조정실장 이정석, 조창화
경영본부장 이범경, 김은구
보도본부장 박성범, 이길영
TV본부장 장한성, 김경동
라디오본부장 전영효, 서병주
기술본부장 조찬길 김영선 최진성
특임본부장 김우철, 신동호

[이사회]
노정팔 양호민 고병익 김남조
김찬국 박경환 신세호 한운사
이인호 김동철 김동환 전응덕
김갑현 박흥수 김춘수 홍기선
송재극 이혜복 한남석 윤여훈

우려한 우발적인 제작거부는 이후 36일 동안 지속되면서 조직적으로 정권을 흔드는 거대한 항쟁으로 발전했다. 실제로 서기원 사장 반대투쟁 집회에 소극적이고 관망만 하던 사람들도 경찰 투입과 무력진압, 직원연행이 연속 발생하면서 속속 민주광장으로 모여들었고, 12일 이후에는 매일 2,000~3,000명에 이르는 인원들이 모여 집회를 갖기 시작했다. 지방국의 사원들도 속속 모여들었다. 심지어 부장·국장단들도 성명서를 내어 정권이 KBS의 자존심을 짓밟은 행위에 대해 규탄했다.

KBS의 방송민주화 투쟁은 정권을 궁지로 몰아넣기 시작했다. 특히 노태우 정권은 여소야대의 정치적 수세 국면을 타개하기 위해 3당 합당을 통해 거대여당 민자당을 탄생시켜 국정을 주도하려는 상태였는데 예기치 않은 암초를 만난 것이었고 평민당 등 야당과 재야세력은 노태우 정권을 공격할 좋은 무기가 생긴 셈이었다.

　KBS 투쟁은 이렇듯 미묘한 정국과 어울리면서 그 파장이 확대되어갔다. 재야 시민단체 야당의 방문과 지지 성명서에 이어 집회가 확대되어갔다. 아울러 5월 춘투를 앞둔 노동계의 연대 투쟁까지 예상되면서 KBS의 투쟁은 태풍의 눈이 되고 말았다.

　위기를 느낀 정권은 비대위와 협상을 시작했다. '선 서기원 사장 퇴진'을 주장하는 비대위와 '선 방송정상화'를 요구하는 정권의 입장이 팽팽하게 맞부딪치자 4월 28일 최병렬 당시 문공부장관은 다시 경찰을 투입할 것이라고 예고했다. 이에 정권 내 협상파였던 김용갑 총무처장관이 나서 비대위 간부 5인과 협상을 하여 우선 방송을 정상화하면 이후 서기원 씨를 퇴진시키겠다는 약속을 하기에 이른다. 그러나 최병렬 장관은 이 협상 결과를 신문을 통해 부인한다. 이런 기만극에 분노한 사원들은 결국 사원 총회에서 이 협상안을 부결시키고 말았다.

　이렇듯 정권 내 강온파의 갈등으로 정권과 비대위는 협상을 통해 문제를 해결할 기회를 놓치고 말았다. 정권과 비대위 지도부에 실망한 민주광장의 대중들은 제작거부와 정권타도 투쟁을 부르짖으며 투쟁의 강도를 높였다. 투쟁이 5월로 이어지면서 노동계와의 춘투로 연계될 것을 염려한 정권은 4월 30일 23시, 경찰을 재차 투입해 사원 333명을 연행하고 사내에 경찰을 상주시켰다. 무력진압을 하였던 것이다.

　비대위는 MBC로 피신하여 투쟁을 계속 지휘했다. 정권의 기만술에 놀아난 지도부를 대신하여 민주광장에서 현장을 지휘하던 김철

수 씨를 새 비대위원장으로 선임하여 투쟁의 열기를 지속시켰다. 이러한 KBS 투쟁에 자극을 받은 노동계와 재야는 현대중공업 골리앗 투쟁과, 5.1 노동절 투쟁, 5.9 반민자당 투쟁 등으로 1989년부터 시작한 공안 통치에 대한 반격을 시도했다.

정권은 KBS를 정상화시키기 위해 협박과 회유를 계속했다. 수배중이던 비대위 지도부 중 일부가 방송 정상화를 외치며 경찰에 자진 출두했다. 기자를 중심으로 한 일부 직종이 '선 방송정상화'를 계속 요구했다. 이러한 흔들림은 도미노 현상을 불러와 일치단결하여 투쟁을 외치던 대중들이 강력한 정권의 탄압에 지치기 시작했다.

드디어 비대위는 5월10일 향후 투쟁노선을 정리하기 위해 평민당사에 모여 철야로 실, 국, 지역별 대표자 회의를 가졌다. 서기원 사장 퇴진 없이 방송정상화는 없다는 결의를 다지는 열기와 관계없이 보도와 아나운서 직종이 12일부터 방송정상화에 들어가겠다고 주장했다. 이에 회의 분위기는 급선회하고 혼란에 빠졌다. 지도부는 더 이상의 내분을 막기 위해 5월 18일부터 방송을 정상화한다는 결정을 하게 되었다.

최종적으로 14명이 구속당하면서 정권의 승리로 투쟁은 끝을 맺었다. 결국 추후에 급조된 실국 대표회의에서 '선 복귀 후 프로그램 투쟁'이라는 '무조건 항복 선언'을 하고 말았다.

그러나 정권의 무리한 방송장악의도가 어떤 결과를 가져오는가 하는 것을 정권과 KBS 모두가 몸으로 깨달은 사건이었다. 여소야대의 약체 노태우 정권이 1989년의 공안통치, 1990년 3당 합당을 통해 정국을 장악하려던 시도가 KBS 투쟁으로 차질을 빚게 된 것이었다.

국민들은 KBS를 한편 격려했고 한편 격노했다. KBS가 이제야 공영방송의 책무를 지키려는 강한 의지를 보여준 것에 대해 격려를 했고 국민의 방송임을 외면한 채 방송제작을 거부하는 것은 곧 시청자 즉 국민을 볼모로 한 무책임이라며 격노했다.

다만 이 사건으로 인해 KBS는 구태의 군부세력에서 벗어나고자 행동으로 보였으며 거듭 태어나는 새로운 계기가 되었다. 정권의 홍보도구로서 굴종의 세월을 지내왔던 나약한 KBS인들이 36일간의 파업을 통해 거대한 정권과 맞설 수 있었던 것은 방송이라는 매체가 가지는 영향력 때문이었다.

이후 노태우 정권은 SBS라는 상업방송을 탄생시켰다. 직접 통제에서 간접 통제방식으로 바꾸는 것이었다. 방송사들은 시청률 경쟁에 매몰되면서 자본의 통제를 받게 된다. 정권에 맞서 투쟁했던 방송은 무차별적으로 쏟아내는 상업, 오락 방송에 밀려 시청률이라는 새로운 상대를 만나 힘겨운 싸움을 하게 되었다. 사실은 공영방송 KBS가 상업방송과 채널경쟁에 함께 뛰어들 아무런 명분이 없었건만 또다시 정권의 비호 아래 임명된 사장들이 오히려 부추겼고 그 결과 지금까지도 KBS는 공영방송으로서의 체모를 갖추지 못하고 있는 것이 현실이다. 또 한 번 치밀하고 고도로 정치적인 노 정권이 의도한 대로 방송계 장악음모에 머리를 숙인 결과라고 할 수 있다. 지금도 수많은 제작자들은 시청률에 일희일비하고 있다. 당연히 프로그램도 시청자를 향해 읍소하는 모습일 수밖에 없다.

십년세월이면 강산이 변한다고 했다. 그 세월 동안 방송인들의 세대도 바뀌었다. 1990년 방송 민주화의 참된 의미 또한 퇴색해가고 있다. 누가 있어 이러한 사실을 깨닫는다면 가랑비에 옷이 젖듯이 서서히 야금야금 방향을 유도하는 얄팍한 음모에 더 이상 우롱당해서는 안 된다.

문민정부의 방송 잔치

노노 갈등 검찰가다 - 변산콘도

수신료의 전기료 병과 징수제도

주먹은 가깝고 법은 멀다

모 재벌의 자회사 KBS?

속보방송 못한 대구지하철 참사

본부장 중간평가제 도입

백마 엉덩이의 'DJ 각인'

제4장

문민정부의 방송 잔치

1990년대는 국민들이 그토록 열망하던 민주국가의 기틀이 다져지리라는 기대를 갖게 했다.

3당 합당에 의한 김영삼(YS) 정부의 탄생은 직업군인 출신 대통령이 아닌 문민정부의 시대를 열었지만, 그것은 또 하나의 문민독재에 다름 아닌 것이었다. 김영삼 대통령은 민주화운동 경력에 따른 정통성을 지녔지만 다른 한편으로 권위주의 정권의 계승자라는 태생적 한계를 지녔다. YS는 특유의 넘치는 자신감과 독선으로 또 하나의 독재적인 정치행태를 연출하며 하나회 척결과 금융실명제 실시라는 업적에도 불구하고 IMF 관리체제라는 사상 초유의 금융위기를 자초하기도 했다.

방송분야에서도 예외가 아니었다. 수지전망과 구체적인 정책적 대안도 없이 마구잡이식으로 케이블 TV를 출범시켰고 1995년

SBS와 네트워크를 구성하는 지역 민영방송을 허가하여 이른바 방송의 난개발이라는 악순환의 테이프를 끊었다.

문민정부가 들어서면서 KBS의 경영과 채널정책에 획기적인 변화를 가져온 조치가 취해졌다. 1994년 10월 1일부터 종전에는 징수요원을 통해 직접 거둬왔던 수신료 징수업무를 한전에 위탁해서 전기료와 함께 통합공과금으로 징수할 수 있도록 징수방법을 개선한 것이다.

이 조치와 함께 1TV의 광고를 폐지함으로써 1TV의 공영성을 확립하는 계기가 되었다. 2TV는 광고시간을 10/100으로 확대하여 1TV의 광고방송 폐지에 따른 손실을 일정부분 벌충하였다. 1TV는 광고방송 폐지를 계기로 보도, 교양, 다큐멘터리를 강화해 채널의 공익성을 대폭 제고하고 채널 특성화를 기하는데 성공했다는 평가를 받게 되었다. 한편 2TV는 새로 출범한 SBS와 경쟁하는 체제가 되면서 방송내용이 점차 상업화되는 경향을 보이기 시작했다.

노노 갈등 검찰 가다 – 변산콘도

2001년 6월 KBS에서는 당대 노조가 전대 노조를 검찰에 고발하는 전대미문의 사건이 터졌다.

노조와 노조 갈등의 시작은 1995년 11월로 거슬러 올라간다. 당시 KBS노사는 임금인상이 사회적 부담이 되자 '개인연금제' 도입에 합의하였다. 개인연금 취급업체 선정을 위해 각 보험사들 간의 유치 전쟁이 치열해졌다. 각축전을 펼친 결과 선정된 업체는 현대해

상보험과 코오롱(현재 메트라이트 생명보험)으로 결정되었다.

그런데 이때 업체 선정과정에서 불미스런 은밀한 거래가 이루어졌다는 의혹이 제기된 것이다. 수주경쟁을 위한 각 보험사간 물밑작업 또한 치열했다. 어떤 대가를 치르더라도 반드시 선점하고 싶을 만큼 KBS는 큰 고기였던 것이다. 여기서 현대해상보험은 약 50여억 원의 리베이트 제공을 제의했고 노조는 리베이트를 받는 것은 불공정거래라는 위법이 있다는 이유로 다른 방법을 제시했다. 그것이 바로 '조합원 복지를 위한 연수시설 건립'이었고 현대 측은 리베이트 금액에 상당하는 휴양연수시설을 KBS에 넘겨주는 조건으로 계약에 성공했다.

1998년 변산콘도가 완성되자 현대해상 측에서는 KBS에 소유권 이전 제의를 하였으나 KBS는 공정거래법 위반과 연 4억여 원에 이르는 시설유지비가 부담된다는 이유로 소유권 인수를 거부하고 30년간 무상사용하기로 합의하였다.

그런데 4, 5, 6대 노조에 걸쳐 진행되어온 이 과정에 대해 후대 노조 운영자 측에서 의혹을 제기하고 나섰다. 1998년 11월에 한 노조원이 한나라당 모 의원에게 개인연금관련 비리에 대한 진정서를 제출하였고 감사원에서 감사를 실시했다.

감사원 감사결과는 '리베이트성 부당거래 내용이 입증되지 않으므로 처분요구를 할 수 없음'이라는 이유로 불문처리를 했지만 의혹의 불씨는 꺼지지 않았다.

결국 8대 노조 측은 '개인연금 업체선정과 변산콘도 소유권 실종 의혹'과 관련하여 4, 5, 6대의 노조위원장과 관련노조원 및 당시 경영본부장 노무국장 등 회사 측 관계자 15명을 업무상 배임혐의로 검찰에 고발조치하게 되었다. '개인연금 업체선정 시 노사양쪽에 리베이트가 제공되었을 것이며 이로 인해 당초 KBS 명의로 예정되었던 휴양시설의 명의가 현대해상으로 넘어갔다'는 의혹이었다.

검찰 조사결과 '변산콘도 소유권을 KBS가 약속했다고 보기 어렵고 오히려 취득세 등 각종 세금 및 비용부담의 문제점 등으로 KBS 명의로 소유권 등기를 하는 게 현실적으로 불가능했다는 사실 등으로 미루어 KBS가 30년간 무상 사용하기로 한 사실을 인정'하여 배임에 해당되지 않는 다는 결정을 내렸다. 이 결정으로 사실상 이 문제는 종결되었다. 그러나 KBS로서는 노-노의 갈등과 대립으로 상당한 타격을 입게 되었다.

이 사건은 어떻게 보면 사측의 직무유기로 인해 빚어진 어처구니없는 일이기도 했다. 아무리 '개인연금 관련 보험사 선정'을 조합이 주도하기로 노사합의를 했다고는 하나 이는 KBS 전 직원의 복지에 해당하는 중대 사안으로 노조에게 전권을 일임했다는 것은 책임회피가 아닐 수 없었다.

홍두표 사장의 입장도 문제가 있었다. 자신의 연임문제로 고심하던 차에 그는 노조에게 너무 많은 권한을 주었고 노조에 대한 지나친 아부와 충성은 KBS의 경영권을 추락시키는 결과를 낳았다. 명백히 KBS의 장래를 고려하지 않은 자신의 영달만을 위한 처신이었던 것이다.

당시 노조 집행부가 리베이트를 받고 소유권 주장을 하지 않았는지? 보험사 선정과 관련해서 사측 역시 노조와 손잡고 일정부분 검은 이익을 나누었는지? 아니면 알면서도 묵인해준 것인지? 리베이트와 관련된 비리의혹은 검찰수사 결과 이후에도 지금까지 여전히 진상규명이 되지 않고 있으며 의혹이 남아있는 상태다.

노-노 갈등 사건은 회사로 하여금 노사관련 업무가 투명하면서도 진실하고 공정하게 처리되어야 함을 시사하고 있다. 또한 노조원의 권익옹호를 위한 단체인 노조가 이권에 개입함으로써 노조원에게 돌아가야 할 이익을 일부 노조집행부가 독식하는 일이 있어서는 안 될 것이다. 결국 노조집행부의 전횡여부를 감시하는 일은 노조원들이 게을리 하지 말아야 할 몫이다.

수신료의 전기료 병과징수 제도

"시청료 그걸 왜내요? 난 KBS 안 봐요. 볼 것도 없어요 KBS는…." "시청료요? 아니 무슨… 테레비도 없는데 무슨 시청료요? 어디 찾아보시구랴." KBS 수신료 징수원들은 곤혹스럽기 짝이 없었다.

막무가내로 KBS를 보지 않으니 시청료를 낼 수 없다는 사람들은 해가 바뀌어도 줄지 않았다. 그리고 골목 저만치서 징수원이 모습을 드러내면 집으로 달음박질 쳐 텔레비전을 숨기고 멀쩡한 얼굴로 TV가 없다고 우기는 노인들도 있었다.

지금 생각하면 시청료 거부운동에 무임승차하려는 심리가 확산되어가던 시기, 가난에 찌들었던 서민들이 수신료를 내지 않기 위해 버티는 애교 섞인 억지였으니 실로 웃음마저 나오는 에피소드다.

그러나 막상 현장에서 일을 하는 징수원들의 고초는 말로 할 수 없을 정도였다. 버티고 숨기고 억지 쓰며 납부를 거부하는 사람들은 차라리 양반이었다. 온갖 수모를 당해야 했던 일도 비일비재하였다.

시청자를 외면하고 공영방송으로서 책무를 다하지 못한 KBS에 대하여 시청자들이 보일 수 있는 유일한 항변이었기에 국민들의 냉대와 수모는 어쩌면 당연한 반응이었는지도 모른다.

이렇게 1980년대 군사정권 하에서 비롯된 시청료 거부운동은 1990년대에 들어서서도 시청자의 절반이 시청료 납부를 거부하는 상황으로 이어졌다. 이로 인해 KBS는 공영방송으로서의 정체성에 큰 타격을 입었으며 한편으로는 재정결손을 채우기 위해 광고수입에 더 의존하게 되었고 그 결과 KBS프로그램은 질적 하락이라는 악순환이 거듭 되었다.

1990년대 수신료 불납심리는 개선되지 않았고 수신료 체납액은 눈덩이처럼 불어갔다. 전국 징수대상 1200만 가구 중 53%만이 수신료를 납부하고 있었고 징수에 소요되는 비용 부담만 높아졌다.

방송환경은 종합유선방송과 지역민방의 출현 등 다매체 경쟁시대로 돌입했고 KBS는 프로그램의 경쟁력 강화와 위성방송 투자를 위한 소요재원도 확보해야 했기 때문에 재정상황은 더욱 악화되었다.

KBS가 공영방송으로서 정상적인 기능을 수행하기 위해서는 수신료 징수제도의 정상화가 시급하였다. 그러다가 문민정부가 출범하고 홍두표 사장이 입성하면서 막혔던 물꼬를 트게 되었다.

시청료와 전기료 통합 부과라는 제안에 대해 정부 부처는 물론 각 언론, 국민들의 반대여론이 지대하였다. 내무부는 'KBS에 대한 부정적 시각과 시청료 거부 현상을 볼 때 전기료 징수까지 차질을 빚을 수 있다'며 부정적인 입장을 고수했다. 이러한 난관을 극복하는데 결정적인 역할을 한 것이 바로 홍두표 사장의 경영자적 기지와 황규환 기회조정실장의 뚝심이었다.

난관을 극복하기 위해 KBS는 통합공과금제의 납부 편리성과 효율성에 대해 적극 홍보하는 한편 정부 기관, 특히 내무부를 설득하는 작업에 들어갔다. 어느 날 홍두표 사장은 사소한 사건 하나로 문제의 돌파구를 찾게 된다. 보도국의 내무부 출입기자가 정부 기관의 점심시간 풍속도를 취재하고 있었다. 우연히 내무부 직원들의 사무실을 들여다보았는데, 점심시간이 끝나고도 한참이 지나도록 사무실에는 일하는 직원들이 없었다. 기자는 이 사실을 데스크에 보고했고 자연히 홍 사장

홍두표 사장
(제10대, 11대 / 1993.3.18~1998.4.1)

▲ 1935년 경기도 화성 출생
▲ 인천고, 서울대 사회학과 졸업
▲ 1961년 문공부 방송요원
▲ KBS TV 개국준비요원
▲ TBC-TV 창설요원, 제작과장, 편성국장. 중앙일보 동양방송 이사, 전무
▲ 1980년 방송광고공사 사장
▲ 전매청장, 한국담배인삼공사 사장
▲ 중앙일보 사장

PD출신 최초의 사장인 홍두표 씨는 직업이 사장이란 말이 있을 정도로 경영의 귀재로 불렸다.

실제로 홍 사장은 KBS조직에 많은 변화의 바람을 불러 일으켰다. 특히 예능, 오락 프로그램의 경쟁력을 높이는 데 주력했다. 지금까지 기록이 깨지지 않고 있는 주말드라마 〈첫사랑〉의 시청률 65.8%가 단적인 예이다.

특히 수신료 징수를 한전에 위탁하는 수신료와 전기료의 병합징수제를 도입하여 당시까지 시청료 거부운동으로 저조했던 수신료 징수율을 95%이상으로 올리는 한편 수신료 징수비용을 대폭 절감하게 되어 KBS 역사상 최대의 수입증대 효과를 얻었다. 홍 사장은 KBS 경영 안정화의 주역이었지만 반대로 KBS의 공영성을 훼손하면서 지나치게 상업화 시켰다는 비판을 받기도 한다. 또한 홍 사장의 결정적 실책은 바로 본부장 중간 평

가제를 도입하여 결국 본부장 임면과 관련한 경영권의 일부를 노조에게 맡기는 우를 범하고 말았던 것으로, 이는 지금까지도 개선되지 않는 문제로 좋지 않은 선례를 남기고 있다.

꾀많고 부지런한 홍두표 사장에 대해서 KBS인들은 연희동 골목길의 이원홍 사장, 불법 정치자금 심부름으로 법망에 걸린 서영훈 사장에 이어 얼굴이 뜨거워지는 자괴감을 또 하나 가지고 있다. 홍 사장이 모 재벌로 부터 1억 원의 촌지를 받은 것이 밝혀져 옥고를 치른 것이다.

[집행기관]
감사 조봉균(1993), 이철호(1994)
부사장 손영호(1993), 최동호(1994)
기획조정실장 장영국, 박용식, 문 청
편성본부장 강병우, 안국정
보도본부장 최동호, 김병호
TV본부장 방원혁
라디오본부장 황규환, 이근배
기술본부장 이일로, 서정원, 김순기
경영본부장 인태오, 문영수, 박용식
특임본부장 이상욱, 김형준

[이사회]
이사장 김태길 김채윤 이세중
이사 조찬길 조요한 김규칠 신낙균 이각범 곽수일 김우창 전대련 최영도 최정호 추광영 김은구 김지운 송보경 김원용 박한규 강현두 박성수 인명진 정구현 정동윤 백정란 임홍빈 한상진

에게까지 전해졌다. 내무부 직원들의 업무태만이 뉴스로 방송되기라도 한다면 장관이 난처해질 것은 당연했다. 홍 사장은 즉각 내무부 장관에게 전화를 했고 거래를 성사시켰다.

수신료 통합고지법이 시행되면서 수신료 징수율이 대폭 개선되었음은 물론 징수비용까지 절감할 수 있게 되어 그 수입증대 효과는 매우 컸다. KBS는 유사 이래 가장 안정적인 재원을 확보하였고 지금까지도 주요 재원으로 든든한 버팀목 역할을 하고 있다. KBS는 1TV 광고방송폐지와 투자재원의 조달로 KBS의 공영성을 높이고 프로그램의 경쟁력을 강화하여 공영방송으로서의 위상을 제고할 수 있는 기반을 확고하게 마련하였다.

KBS의 입장에서 보면 이 수신료 징수제도의 법적 전환을 이룩한 홍두표 사장의 업적은 KBS 역사상 가장 큰 공로로 기억되어야 할 만큼

획기적인 것이라고 볼 수가 있다. 그러나 시청자와 국민의 입장에서 보면 공영방송 KBS의 편파방송과 공영성 일탈, 그리고 방만한 경영을 견제할 유일한 수단인 '시청료 거부'라는 고삐를 영원히 놓쳐버린 꼴이 되어 버렸다.

더구나 오늘날과 같이 KBS가 대다수 국민으로부터 비판받는 편파 왜곡방송으로 국가 체제를 위협하는 정권의 시녀 노릇을 하며, 수신료와 광고료라는 양손에 떡을 쥔 가장 좋은 조건 속에서 방만 경영으로 엄청난 적자를 내어 국가에 손해를 입혔다고 지탄을 받고 있을 때에 이 제도는 개선이 아니라 개악으로 취급될 수가 있다는 것을 깨달아야 한다.

보검도 잘못 쓰면 흉검이 된다. 수신료가 제대로 쓰이고 있는지를 판단하고, KBS가 보검인가 흉검인가를 판단하는 주체는 KBS 자체가 아니라 KBS의 주인인 국민이라는 점을 KBS 임직원들은 염두에 두고 있는지, 심히 의심스러울 뿐이다.

잘나가던 K씨 미역국 먹은 사연

권력이라는 것은 목마른 사람에게 콜라와 같다. 갈증으로 인해 콜라를 마시다보면 갈증이 해갈되기는커녕 오히려 더 타는 듯한 갈증을 느끼게 되기 때문이다. 권력의 속성상 어느 일정 위치에 오르고 나면 더 이상 원이 없을 것 같지만 막상 그 자리에 올라보면 더 높은 권력이란 산이 그를 손짓해 부르게 된다. 그래서 이른바 권력을 지키고자 하는 사람과 권력을 쟁탈하려 하는 사람 간에는 필연코

암투가 벌어질 수밖에 없다. 오죽하면 권력이란 것은 부모 형제간에도 나눌 수 없다고 하지 않던가.

KBS라 해서 예외는 아니었다. 아니 어쩌면 더욱 치열할 수밖에 없었는지도 모른다. KBS의 주요 보직은 주로 윗선에서 고공투하해서 내려온 낙하산 인사들이 대부분을 차지하던 시절이었다.

사장은 사장대로 나름의 줄이 있었고 고위급 인사들 또한 나름대로 권력과 선이 닿아 있게 마련이었다. 그 것이 권력자 한사람의 사람들이라면 굳이 세력다툼이 필요 없이 화기 충만하였을 터이지만 각기 다른 권력자들의 파수꾼들이었기 때문에 자리다툼과 세력 다툼은 끊이지 않았다. 거기다 그 권력자들의 세가 엇비슷한 지경이었다면 그것은 더욱 처절해질 수밖에 없었다.

한때 아주 잘나가던 정치 PD 1호 K씨가 있었다. 어느 날 그는 자신의 고교동창인 B씨와 짜고, 사장을 데려다 저녁식사를 대접했다. 예로 접대하는 선의의 자리는 아니었다. 장소는 최고를 자랑하는 S호텔이었다.

사장은 YS정부로부터 낙점될 때 소위 '원죄'가 많기 때문에 권력의 입맛대로 조정할 수 있는 인물이라는 점이 크게 작용했다고 한다. '원죄'라는 것은 그가 재벌 회사에 근무한 경력과 국영기업체 장으로 군부정권에 충성맹세를 했던 경력이었다. 그런데 사장이 당시 권력의 실세인 L수석이나 황태자의 말을 잘 듣지 않아 손을 좀 봐야겠다고 벼르고 있었고 손보기에 앞장선 일당이 간부 K씨와 정보기관에 근무하고 있는 고교동창 B씨였다.

당시 잘나가던 K씨는 사실상 사장이 인사권을 쥐고 있는 탓에 불편한 점이 많았고 하는 일마다 제동이 걸리곤 하였다. 한번쯤은 자신의 힘을 보여주어야 할 필요가 있었다. 그래서 생각해낸 것이 S 호텔에서의 저녁식사였다. 당시 정보기관의 중요자리에 있던 B씨가 말문을 열었다.

"사장님, 사장님 인사권 행사에 문제가 많습니다." "네? 뭐라고요?" B씨가 말을 이었다. "최근 조사한 바에 따르면 귀 방송사 간부 가운데 특정지역 인사에 문제가 있다는 조사가 나왔습니다. 알고 계시는지요?" "예? 잘 모르겠는데요."

그러자 B씨가 자료를 사장 앞에 들이밀었다. 내용인즉 '호남인사가 보도국 정치부장이라는 요직에 왜 있는가' 라는 것이었다. 정치부장 D씨의 발령에는 사실 그만한 사연이 있었다. 호남인사는 당시 KBS내에서 발탁되지 못하는 소외계층이었는데 언젠가 이런 편파적 인사가 물의를 빚은 적이 있었다.

'KBS 임원, 국장급 간부 출신지역 분포' 라는 제목의 통계가 있었는데, 영남권이 16명, 중부권 6명, 충청권 4명, 기타권 4명으로, 문제가 된 호남권은 단 1명에 불과했다. 이러한 통계표가 외부로 흘러가면서 KBS의 인사정책이 신랄한 비판을 받기에 이르렀고 이후 이 비난을 무마하기 위해 일시적으로 대외용 호남인사 중용 정책이 실시되었다.

정치부장 D씨는 호남출신이었지만 알고 보면 사장과 막역한 사이기도 했다. 사실 D부장은 사장과 같은 민영방송에 근무하다가 특채로 KBS에 들어온 동지여서, 사장이 측근으로 부리기엔 더없이 편한 인물이었던 것이다.

또한 D씨 역시 영남정권 하에서는 호남출신임에도 DJ에 대해 비판적인 입장을 취했고, 호남정권에 와서는 지난날 박해를 받았다고 엄살을 떨 정도로 정치적 야망과 권모술수에 능한 인물이었다. 사장은 이러한 D씨를 중용함으로써 외부비판과 내부적 실속을 챙기는 일석이조의 효과를 노린 것이었다.

S호텔 미팅이 끝난 다음 사장은 너무 분하고 언짢았다. 부하직원인 K가 감히 친구를 동원해 위협하고 망신을 주다니 사장체면이 말이 아니었다. 그 뒤에도 K씨의 사장에 대한 도전은 몇 년간에 걸쳐 수시로 행해졌다. 두 사람의 대립은 부사장 추천 건에서 마침내 폭발하게 되었다.

부사장을 놓고 K씨와 맞붙은 사람은 보도 간부인 E씨였다. E씨는 당시 권력실세와는 거리가 있었지만 사장과는 같은 지연, 학연으로 엮어져 있었다. 사장도 부사장으로 내심 E씨를 원했지만 권력실세가 K씨를 강력히 밀고 있는 상황이었다. 그것도 황태자라는 인물의 강력한 후광을 입고 있었다. 누구도 거부할 수 없는 현실이었다.

권력실세가 강권하다시피 하는 사람을 아무리 사장이지만 어떻게 감히 거절할 수 있었겠는가. 사장도 억지춘향으로 K씨를 추천할 수밖에 없었다. 겉으론 웃고 있었지만 속내로는 아마 칼을 갈고 있었을 것이다.

대세는 K씨로 기울고 있었고 K씨 역시 이를 99% 확신하게 되었다. 남은 절차는 이제 'KBS 이사회 가결' 뿐, 바로 내일이면 K씨가 제2인자가 되는 순간이었다.

K씨는 일찌감치 지금껏 근무하던 사무실을 깨끗하게 정리하고 짐

을 꾸려놓았다. 승진발표가 나면 바빠질 것 같아 미리 아래 직원들과 악수를 나누며 작별인사도 마쳤다. 만반의 준비는 끝났고 내일이면 이제 본관 6층 부사장실로 출근만 하면 되는 것이었다.

너무 성급했던 것일까? 아니면 후원자를 너무 과신했던 것일까? 바로 그날 모 일간지에는 'K씨, KBS 부사장으로 내정'이라는 기사가 떴다. 사실 어떤 정부기관이나 공사들에서도 인사발령이 있을 때마다 내정이라는 기사는 미리 났었고 그런 기사들이 오보였던 경우는 한 번도 없었기에 K씨는 더더욱 믿어 의심치 않았을 것이다. 그러나 이사회는 이사회대로 발칵 뒤집혔다. 전혀 거론조차 안했는데 어떻게 부사장 내정이란 기사가 나왔느냐는 것이었다.

다음날 KBS이사회는 K씨의 임명동의안 부결이라는 전혀 상이한 결과를 발표했다. 이사회에서 부사장 임명동의안이 부결되기는 공사창립이래 처음 있는 사건이었다. 아마도 이사회의 권위에 도전한 것으로 원로 이사들의 심기를 불편하게 한 것이 아닐까 싶다.

더불어 청와대나 문공부에서도 상당히 당황을 했을 것으로 보이며 실제로도 불같이 노했다는 말이 돌기도 했다. 그러나 아무리 권력실세들이지만 이미 정해진 사안을 뒤집는 것은 어려운 일이었다. 이제는 군부정권이 아닌 문민정부였기 때문이다.

이미 물은 엎질러졌고 K씨는 보기 좋게 낙마한 셈이었다. 이에 사장은 부랴부랴 차기 이사회에서 재차 상정하겠다는 말을 했지만 실제로 달라진 것은 아무것도 없었다. 분명 '할리우드 액션'이었다.

상부에서 추천한 K씨를 미는 척 했을 뿐 사장의 내심은 달랐다. 본부장 중 가장 젊은데다가 뛰어난 업무추진능력까지 겸비한 K씨가 사장에게는 부담스러웠을 것이다. 게다가 S호텔에서 당했던 수모도 어떤 식으로든 갚아주어야만 했다. 이런 저런 이유로 그는 부사장 선출권이 있는 이사들에게 로비도 하지 않고, 측근 중 누군가가 유력일간지에 '부사장에 K씨 내정'이라는 기사를 의도적으로 흘리는 것을 묵인했는지도 모른다. 결국 그의 라이벌 보도 간부 E씨가 부사장이 되었다.

이 사건의 여파로 K씨는 KBS를 떠나게 되었다. 드러내놓고 말하지 못했어도 부사장에 이어 사장자리까지도 노려봤음직한 K씨의 야망은 섣부른 자만심으로 인해 좌절된 것이다. K씨의 부사장 임명은 헛된 꿈이 되었지만, 이후 K씨 부사장 상정안을 부결시켰던 KBS 이사 12명은 전원이 교체되는 것으로 확실하게 응징을 당했다는 후문이다.

주먹은 가깝고 법은 멀다

법은 멀고 주먹은 가깝다고 했다. 그러나 가깝다고 해서 주먹에만 의지한다면 세상의 질서와 도의는 어떻게 될 것인가. 그래서 우리 사회에서 폭력이 용서받을 수 없는 악덕으로 비난받는 것이다.

정당한 노동조합은 인정하고 공감하되 폭력과 욕설이 난무하는 노동조합은 언젠가 사람들에게 심판을 받게 된다.

KBS 노조 역사에는 폭력을 행사했던 얼룩진 상처가 남아있다. 서영훈 사장시절부터 본격적으로 시작된 방송민주화 운동으로 노동조합의 위상은 날로 높아져갔다. 일부 사장단은 자신의 출세를 위해서 노동조합을 적극 활용하였다. 노조의 요구를 비판, 여과 없이 무조건적으로 수용하는 가하면 노조를 향해 읍소하기도 마다하지 않았다. 그 결과 노조는 무소불위의 위세를 과시하면서 경영진과 사측의 정책 등을 좌지우지 하는 형국에까지 이르렀다.

그중에서도 정도가 지나쳤던 H라는 노조 위원장이 있었다. 전대에선 부위원장을, 그리고 당대에는 위원장으로 전권을 행사하는 막강한 또 하나의 권력자로 부상했다.

그는 초기 방송민주화운동 당시, 열의와 성실성으로 노조활동을 인정받았던 인물이기도 했다. 노조 창립 초기에는 부당한 사장 임용에 대한 항거로 다소 무력이 행해지기도 했던 것은 사실이다. 그리고 그 계기는 정권의 공권력 투입에 대항하기 위해서라는 명분이라도 있었다. 그렇지만 세월은 변했다. 군부정권이 아니라 이제는 문민정부 시대였던 것이다. 그러나 지난날 방송민주화를 위해 외치고 뛰었던 그는 변하지 않았다.

과거 무력이 통하던 시절 노조의 뜻이 관철되지 않았던 것에 대한 분풀이라도 하려던 것이었을까. 여전히 노사관계를 적대적 관계로 해석하는가 하면 대화보다 무력이 빠르고 거친 힘을 행사해야 노조에게 양보한다는 시대착오적인 노조 투쟁이 잇따랐다. 대한민국 최고의 지식층이라는 KBS 노조의 실상이었다.

H의 몇 가지 폭행사건은 생각조차 하기 싫은 기억으로 남아있다. 그중 가장 충격적인 것은 L국장에 대한 폭력이었다. L국장은 원래 몸이 불편한 장애인이었다. 그러나 누구보다 성실하고 업무에 충실하여 그 인품에 대해선 누구에게나 칭송받는 사람이기도 했다.

어떤 사안이었는지 노사 협의가 순조롭지 못한 상황이었다. H 위원장은 국장실로 박차고 들어가 L국장의 멱살을 잡고 차마 입에 담을 수도 없는 폭언을 퍼부었다. 그를 마구 뒤흔들며 사무실 벽으로 밀어붙이기도 했다. 몸이 불편했던 L국장은 힘을 쓸 수도 없어 이리저리 떠밀리고 말았다. H위원장의 폭력은 최소한의 인간적인 예의도 갖추지 않은 광적인 무례함 그것이었다. 이처럼 윗사람을, 그것도 한참이나 인생 선배를 욕보이고 폭력을 휘둘러도 된다는 면죄부를 받기라도 했던 것일까. 그러나 이 사건은 더욱 어이없게 마무리되었다. 노조 측에서 사측 간부들을 설득하여 징계조차 없이 흐지부지되게 하였다.

H의 무도함은 여기서 그치지 않았다. 어느 땐가는 본부장실로 난입해 사무실 집기를 파손하는가 하면 입에 담지 못할 욕설을 퍼붓기도 했다. 그러나 본부장실에서도 분을 덜 삭였던지 급기야는 사장실로 들어가 문을 발길로 차고 폭언을 하는 등 깡패 같은 행패를 부리기까지 했다. 사장실에 난입하기 위해서 국장급 간부를 폭행하는가 하면 상식이 있는 사람이면 도저히 납득하기 힘든 행태가 이어졌다.

이러한 일련의 폭행사태로 인해 사측은 사장실이 있는 6층에 유리문을 설치하고, 노조의 6층 진입 시 안전관리실을 통해 엘리베이터를 차단하는 등 물리적인 조치를 취했다. 당시 설치된 그 유리문은 지금껏 남아있어 볼 때마다 눈살이 찌푸려지곤 한다.

결국 노조에 대한 불신감이 더욱 높아질 수밖에 없었으며, 노조입장에서는 조합원의 폭행을 저지해야 마땅한 폭행사건들에 위원장이 연루되어 운신의 폭이 좁아지게 되었다. 이로써 노사관계는 급격하게 경직되었고 협상의 주도권을 상실하는 한편 결국 대화마저 단절되었다. 노조 간부 한사람의 악행으로 인해 전체 노조원이 싸잡아 비난받게 된 것이다.

회사는 1999년 방송법 관련 파업 시, '기물파손 및 업무방해'로 노조간부들을 고소했고 이들이 구속되어 형을 선고받자 면직시키는 강경조치를 취했다. 결과적으로 스스로를 너무 과신했던지 아니면 감정컨트롤이 안 되는 인물을 위원장으로 추대한 노조원의 잘못된 선택이었는지 모르지만 H는 인생을 건 악수를 두었던 것이다. 지금은 이런저런 과정을 거쳐 복직하였지만 그는 여전히 노동계 거목의 꿈을 접지 않고 있다고 주변에서 전하고 있다.

모 재벌의 자회사 KBS?

예로부터 우리는 정이 많은 민족이다. 그래서 인정을 사람살이에서 갖추어야 할 꼭 필요한 미덕으로 삼기도 한다. 그러나 우리나라 사람들이 주고받는 정에는 각각의 색깔 또한 많기도 하다. 그래서 자칫 어두운 쪽으로 정을 나누면 그릇된 결과를 낳는 일도 많다.

우리 사회의 망령된 행태 중 한 가지를 꼽는다면 지연, 학연 등등으로 맺어진 특정인맥 살펴주기가 아닐까 싶다. 투명성과 공정성을 강조하는 현 정부 하에서는 과연 이 특정인맥 봐주기 관행이 사라졌는지 의문이다.

대통령이 바뀔 때마다 KBS도 대내외적으로 특정인맥의 득세와

명멸로 점철되었고 그때마다 당사자들의 대립과 갈등도 치열하게 마련이었다. 문민정부 하에서 특정지역 편파인사가 문제되기도 했지만 특정 대기업에 대한 봐주기도 자주 문제가 되곤 했다. 실로 노골적이었다.

1994년 4월19일 공방위에서 'OO카드 불법대출사건' 불방 안건이 불거져 나왔다. 홍두표 사장 초기만 하더라도 OO과 직·간접적으로 인연이 있었던 인사는 1급 이상 간부가 50여명이나 되었고, 이 가운데 상당수가 보도, 편성, 제작, 경영 전반에 걸쳐 핵심인물로 포진되어 있었다. 그런 상황에서 OO기업의 이미지가 손상될 만한 큰 사건을 방송할 수 없었던 것도 당연했는지 모른다. 불방사유 또한 밝혀진 바가 없이 흐지부지 되고 말았다.

그뿐만이 아니다. KBS 중계차를 임의로 OO기업 체육대회에 대여해 주는 등 사기업에서도 절차를 밟아 처리해야만 하는 일들이 거침없이 행해져 문제를 일으킨 사례도 있었다.

그런가하면 1994년 4월22일 발행된 KBS 노보는 '재벌 OO의 방송계 장악음모가 문민정권의 후광에 힘입어 점차 구체화, 노골화되어 심히 우려! 홍두표 KBS 사장에 이어 정통 OO맨 Y씨가 SBS 사장으로 취임했고 방송개발원은 프로그램 발전위원장에 고 OOO 회장의 사위인 OO를 임명해 결국 한국방송의 TV 4개 채널 가운데 3개가 OO의 장악 하에 들어갔다'고 보도했다. 우연이라고 치부하기엔 그 상황이 지나치게 현실적이고 사실적이었다.

모 해설위원은 해당기업에 대한 비판적인 해설을 했다가 본부장으로부터 경고를 받은 일도 있는가 하면, 재벌기업의 농구경기를

보면서는 "우리 본사를 응원해야 한다"는 돌출발언이 튀어나오기
도 했다. 어쨌거나 재벌기업 OO은 홍 사장의 덕으로 몇몇 불편한
사건의 기사는 철저하게 차단할 수 있었고 기업홍보성 내용만을 입
맛대로 골라 알릴 수 있었다.

속보방송 못한 대구 지하철 참사

1993년에 출범한 김영삼 정부시절에는 유난히 대형 붕괴 사고가
잦아 국민들의 억장을 무너지게 했다.

김영삼 대통령 당선자 시절인 1993년 1월 7일 청주 우암상가 붕괴
사고(사망 28명, 부상 48명)를 시작으로, 취임 후 3월28일에는 부
산 구포 열차탈선 사고(사망 78명, 부상 84명), 10월 12일에 전북
위도 서해훼리호 침몰사고(사망 275명, 부상 70명), 이듬해인 1994
년 10월 21일에 서울 성수대교 붕괴사고(사망 32명, 부상 17명), 12
월 7일에 서울 아현동 가스폭발사고(사망 12명, 부상 101명), 1995
년에 들어서는 4월 28일에 대구 지하철공사장 가스폭발사고(사망
101명, 부상 101명)가 속속 발생했다.

대구 중앙역 부근 도로가 50여 미터나 주저앉은 대구지하철 가스
폭발사고는 출근길에 발생하여 사상자가 더 많았다. 당시 KBS 〈뉴
스광장〉 기자들은 신속하게 속보방송 체제에 돌입했다. 상대사에서
는 이미 속보방송을 시작했고 화면에 보이는 현장상황은 아비규환
이었다. 그런데 당시 보도 책임자가 속보방송을 허락하지 않아
KBS는 침묵하고 있었다.

오전 9시 30분 정규 〈뉴스〉시간이 돼서야 현장을 연결하고 그간의 취재물을 소화하면서 시간 비중을 키워 방송하고 있었다. 그런데 느닷없이 보도국장이 스튜디오로 달려와 '누가 시간을 늘리라고 했냐!' 고 역정을 내면서 사건 보도를 중단시켰다.

낮 방송시간에도 상대 방송사에서는 속보방송을 계속했으나 KBS는 한가하게 프로야구 중계방송을 하고 있었다. 이미 5건의 대형 참사가 발생해 곤혹스러워하는 정권의 심중을 헤아리기 위해서였을까? 정권의 주문이 있어서였을까? 아니면 국민의 걱정을 덜어주기 위해서였을까? 내막은 알 수 없으나 공영방송의 양심을 저버린 KBS의 보도 태도에 대해 당시 어느 신문에서는 KBS를 'Korean Baseball System' 이라고 비난하기도 했다.

저주받은 듯 이어지는 대형 참사의 보도비중을 KBS가 낮춘다고 흉흉해진 민심이 잠자고 더 이상의 불행이 막아질 수 있을까. 이후에도 대형 사고는 이어졌다. 1995년 6월 29일에 서울 삼풍백화점 붕괴사고(사망 501명, 부상 937명)가 발생했다. 참으로 어이없는 사고들의 연속이어서 각종 사고의 유족들 눈물은 전국을 뒤덮었고 대한민국은 국제적으로도 큰 망신을 샀다.

당시 시민들 사이에서는 "땅이 꺼지고, 다리가 무너지고, 건물이 가라앉고, 배가 침몰하고, 이젠 하늘에서 떨어지는 것만 남았다"는 자조적인 말이 돌기도 했다. 그러던 중 1997년 8월 괌에서 대한항공(KAL) 여객기가 추락하여 228명이 비명횡사하여 항간에 떠돌던 '공중 사고' 의 우려가 현실화됐다. 가히 '붕괴 정권' 이라고 불러도 될 참사의 연속이었다.

총체적인 난국은 집권 말기인 1997년 11월, 국가가 부도 위기의 늪으로 추락하여 IMF 구제금융을 받아야 하는 대참사로 이어졌다.

되살아난 〈실화극장〉의 망령 〈진달래꽃 필 때까지〉

1960년대 〈실화극장〉의 망령이 되살아난 것 같은 드라마가 부활했다. 그것은 1997년도에 제작된 〈진달래꽃 필 때까지〉이다.

문민정부인 김영삼 정권 하에서도 KBS는 집권당의 영향으로부터 자유로울 수 없었다. 당시 한총련의 소요가 굉장히 많아 정권으로서는 머리를 싸매고 있었다. 이때 모 기관의 최고위층으로부터 "KBS가 한총련의 부정적인 측면을 부각시킬 수 있는 드라마를 만들어 달라"는 압력이 내려 왔다.

그러한 요구를 처음 전달받은 KBS 고위관계자는 고심 끝에 제작진과 상의를 거쳐 "문민정부에서 이러한 드라마를 제작해 달라고 요구하는 것은 시대착오적이다. 현 시점에서 이러한 드라마를 만드는 것은 오히려 문민정부의 이미지에 좋지 않은 영향을 줄 것이다"라고 정중하게 모 기관에 보고하였다. 약 한 달간 별다른 이야기가 없어 모 기관 쪽에서 이해했구나 라고 생각했는데 더 강한 압력이 내려왔다.

제작진은 한총련을 주제로 드라마를 만든다는 것은 자칫 KBS나 정권 모두에게 망신일 수 있다는 생각과 함께 당시 시대 여건상 제작할 수밖에 없다는 분위기 때문에 고민하다가 신영희 씨가 쓴 『진달래꽃 필 때까지』라는 수기를 접하게 되었다.

책의 내용은 부모들은 자식의 출세를 위해 노력하고, 자식은 부모를 존경하는 등 북한 가정의 실상을 비교적 소상하고 과장되지 않게 묘사하고 있었다. 그래서 제작진은 한총련으로 드라마를 만드는 것은 현실적으로 어려우니 대안으로 『진달래꽃 필 때까지』가 좋을 듯하다고 보고하였고, 정권 쪽에서도 승낙을 하게 되어 드라마 〈진달래꽃 필 때까지〉가 탄생하게 되었다.

그러나 드라마 제작과정에서 정권의 요구로 책의 내용에 없는 기쁨조 등 북한사회의 부조리한 내용 등을 자극적으로 희화화하게 되었고 이러한 내용 때문에 제작진은 〈진달래꽃 필 때까지〉의 원 작가인 신영희 씨로부터 "우리 가족의 생명은 누가 보장해 줄 것이냐"라는 강한 항의를 받게 되었다. 북한을 자극하는 드라마의 내용으로 인한 북한으로부터의 테러 위협 때문에 경찰이 당시 연출자, 출연자, 작가 등 드라마 제작 관계자들의 집을 상당기간 경비하는 해프닝이 벌어지기도 했다.

이 드라마는 이후 김대중 대통령의 북한 방문 시 북한 측에서 'KBS사장은 북한에 들어올 수 없다'고 못 박게 한 이유가 되기도 했다.

본부장 중간평가제 도입

무릇 사람의 권력에 대한 욕심은 끝 간 데가 없는 모양이다. 그것은 당해 보지 않은 사람은 결코 이해할 수 없는 문제이니, 여기서 언급하는 것도 실은 그런 사람들을 보면서 알게 되는 피상적인 일부일 수 있겠다. 그러나 '아는 만큼 보인다'는 말이 있다. 그런 면에서 홍두표 사장이 얄팍하고도 간특한 불신의 씨앗을 뿌려놓고 떠난 일이 있다. 씨를 뿌렸으면 차라리 거두고나 갔으면 뒤탈이 없었을 텐데, 뒷감당은 남아있는 사람들에게 남겨졌다.

홍 사장의 10대 사장직 말기였다. 4년 넘게 KBS를 장악하고 보니 이 자리를 내놓고 싶지가 않았다. 문민정권의 임기도 아직 남아있었다. 정권에서도 아직 말이 없었다. 아니 양자 간에 이미 암묵이 있었는지도 모른다. KBS 수신료의 한전 위탁징수라는 지대한 공훈도 있었고 덕분에 경영이 안정되었고, 눈엣가시 같은 부사장 자리도 자신의 입맛대로 마련해 놓았으니, 여느 장관, 국회의원 부럽지 않은 이 노른자 자리를 이어가고 싶었을 것이다.

그러나 내부적인 반발이나 불신·거부가 있으면 연임에 지장을 받을 것은 뻔한 일이었다. 연임을 위해서 노조에 자신과 무관한 몇 가지 권한쯤 주어도 무방할 것이었다. 노조의 요구가 사장자리를 내놓으라는 것만 아니라면 못줄 것도 없었다.

그때까지 노사는 노조의 극단적인 민주화운동의 여파로 인해 냉전 중이었지만, 홍 사장의 태도일변으로 다시 활기를 되찾게 된다. 홍 사장은 노조의 요구를 적극적으로 수용하는가 하면 노사협상에서도 조건 없이 노조의 손을 들어주었다.

지금까지도 대내외적으로 물의를 빚고 있는 '본부장 중간평가제'와 '편성 사전협의제'는 바로 홍 사장이 수용한 파격적인 양보였다. 본부장 평가제라 함은 본부장 임기 1년 후 노동조합의 투표를 통해 중간 평가를 받는 제도다.

KBS의 각 본부장은 사장이 임명하는 최고위직 임원이다. 사 측의 정책 및 중요사안들을 결정하고 시행하는 요직이다. 그러자니 노조 측과는 대립적인 입장이 될 수밖에 없는 자리였다. 상식적으로도 '입장이 상이한 양자가 상대방을 평가한다는 것이 올바른 평가가 될 수 있느냐'에 대해 의문이 없을 수 없다.

임명할 때부터 노조에서 3배수로 추천하면 사장이 임명하는 과정인데, 게다가 중간평가까지 한다는 것은 노조의 뜻을 거스르면 임기 중에 퇴출당해야 한다는 엄포나 다름없는 내용이었다. 즉 아랫사람들의 눈치를 봐야 한다는 의미였다.

연임을 위한 전략치고는 터무니없는 발상이 아닐 수 없었고, 내부적으로도 반대여론이 높았다. 경영진이 아닌 중간급 간부사원들 사이에서 반대서명운동이 시작되었다. 50여명의 간부진이 성명을 발표했다.

인사권과 편성권은 엄연히 경영권에 속하는 업무이며 이를 경영진들이 포기하는 것은 회사의 기강을 무너뜨리는 처사라는 것을 골자로 한 성명을 발표했던 것인데 홍 사장은 이를 묵살하였다.

이후 자리보전하고 싶었던 본부장의 위상에는 어떤 변화가 있었을까. 노조 앞에 전전긍긍하며 중간평가에 흠집이나 잡힐까봐 좌불안석이니 노사 단체협약과 같은 노사문제가 제대로 협상이 될 리 없었다.

비근한 예로 라디오의 모 본부장은 노조의 뜻에 거슬렸다는 이유로 중간평가에서 부결 가까운 판정을 받고 경질되기도 했다.

개혁의 시대에 요청되는 것은 법과 제도의 변화만이 아니다. 올바른 의식의 변화가 더 본질적이고 중요한 문제인 것이다. 더구나 어떤 제도라는 것은 한번 정착되고 나면 개정하기는 더욱 어렵다는 속성을 가지고 있기에 더욱 신중해야 한다.

홍 사장이 만들어놓은 '본부장 중간 평가제'는 지금도 굳건히 존속되고 있다. 바꾸려면 노조원의 찬성을 이끌어내야 하기 때문에 더욱 고치기 어려운 사안으로 남았다.

당시 홍 사장의 견해에 반대하는 서명을 했던 중간간부들은 어떻게 되었을까. 이들은 차례로 모 대학 위탁연수과정으로 발령받아 현직에서 물러나는 쓴맛을 보게 되었다. 인사 적체를 해소한다는 미봉책이었지만 한창 일선에서 뛰어야 할 사람들에게 아무리 유급휴가 형식이었으나 이해하기 힘든 인사였음은 말할 것도 없다.

이후 '본부장 중간 평가제'는 끊임없이 감사원 감사에서 경영권을 침해하는 제도로 시정요구를 받고 있지만 지금까지 이를 시행하는 사장은 없었다. 그들은 임기가 차면 영전을 생각해야 하는 몸들이기 때문이다. 구태여 악역을 자초할 필요가 없는 것이다.

백마 엉덩이의 'DJ 각인'

제15대 대통령 선거운동이 막바지에 이른 1997년 12월초, 이회창-김대중 두 후보의 불꽃 튀는 선거전은 가히 치열했다. 당시 전국 안방극장에서는 KBS 대하드라마 〈용의 눈물〉이 높은 시청률로 열기를 뿜고 있었다. 선거전은 한 치 앞을 내다볼 수 없는 총력전이 계속되었고, 사상 초유의 선거에 의한 정권교체냐, 아니면 보수진영의 계속 집권이냐에 모든 관심이 집중되었다.

이 때 〈용의 눈물〉에서는 동생들을 제거하고 천하평정을 노리는 이방원측과 이에 맞서는 세력 간의 밤을 새는 혈전이 계속되었다. 마침 날이 밝자 승리감에 도취된 이방원이 병사들을 격려하기 위해 백마를 타고 진영에 나타났다. 그런데 이게 웬일인가. 이방원이 탄 백마 엉덩이에 'DJ' 라는 각인이 뚜렷이 새겨져 있는 것이었다.

심야에 방영되는 드라마를 시청하던 B제작본부장은 심각한 사안임을 직감했다. 다음날 아침이면 사장은 물론, 여당 후보 측, 정부 각 요로에서 'DJ의 당선을 위해 KBS가 계획적으로 조작한 극적인 장면' 이라는 질책이 쏟아질 것은 당연한 것이었기 때문이다. 이에 B본부장은 심야에 급히 회사로 나와 제작간부진을 소집, 전말을 파악하는 한편 철야대책을 수립하였다.

말 대여 업자인 용인시 신갈 소재 모 민간 마술연수장 주인을 깨워 '백마 엉덩이 DJ 각인 문제' 의 확인에 나섰다. 조사 결과 그 말은 뉴질랜드 산으로써 'DJ' 는 소속 목장 표식이라는 사실이 확인되었다. 또한 이 백마의 출연료는 용인민속촌에서 촬영 시 회당 15만 원, 남한산성에서 촬영 시엔 25만 원인 것 까지도 확인하였다.

B본부장의 순발력으로 이튿날 아침 홍두표 사장에게 상세한 경위보고서를 제출할 수 있었고, 이어 여당 후보 측과 각 요로에 전말을 해명하는 등의 노력으로 KBS는 별 탈 없이 넘어갈 수 있었다.

공교롭게도 드라마 〈용의 눈물〉에서는 DJ각인 백마를 탄 이방원이 임금에 등극하고, 15대 대선에서는 DJ 김대중 후보가 대통령에 당선되었다.

'햇볕정책' 정권의 그늘 – 국민의 정부

애국혼의 부활 – 금모으기 운동

L차장의 인생 역전

박 보스와 J고 5인방

로비스트 L의 몰락

초심의 실종 – 창립기념품 선정과 노조 탄핵

빛 좋은 개살구 – 위성방송

김대업 사건 전말

병풍 사건 보도의 교훈

제5장

'햇볕정책' 정권의 그늘 – 국민의 정부

김대중(DJ) 씨의 대통령 당선으로 해방 이후 최초로 평화적 정권 교체를 이루며 '국민의 정부'가 출범했다.

지난했던 세월 속에서 4수만에 대통령에 당선된 DJ에게 떠넘겨진 것은 국가경제대란, 즉 IMF사태였다. 역사상 최초 문민정부란 정당성 아래 국민의 지지를 받았던 김영삼 정권은 IMF라는 국가적 위기를 초래한 주범으로 한순간에 '무능정권'으로 전락하였다.

국민의 정부는 정권교체에 따른 혼선, 관료사회에 대한 장악력부족, 여소야대로 인한 정계의 혼란 등으로 효율적이고 실제적인 개혁과 민주화를 이루는 데는 한계가 있었다.

DJ정권의 중요 정책으로 햇볕정책이 싹을 틔우게 된다. 국민의 정부는 굳건한 안보에 바탕을 둔 대북 포용정책을 추진하지만, 이 햇볕정책은 조지 부시 미 행정부가 출범하면서 북·미 관계의 긴장

국면 돌입으로 소강상태에 빠진다.

DJ정권에서 국민적 이슈는 2002년 한일월드컵과 부산 아시안게임 등 국제 스포츠 행사였다. 월드컵 역사상 최초 4강 진출이라는 빛나는 성과는 경제적 위기로 심신이 지쳐있던 국민들에게 힘과 용기를 주기도 했다.

국민의 정부가 들어서면서 방송개혁과 방송법 개정은 최대 현안 중의 하나였다. 민주화와 개혁의 진전을 위해서는 방송개혁이 선결과제였기 때문이다. 방송법 개정을 위한 논의가 무성해지고 급기야는 각계를 망라한 방송개혁위원회가 구성되어 통합방송법 초안을 마련하고 이에 기반을 둔 방송법이 제정되었다.

또 문화관광부 산하에 아리랑TV를 신설하고 2001년에는 위성방송을 출범시켰다. 이 시기에 KBS는 경륜과 정치적 역량에 힘입어 보도에서 최소한 중립의 틀은 유지할 수 있게 변모하였다.

그러나 정권말기에 KBS는 김대업 사건 방송을 다루면서 선거기간에 공영방송으로서 매우 부끄러운 오점을 남겼다.

애국혼의 부활 – 금모으기 운동

1997년은 일시적 처방으로만 지속되어 왔던 한국경제의 문제가 이제 감싸안기와 덮어주기의 한계를 드러내고 곪은 부분이 일시에 터져 나오기 시작한 해였다. '샴페인을 너무 일찍 터트린 나라' 한국은 모래성이 부서지듯 한순간에 무너져 내렸다.

세계 11위의 무역대국, OECD 가입국, 국민소득 1만 달러 시대를 맞이한 아시아의 용으로 자긍심이 가득했던 우리 국민들은 이제 장밋빛 안경을 벗어던지고 IMF 구제금융 지원을 받는 국가부도 사태를 맞이하게 된 것이다.

IMF체제가 시작되면서 경기는 급속도로 냉각되고 돈을 빌리려는 기업과 IMF의 요구에 따라 자기자본 비율을 높이려는 은행 간의 줄다리기 속에 부도기업이 속출했고 미화 환율은 2,000원대를 넘어섰다. 그리고 설탕이나 밀가루, 라면 같은 생필품 사재기가 극성을 부렸다. 대형 할인매장에선 1인당 구매개수를 제한하는 후진국형 제한 판매를 했음에도 일부 품목은 매장에서 품귀현상을 빚는 해프닝까지 벌어졌다. 서민들은 이런 뉴스를 접하면서 내핍생활에 들어가야 하는 현실이었다.

이런 분위기 속에 서울지방 검찰청에서 외환위기 극복을 위한 '금 모으기 운동'이 벌어졌다. 비록 전 국민적 공감대로 확산되지는 못했지만 검찰의 '금모으기 운동'은 KBS 경제부 데스크의 관심을 끌었고 보도본부 회의를 통해 '금모으기 운동'에 대한 아이디어를 구체화시켜 방송으로 이끌어내기에 이르렀다.

장롱 속에 잠자고 있는 금을 수출하면 국민도 좋고 달러 수입이 증가하여 나라에도 이익이라는 차만순 경제부장의 아이디어에 김병호 보도본부장의 결단이 떨어지자 용태영 기자가 즉시 모 그룹 수출입 담당 간부를 수소문했다. "금이 대량으로 모이기만 하면 수출이 가능하다. 국내에 2,500톤에서 3,000톤에 이르는 금이 있는 걸로 추정되는데 1,000톤을 수출하면 100억 달러를 벌 수 있다"라는 긍정적 분석을 듣고 금과 관련된 단체들과 기업체에 전화를 걸어 인터뷰를 시도했다.

그리고 마침내 주식회사 대우의 금 수출을 담당하는 비철금속 팀장을 만나 "어느 기관이건 금을 100킬로그램 이상만 모으면 우리가 수출해 줄 수 있다. 금 수출은 신용장도 필요 없기 때문에 바로 달러가 될 수 있다. 금 수출이 이뤄지면 외환위기극복에 큰 도움이 된다"는 명확한 답변으로 용 기자의 리포트가 제작되어 1997년 12월 25일 뉴스로 전파를 타게 되었다.

역사적인 대사건을 기록하게 된 첫 뉴스가 탄생한 것이다. 이 뉴스가 나갈 때만 해도 아무도 이 리포트의 파급력을 예상하지 못했다. '금 모아 수출하자'는 KBS의 뉴스에 대한 시청자들의 반응은 뉴스가 끝나면서부터 바로 시작되었다. 보도국장이 주재하는 긴급 간부회의가 소집되고 우여곡절 끝에 12월28일부터 금모으기에 참여할 각 기관의 업무분담이 이루어졌다.

KBS는 국민홍보를, 운송과 수출은 주식회사 대우가, 금을 수집하고 판매대금을 지급하는 것은 주택은행이, 수집된 금을 금괴형태로 정련하는 업무는 고려아연이 담당하고, 창구에서 금을 감정하는 일은 귀금속업계의 금모으기 추진위원회에서 맡기로 했다. 이렇게 모든 준비를 마무리한 가운데 새해가 밝았다.

금모으기 첫날인 1998년 1월5일. 예상 이상의 열띤 호응으로 첫날 접수된 금의 양만해도 3,320킬로그램, 총 4만 5,028명이 참여하였다. 이런 호응은 다음날에도 이어져 수집된 금의 양이 10톤을 넘어섰다. 그동안 침묵을 지켜오던 신문에서도 포문을 열기 시작했다.

이렇게 한번 불붙은 금모으기 운동의 열기는 날이 갈수록 뜨거워져서 성당과 교회, 사찰 등 종교단체와 사회단체, 정치권에서까지 동참하는 열풍이 불었다. 〈금모으기 운동〉이 시작된 지 1주 만에 50톤의 금을 모으기에 이르게 되었다. 돌반지나 팔찌는 물론이고 대대로 물려받은 가보인 반지, 비녀 그리고 퇴역장성이 아끼던 별, 훈장 등 국민들의 장롱 속에 사장되어있던 금이 주택은행 창구로 몰려들면서 한국의 〈금모으기 운동〉에 대해 해외에서의 관심도 높아지기 시작했다.

금모으기가 전 국민적인 호응을 얻는 가운데 비판세력도 나타나기 시작했다. 그러나 사소한 부작용이나 방해를 압도하는 것은 다름 아닌 〈금모으기 운동〉의 필요성을 인식한 국민들의 참여 열기였다. 운동이 시작된 지 열흘 만에 참가자는 100만 명을 훌쩍 돌파하였고 금 수출대금이 처음으로 입금되었다. 그리고 다음날엔 한국은행이 시중은행이 요청할 경우 금을 직접 매입하겠다는 발표를 해 국부 유출 논쟁을 불식시켰다.

한편 KBS는 1998년 1월 10일부터 1월 23일까지 전국을 잇는 특별생방송 〈나라를 살립시다 금을 모읍시다〉를 실시해 금모으기 운동의 열기는 더욱 뜨거워졌다. 1월23일 생방송에는 김대중 대통령 당선자가 직접 출연해 국민들의 〈금모으기 운동〉을 치하하는 한편 상대적으로 미진한 부유층의 참여를 호소하는 발언을 하기도 했다. 1차 금모으기 운동의 마지막 주인 1월 24일까지 모인 금은 100톤을 넘었고 참가자가 150만 명을 넘어섰다.

잠시 숨고르기를 하고 2월에 다시 금모으기 2차 캠페인이 시작되었다. 1차에 금을 내지 못한 국민들이 다시 몰려들기 시작해 첫날에 2톤 이상의 금이 수집되었고 해외동포들의 참여가 이어졌다. CNN, BBC 등 해외언론을 통해 고국의 〈금모으기 운동〉을 전해들은 동포들은 중국, 미국, 일본 등 세계 각국에서 각자 사연이 담긴 편지와 금, 달러를 국가에 헌납했다.

이렇게 해서 2월21일 막을 내린 금모으기 캠페인의 참가자는 200여만 명, 총 수집량은 137여 톤, 총 수출대금은 3조 1천여만 원(약 21억 7천만 달러)에 이르렀다.

〈금모으기 운동〉은 범국민적으로 완성되어 1998년 한국발 톱뉴스로 전 세계를 다시 한 번 놀라게 했다. IMF로 자존심은 형편없이 구겨지고 국가신용도는 바닥에 떨어진 그 상황에서 한국경제의 잠재력을 재인식시켰고 1998년 1월 뉴욕에서 외채협상을 하던 한국대표단에 힘을 실어주어 외채협상타결의 일등공신이 되기도 했다.

이 고통분담의 노력은 외국인 투자자들에게 한국투자에 대한 불안감을 해소시켜 투자를 유도했고 국민 개개인들은 사장된 자산을 현금화시켜 어려운 상황을 헤쳐 나가는데 도움이 되었다.

1998년 한파를 지혜롭게 넘길 수 있게 한 〈금모으기 운동〉은 대한민국 역사상 가장 큰 자발적인 운동이었고 우리 민족의 저력을 세계에 보여준 대사건이었다.

작은 것이 아름답다는 말처럼 〈금모으기 운동〉은 그 시작은 KBS였으나 궁극적으로는 온 국민의 정성이 만들어낸 훈훈한 온정이요, 나라사랑으로 영원히 남을 것이다.

L차장의 인생역전

박권상 사장이 부임한 지 얼마 되지 않아서 KBS에서는 경천동지할만한 사건이 터졌다. 부사장 후임으로 당시 언노련 위원장 L씨가 부사장이 된다는 소문이 돌았다.

모두가 농담으로 들었지만 점점 시간이 갈수록 사실로 확인되면서 사내에는 한때 긴장감이 돌기도 했다. 박 사장의 고교후배 5인방도 초기에는 강력히 반발했지만 박 사장의 강한 의지를 확인하고 태도를 바꾸기도 했다.

언노련 위원장 L씨는 당시 차장이었지만 KBS를 개혁하기위해 노조의 협조가 필요하기 때문에 L씨가 부사장으로 들어와야 한다는 것이 박 사장의 논리였다.

박 사장은 이사들이 현재 L차장의 직급으로는 절대 임명동의를 해주지 않을 것을 짐작하고 이때부터 약 3개월여 간에 걸쳐 부장, 국장 등 초고속 승진을 통해 사전작업도 철저히 해두었다.

처음에는 반대했던 본부장들도 사장의 고민을 덜어준다는 명분으로 김채윤 이사장에게 본부장 2명을 대표로 보내 L씨를 받아줄 것을 간청했다. 이사회가 KBS의 발전을 막고 있다는 묘한 뉘앙스의 위협 반 부탁 반의 압박이었다.

김 이사장은 두 본부장의 말을 듣고 여태까지 막아달라고 사정했던 사람들이 이제 와서 이사회가 반대해 KBS가 일이 안 되는 것처럼 말하는데 대해 불쾌한 감정을 토로하면서 그 자리에서 짐을 싸고 자리를 박차고 나가 이사장직을 사퇴했다. 그래서 새 이사회가 구성되고 부사장으로 L씨의 임명동의안이 이사회를 통과했다.

공기업에서 유래를 찾아 볼 수 없는 파격적 인사를 단행하였던 데에는 외부작용이 있었을 것이라는 것이 사내의 일부 견해였다. 특히 L차장은 청와대 영부인과 모 교회를 함께 다니고 있고 같은 날 장로가 되어 장로 동기생이라는 막역한 인연이 있었기에 박 사장도 무리한 인사임을 알면서도 거부하지 못한 것 아니냐는 설이 있는가 하면 "정권 초기 L씨가 언노련 위원장 재임 당시 대규모 총파업을 막았던 일이 있는데 DJ 정권이 부채의식을 갚은 것이다"라는 얘기도 흘러나왔다.

L차장의 부사장 기용은 '4단계 특진'이라는, 방송계나 공직사회에 전무후무한 기록을 남긴 인사였지만 결국 박 사장 및 J고 5인방과의 불화 끝에 도중 하차함으로써 후세에 많은 교훈을 주었다.

박 보스와 J고 5인방

'J고 5인방' -. 무슨 사조직도 아닌 KBS에 어느 날인가 급부상한 신흥세력이었다.

이 말은 박권상 사장 시절 KBS 내부적으로 직원들 사이에 가장 많이 회자되었다. 즉 박권상 사장과 인연이 깊은 5명의 추종인물에 대한 편애와 보직 중용을 두고 나온 조소어린 명칭에 불과하지만 이 세력들은 사장주변에 포진해 있으면서 자신들만의 영역을 구축했다. 이들은 박 사장이 졸업한 고등학교의 선후배 사이로, 지역적 동질성을 공유하고 당시의 후광으로 지금까지도 여전히 사내외에 굳건히 뿌리내리고 있다.

박 사장의 특정인맥과 관련된 인사파행이 물론 이들 뿐만은 아니었다. 보도본부장, 감사실장, 해설주간, 편성주간, TV2국장 등 주요 보직에는 한결같이 박 사장의 고교 후배들이 성벽처럼 둘러쳐 있었다.

이들은 수시로 정보를 교환하고, 의사조율을 하면서 사내의 공식적인 의사결정라인을 제치고 그들만의 굳은 결속력으로 회사의 중요정책이나 경영 전반에 걸쳐 막강한 영향력을 구사했다.

학연중심의 비선조직을 통해 경영을 한다는 비판을 새겨들으라는 주위의 권고와 요구가 끊이지 않았음에도 오히려 이 같은 직언을 아끼지 않는 직원들은 박 사장과 측근들의 노여움을 사서 밀려나는 것이 현실이었다.

당시 KBS 노보를 살펴보면 인맥과 관련된 전횡이 어떠했는지 참고가 될 듯하다.

박권상 사장
(제12대, 13대/
1998.4.20 ~ 2003.3.11)

▲ 1929년 전북 부안 출생
▲ 전주고, 서울대 영문과 졸업
▲ 1952년 합동통신 기자
▲ 1960년 한국일보 논설위원
▲ 1962년 동아일보 논설위원, 편집국장
▲ 1989년 시사저널 편집인
▲ 1997년 고려대 신방과 석좌교수
▲ 1998년 정부조직위원회 위원장

박권상 사장은 평생을 언론계에 몸담아온 언론계의 거목으로 DJ정권과 행보를 함께 해 온 동지적 입장이었다. 1980년 서울의 봄 당시, 동아일보에 재직하다 강제해직당한 민주화 경력과 언론계의 원로라는 평가를 받으면서 KBS 사장을 맡게 되었다.
청와대의 후광이 없었던 것은 아니지만 예전처럼 일방적 낙점이었다기보다는 언론계에서 막강한 영향력을 행사했던 원로선배로서 예우 받는 자리를 차지한 것으로 보였다.
박 사장의 이 같은 이력은 KBS의 위상을 높이는 계기가 되기도 했다. 그의 독주체제를 합리화시키는 시대적 명분은 높았지만, DJ정권과의 친분이라는 태생적 한계로 인해 친 여권 성향을 가졌으며 정권으로부터도 완전히 자유로울 수는 없었다.
IMF 한파에서 KBS도 예외일 수 없었다. 고통분담이 불가피하다는 인식들이 높았다. 박 사장의 첫 업무는 3회에 걸쳐 500여명에 대해 희망·명예 퇴직조치를 단행한 일이 되었다.

박 사장은 재임 기간에 외부의 인사 청탁 압력이라는 외풍을 막았지만, 내부에서는 특정인맥 '전주고 5인방'이란 비선조직을 통한 관리 형태로 인해 조직을 침체시키고 인사적체를 초래하는 등 직원들의 불만을 심화시키기도 했다. 노조로부터는 권위주의적이라는 비난을 들었으며 노조 집행부 간의 분열상으로 노조가 크게 약화되었다.

박 사장은 임기 말 대선 기간에 김대업 사건을 거듭 기사화함으로써 공영방송의 공정보도와 정치적 중립성에 치명적인 오점을 남겼다.

[집행기관]
감사 방원혁(1998), 전준모(2000)
부사장 이형모(1998), 김형준(2000), 강대영(2000)
편성본부장 이흥주, 김승종
보도본부장 전병채, 류근찬
방송정책실장 강대영
TV본부장 이석우, 조의진
라디오본부장 김정일
기술본부장 박현종, 이광태, 박상규
뉴미디어본부장 김인규
경영본부장 이상원, 이영철, 한안성
특임본부장 홍성규

[이사회]
이사장 이세중, 지명관
이사 김지운 송보경 김은구 정구현 정동윤 강현두 박성수 인명진 임흥빈 백정란 한상진 김창국 곽배희 김선우 김은수 김철수 이상희 이연택 황정태 송재극 박범신 전응덕

'사장의 출신 고등학교인 J고 출신들은 자기들의 세상이 온 듯 회사 내에 존재하는 의사결정체계를 무시하고 박 사장의 눈과 귀를 막더니 급기야는 오늘과 같이 박 사장을 다수의 KBS인들과 이간질 시켰다.'

국·부장급 승진인사와 관련된 또 다른 KBS 노보의 기사이다.

'박 사장의 출신고교인 J고가 국장급 승진인원 26명중 3명으로 11.5%를 차지했고 부장급은 승진 대상 총 57명중 2명으로 6.0%를 차지했다…. KBS 본사 국·부장급 이상 책임직의 15%를 박 사장이 졸업한 고등학교 출신이 차지하고 있다.'

KBS 노보는 분석 기사를 통해 특정지역 편중인사를 신랄하게 지적하고 있다.

다음은 '홍보실장의 선배사랑'이란 제목의 또 다른 기사이다.

'홍보실장 역시 박 사장의 고등학교 후배라는 사실. 관례를 볼 때 홍보실장은 보도국에서 크게 능력을 인정받지 못하는데 고교선배인 박 사장이 취임하자 고속으로 승진하는 능력을 과시해 주위를 놀라게 했다.'

박 사장이 베푼 인맥승진의 최고 수혜자로 J씨가 있었다. J씨는 부사장과 같이 D방송 출신으로 L씨가 부사장이 되면서 발탁되었는데 이 부사장을 버리고 고교선배인 박 사장 편에서 부사장을 박해하는데 일조한 인물이다. 그는 업무능력보다는 정세분석과 인기성 대중몰이에 더 소질이 있었다. 차장이었던 J씨는 역시 초고속으로 국장지위에까지 오르고 나아가 라디오 DMB사업단장까지 겸하면서 위세를 떨쳤다. 실세 중의 실세로 행세하는 그는 지금도 세력 확장에 열을 올리고 있다.

그의 대세를 보는 혜안은 실로 놀라워서, 지금도 현 사장의 코드에 맞는 젊은 PD들을 규합해 시대가 원하는 시사프로그램 등을 방송하는 등 멋지게 시대정신을 실천하면서 정권과 사장에게 충성을 바치고 있다. 심지어 본부장마저도 J의 눈치를 보는 실정이었다.

박 사장의 이 같은 편파적이고 편중적인 인사는 외부의 질타를 받기에 이르렀다. 다음은 '미디어오늘'의 기사다.

KBS '전주고 공방전' 치열, L주간-노조, 게시판 설전 (이영태기자)

박권상 사장의 KBS사장 취임 이후 사내 게시판에서 J고를 둘러싼 공방이 치열하게 전개되고 있다. 이미 지난해 국정감사에서 최

재승 의원의 '전주고 5인방' 발언에 의해 무대 위로 등장한 'KBS J고'는 지난달 25일 박 사장의 부사장 인사발표 이후 더욱 거센 공방전에 휩싸였다. 'J고 공방전'의 시위는 노조가 먼저 당겼다. 최근 언론에 보도된 L 전 부사장의 인터뷰 내용 가운데 "특정고를 멀리하라"고 진언한 것이 문제가 돼 부사장직에서 밀려났다고 주장한 것이 지난 5월30일자 노조 특보를 통해 대서특필됐다.

노조 특보 5월31일자는 KBS 전체 직원가운데 J고 출신이 1.2%인 62명에 불과하나 국장급 이상 책임직 75명의 15%인 11명이 J고 출신이며 이들 중 80%가 박 사장 취임 뒤 승진했다고 지적했다. 노조는 이들 가운데 일부는 자신의 자리에 걸맞는 능력이나 인품을 갖추고 있으나 적지 않은 인사가 박 사장의 편중인사에 의해 자리를 차지하고 있다고 비판했다.

국민의 정부에서 참여정부로 바뀌어 박 사장 퇴진이 기정사실화되던 2003년 1월 22일 KBS노보 제218호 'KBS노조의 박 사장 체제 5년 평가'라는 제하의 기사를 보면, '박권상 사장 재임 기간 중 가장 불만스러운 것은 무엇이었습니까?'라는 질문에 조합원들이 인사정책을 46.9%로 가장 많이 꼽았다.

박 사장 말기에 이뤄진 설문조사라서 박 사장에게 부정적인 답변이 높다고 치더라도 '인사정책(46.9%), 임금복지정책(24.2%), 노사협력(17.6%), 공정방송(6.3%)' 순으로 나온 것이 바로 그 해답이다. 또 '박권상 사장 재임기간 인사정책이 합리적이고 공평하게 이뤄졌다고 생각하십니까?'라는 질문에는 '다소 불공정했다(45.7%)'와

'매우 불공정했다(40.2%)' 가 총 85.9%로 나와 인사의 불공정함을 단적으로 보여주었다고 할 수 있다.

박 사장이 퇴임하면서 시민사회단체들에서는 '사장추천위원회 구성을 촉구한다' 는 내용으로 공동 성명서를 발표하기도 했다. 'KBS 차기 사장이 공정하고 투명한 절차를 거쳐 선임되기를 기대한다. 박 사장은 특정고 인맥을 주축으로 한 파행적 운영으로 KBS를 정체시켰다. 차기 KBS사장은 도덕성과 개혁성, 신뢰를 바탕으로 강력한 민주적 리더십을 발휘할 수 있는 인사, KBS의 정치적 독립성을 확보하고 지켜낼 수 있는 인사가 선임되어야 한다' 는 취지였다.

인사가 만사라고 한다. 인사외풍을 막는 일도 중요하지만 그 못지 않게 내부 인사에 신중을 기했어야 마땅했는데 그의 이성과 상식을 가로막은 것이 무엇인지 참으로 알 수 없다. 평생 KBS에 몸담을 것도 아니었는데 지나친 배려가 초래하는 혼란과 갈등은 더 이상 거듭되어선 안 될 일이다.

로비스트 L의 몰락

자고나면 나라를 들썩이게 하는 부정비리 사건들이 워낙 많아서 한때 세상을 떠들썩하게 했던 김대중 정권 최고의 로비사건, 일명 '이용호 게이트' 를 기억하는지 모르겠다.

대통령의 장남, 차남이 연루되어 구속까지 되었던 비리사건으로 엄청난 사회적 물의를 빚었던 사건이었다. 여기에는 현직 KBS 직원이 그들의 하수인으로 돈세탁을 맡은 것으로 밝혀져 KBS는 도

매금으로 일시에 비리집단으로 매도되어 국민적 지탄을 받는 등 곤욕을 치러야 했다.

문제의 당사자는 사내에서도 하늘 높은 줄 모르고 안하무인격으로 행세하던 L모씨와 그의 추종세력들이었다. L씨는 주로 오락, 연예프로그램을 담당했고 평소에도 가수, 연예인의 뇌물수수나 촌지 등의 사건이 터질 때마다 관련되어 있거나 연루의혹을 받던 인물이었다.

그는 하는 일 없이 KBS 사내를 휘젓고 다니면서 문제를 일으켰다. 어느 날인가 KBS에 견학 온 여학생들이 휴게실에서 담소를 나누고 있었다. 마침 옆자리에 앉아 노닥거리고 있던 L씨는 "학생들 혹시 연예인 하고 싶지 않아? 내가 힘 좀 써줄까? 나한테 잘만 보이면 얼마든지 키워줄 수 있지. 방송출연도 하고 말이야" 하면서 수작을 걸었다. 아무것도 모르는 여학생들이 혹 했을 것은 자명한 일. 이런 식으로 외모가 좀 괜찮은 사람만 보면 공공연히 키워주겠다며 공언을 한 일이 한 두 번이 아니었다. 실제로 L씨가 그들 중 누군가를 키워줬다는 얘기는 들어본 적이 없지만 그들 중 누군가 L씨에게 속아 피해를 봤을지도 모르는 일이다.

그러나 세월을 잘 만났던 것일까. 특히 지연, 학연에 연연하던 박권상 사장 재임기간에는 사장과 그 특별한 인연 덕에 출세가도를 달리게 된다. L씨는 동교동과 관련된 정치인들과 친분이 두터웠고 정권실세 DJ의 차남과 돈독한 사이였던 것으로 알려졌다. 혹자는 박 사장과 DJ의 차남을 연결시켜준 공로가 있다고도 했다. 어쨌거나 박 사장 시절 L씨는 주로 국회업무를 담당하는 대외정책팀을 맡는 등 자질과는 무관한 요직을 맡아 주위의 시샘을 받기도 했다. 그 야말로 거침없는 L씨의 시대였다.

로비스트 L씨의 방자함은 여기에서 그치지 않았다. 평소 부사장도 두렵지 않다며 허세를 부리곤 했던 그는 친분 있는 정치인으로부터 한 가지 부탁을 받게 된다. 바로 며칠 뒤에 대규모 행사가 있는데 여기에 인기 탤런트들을 동원해 달라는 요청이었다. 해결사 L씨는 생각할 것도 없이 즉각 C드라마국장에게 전화를 걸었다.

"나 L인데…." C국장은 황당하기 그지없었다. 도대체 누구인지도 모르는 직원이 난데없이 탤런트 동원이라니. 게다가 한술 더 떠서 마치 사장의 하명이라는 투로 제 할 말만 하는 것이었다. L씨가 평소 무뢰배 같이 실력 행사하는 자초지종을 미처 몰랐던 C국장은 그저 멍할 수밖에 없었다고 한다.

이런 류의 사람들은 항상 추종세력을 달고 다니기 일쑤이다. 특히 L씨에겐 자물쇠 입을 가진 수하가 필요했다. 권력실세 김씨가 L씨에게 내린 모종의 임무 중 하나가 비자금관리였고 그를 위해서는 여러 명의 통장이 필요했다. 조직의 돈세탁업무를 위해 L씨는 사내에서 친분 있는 몇몇을 모았고 이중 A씨는 부주간에서 단번에 국장 승진을 하는 영광을 안았다.

시작이 있으면 끝도 있게 마련이다. 천하를 손에 쥔 것 같던 L씨에게도 위기의 순간이 다가온 것이다. '이용호 게이트'의 검찰수사가 확대되고 사건의 전모가 밝혀지면서 L씨의 화려했던 날은 끝났다. 그 후 박 사장은 L씨를 호주 연수라는 명목으로 도피성 유학을 보냈지만 더 이상 KBS에 몸담을 수 없었다.

이해할 수 없는 불가사의 중 하나가 바로 이런 사례들이다. 평생 갈 것 같지만 권력이란 어느 순간 지고 마는 화려한 꽃이나 다름없다. 다들 아는 것 같은데도 이런 일들은 매번 똑같은 시작과 결말로 반복적으로 발생한다. 기회가 내게 오는 순간, 사람들은 이러한 과거의 교훈을 잊게 되는 것인가. 지금도 KBS 곳곳에는 또 다른 L씨들이 대로를 활보하고 있다.

초심의 실종 – 창립기념품 선정과 노조탄핵

흔히 우리가 미덕으로 삼는 말 중에 '초심'이 있다. 누구에게나 초심은 있게 마련이고, 그 초심이란 대개 아름답고 투명하고 강직하게 마련이지만 초심을 끝까지 지켜내기란 말처럼 쉽지가 않다.

초심만 믿고 의기투합하여 어떤 일을 도모하였다가 아름답게 결실을 맺는 경우를 그만큼 보기가 힘들다. 초심은 희석되고 퇴색되면서 점점 변질되어가기 십상이다.

어느 단체의 수장이 마음에 사심이 개입되거나 이권에 눈이 멀기 시작하면 전체 다수의 권익이나 배려에 힘쓰기보다 개인의 치부에 치중하는 경우를 심심치 않게 볼 수 있다.

방송민주화를 위해 일어선 KBS노조의 초심은 무엇이었던가. KBS노조가 설립된 이래 세월이 길었던 것도 아닌데 지금까지 숱한 의혹과 폭력, 비리 등으로 비난을 받은 일이 얼마였던가.

2001년 박권상 사장 시절에도 하나의 비리의혹으로 노조위원장의 체모가 실추된 사건이 있었다. 매년 공사 창립기념일에는 전 직원에게 창립기념품을 제공하고 있는데, 그해에는 '컨퍼런스 폰'이라는 고가의 다기능 전화기가 선정되었다. 받는 직원들이야 내막을 알 리 없었고, 제법 고가의 생활필수품이었으나 선정과정에 의혹이 생기면서 조합원들의 반발이 일기 시작했다.

L노조위원장이 '컨퍼런스 폰' 선정을 위해 K부사장에게 압력을 행사했고 K부사장은 또 담당국장인 총무국장에게 "원만한 노사관계를 위해서 이 컨퍼런스 폰을 기념품으로 선정해 달라"고 지시를 했다는 것이었다.

아닌 게 아니라 KBS 전 직원을 대상으로 제공하는 기념품의 구매액은 엄청난 규모여서 매년 업체들마다 눈독을 들이는 것이 사실이다. 경쟁도 그 못지않게 치열하고 때로 물의를 빚는 일도 있었다.

사 측에서 선정하고 제공하는 것이 원칙인 사안을 두고 노조위원장이 부사장에게 구매하도록 압력을 행사했다는 것은 바로 조합원을 속이고 무시한 것으로, 조합원을 앞세워 두 사람이 거래를 했다는 것이나 진배없다. 다른 의미로 조합원들을 '이용가치 있는 수단'으로밖에 보지 않았다는 뜻이다.

자신의 말을 안 들으면 향후 노조원들을 부추겨 노사관계를 편하지 못 하게 하겠다는 것이 아니고 무엇이겠는가. 과연 그것이 전 조합원의 의사였을까?

지나치게 직설적인 표현인지는 모르겠지만 이러한 내부 압력을 행사해 사측의 운영에까지 위원장의 입김이 미쳤다는 것은 이해할 수 없는 일이다. 하기는 노조가 경영권을 넘나들며 전 KBS를 흔들고 좌지우지 했던 것은 한 두 번이 아니었다.

조합원의 반발로 이어지자 위원장은 사실을 숨긴 채 불분명한 해명으로 일관했지만 결국 모 간담회 석상에서 "솔직히 군대동기인 친구회사 물건이 선정되도록 사측에 부탁했다"고 실토함으로써 문제가 불거졌다. 위원장의 창립기념품 선정개입 의혹이 일자, 노조 중앙위원들과 대의원들이 연명해 노조 정·부위원장의 자진 사퇴를 촉구하고 나섰다.

그 후 탄핵투표가 이어졌지만 2/3 찬성에 못 미쳐 부결되고 말았다. 비록 탄핵은 면했지만 탄핵 찬성이 투표자의 과반수가 되자 위원장의 자진 사퇴압력이 거세졌고 위원장에 비판적인 반대세력들은 '노조 정상화 추진위원회'를 공식적으로 출범시키고 위원장의 사퇴를 요구했다.

그러나 위원장이 이를 거부하여 노-노 갈등으로 번지게 되었고 결국 재 탄핵을 추진하였지만 그마저도 L위원장은 불복하는 강한 의지를 보였다. 한 술 더 떠서 L위원장은 법원에 탄핵 무효소송을 제기하였고 법원이 노조집행부의 탄핵무효소송을 기각하는 것으로 위원장 자리를 내놓아야 했다.

참으로 개탄스러운 일이 아닐 수 없다. 가야 할 때를 아는 사람은 지난날의 과오를 용서하기도 쉬운 법이다. 그토록 불명예스런 퇴진을 거부할 정도로 위신을 소중히 여겼던 것이라면 전 조합원의 명예 또한 살폈어야 했다. 법에 호소할 만큼 억울하고 당당했던 것인지, L씨에게 묻고 싶다.

빛 좋은 개살구 - 위성방송

 DJ정권이 들어서면서 정부는 '언론의 자유를 최대한 보장한다'고 공언했고 더불어 5년 이상 끌어온 통합방송법을 제정하게 된다. 이 법을 근거로 지상파, 종합유선, 위성방송을 총 망라해 다루는 방송위원회가 출범했다.

 그러나 주요방송정책을 공정하게 이끌어가야 하는 방송위원회 방송위원 9명중 7명을 여당이 차지하는 등 시초부터 방송위원회의 독립성은 없었다. 2000년 12월 19일 위성방송사업자로 한국디지털위성방송이 선정되고, 2001년 시험방송을 거쳐 2002년 3월 1일 본방송이 시작되었다. 이 방송은 PPV(Pay Per View) 채널 10개를 비롯해서 비디오채널 84개, 오디오채널 등 모두 154개의 채널을 갖고 출범하였다.

 충분한 준비와 체계가 없이 성급하게 실시된 위성방송과 디지털방송은 부실할 수밖에 없었다. 그러나 사업자 선정당시에는 장밋빛 전망이 가득했다. 황금알을 낳는 거위라는 검증되지 않은 뜬소문이 부풀려질 대로 부풀려 있었고 수년 내 흑자가 가능하다는 긍정적 기대가 방송가를 들뜨게 했다.

 소문을 더욱 부추긴 것은 사업자 선정에 참여의지를 보인 기업들로, 사업자 선정문제가 거론되면서 구체화되자, 한국통신이 주도하고 지상파방송사 등이 참여한 KDB 컨소시엄과, LG그룹 계열 데이콤의 자회사 DSM이 주축이 되고 STAR TV, SK텔레콤 등이 참여한 KSB 컨소시엄이 사업권을 얻기 위해 치열한 경합을 벌였다.

그러나 반대여론도 만만치 않았다. 위성방송사업자 선정문제가 국가적 이슈로 떠오르면서, 시민단체와 노동계는 재벌기업이 위성방송 사업마저 독식하려 한다며 강하게 비판했다. 반대로 재계와 케이블사업자 등에서는 위성방송을 경영마인드가 없는 공기업이 주도할 때 과연 성공할 수 있겠느냐면서 지상파방송사의 참여는 방송시장의 독과점적 지위를 공고히 할 뿐이라고 목소리를 높였다.

또 일각에서는 STAR TV의 소유주인 루퍼트 머독이 과거 김대중 대통령 당선자를 만난 적이 있기 때문에 한때 위성방송 사업권이 KSB로 넘어간다는 루머가 나돌기도 했으나 결국 '비교심사방식'을 거쳐 KDB가 위성방송사업자로 선정되었다.

이처럼 상당한 논란이 있었음에도 사업자 선정 및 채널경쟁은 심화되었고 각종 특혜 시비와 비리 문제 등 진통을 겪으면서 마침내 2002년 개국의 팡파르를 울렸다.

KBS는 위성방송의 공공성, 공영성을 확보하고 다채널 다매체 시대의 대응전략의 일환으로 스카이라이프에 설립당시 330억 원, 2003년 147억 원 등 총 477억 원을 출자해 3대 주주(우선 주 제외)로 참여하고 있다.

그러나 사실상 위성방송의 공영성 확보 등 당초 목적을 달성하지 못했고, 2004년부터 2005까지 결산에 반영한 누적손실만 159억 원에 이르는 등 출자로 인한 경영상의 부담만 키워놓고 말았다.

KDB 컨소시엄이 위성방송사업자로 선정된 것과 관련, 박권상 KBS 사장의 영향력이 미쳤다는 설, 그리고 김학천 건국대 신문방송학과 교수와 김주언 당시 언론개혁시민연대 사무총장, 임순혜 한

국기독교교회협의회 언론위원 등 방송의 공공성을 강조하는 인사가 심사위원단에 대거 포함되었기 때문이라는 설이 나도는 등 사업자 선정 후에도 잡음이 끊이지 않았으나 어느 것도 속 시원히 밝혀진 바는 없다.

위성방송 4년. 아직도 나락에서 허덕이고 있는 것이 현실이다. 2005년도 792억 원의 적자가 발생한 것을 비롯해 2005년 말까지 누적적자가 5,142억 원에 이르는 등 당초 예상과는 달리 갈수록 경영상태가 부실해지고 있어 위성방송 사업은 대표적인 방송정책 실패 사례로 남아있다.

KBS는 국민의 혈세로 확보한 소중한 재원을 엉뚱한 곳에 낭비하고 있다는 비난을 고개 숙여 받아들여야 한다.

김대업 사건 전말

한일 월드컵의 열기가 식어갈 즈음인 2002년 7월 24일 16대 대통령 선거의 향방에 영향을 미칠 수 있는 사안이 불거져 나왔다. 이회창 한나라당 후보의 아들 이정연 씨의 병역 면제를 둘러싼 논란이었다. 1997년 15대 대선 과정에서도 핵심 쟁점으로 부각돼 당시 이회창 후보에게 악재로 작용했던 이 문제가 다시 쟁점으로 부각된 것이다. 이 문제를 제기한 쪽은 역시 민주당이었다. 민주당의 신기남 의원은 2002년 7월 24일 국회 대정부 질문을 통해 1997년 대통령선거를 앞두고 당시 국군의무사령관이 대책회의에 참석하는 등 이정연 씨의 병역비리 은폐에 개입했다고 주장했다. 시점이 매우 미묘했다.

　당시 민주당은 불과 한 달여 전에 있었던 지방선거 패배로 내부 분위기가 침체될 대로 침체된 상황이었다. 게다가 노무현 대통령 후보를 중심으로 친노와 반노로 세력이 갈려 초래된 내부 갈등이 최고조에 달하고 있었다. 노무현 후보는 여론조사에서 이회창 후보에 대해 상당한 격차를 보이며 뒤처져 있어 후보 교체론까지 강력히 대두되고 있었다. 이런 상황에서 민주당에서 다시 병역비리 문제를 제기했으니 그 배경이 의심스러울 수밖에 없었다. 그렇다고 언론이 현역 국회의원이 본회의에서 발언한 내용을 모른 체 할 수도 없는 입장이었다. 특히 2002년 전반기에 불거져 나온 사회 지도층의 병역비리 사건이 마무리되지 않은 시점이었으니 언론이 신 의원 주장을 완전히 무시할 수는 없었다. 대부분의 언론매체들은 사실 보도 차원에서 신 의원 주장을 전할 수밖에 없는 처지였다.

　KBS 역시 같은 입장이었다. 이날 KBS는 신 의원의 주장을 9시뉴스 톱 아이템으로 보도하는 등 매우 비중 있게 다뤘다. 한나라당의 반론도 함께 전했다. 당시 박권상 사장이 강조하던 공정성, 형평성(Impartiality)의 형식은 갖춘 셈이다. 하지만 어떤 이유에서인지 신 의원 주장의 신빙성이나 정치적 목적의 개입 여부를 신중하고 세심하게 따지려는 노력은 보이지 않았다. 이런 대응이 대선 국면에 어떤 영향을 미칠지 판단하기 어려운 시점이었던 만큼 내부적으로도 이런 문제를 적극적으로 제기하는 움직임도 나타나지 않았다.

　15대 대선 과정에서 병역비리 문제제기로 톡톡히 재미를 본 인물이 7월 31일 다시 전면에 부상했다. 병역비리의 핵심 관련자는 의무

부사관 출신인 김대업 씨였다. 김 대업은 이날 기자회견을 열어 신기남 의원이 제기한 병역비리대책회의의 물적 증거가 있다고 주장했다. 이 내용을 그 해 5월 이미 보도해 한나라당으로부터 명예훼손 혐의로 제소 당했던 '오마이뉴스'와 '일요시사' 등이 대서특필했다. 이날 KBS는 김 씨가 병역비리에 연루돼 실형을 받은 전력을 감안해 비교적 조심스럽게 접근하는 자세를 보였다. 하지만 이틀 뒤에는 태도 변화가 감지되기 시작한다. KBS는 8월2일 한나라당과 김대업 씨의 맞고소 사건이 서울지검 특수1부에 배당되자 뉴스 비중에 걸맞지 않게 〈9 뉴스〉 톱으로 보도했다. 김 씨의 주장이 신뢰도에서 떨어진다고 판단했던 이틀 전과는 180도 변한 것이다. 이 과정에 당시 서울지검 핵심 수사관계자의 언론 플레이가 기자와 보도본부 데스크들의 판단을 흐리게 한 것도 사실이다. 이후 8월 6일 게릴라 성 폭우로 중부지방에 큰 피해가 발생할 때까지 KBS는 이 사안을 연일 주요 뉴스로 보도하면서 의혹을 증폭시켜 나가는데 동참했다. 이렇게 해서 보도된 이정연 씨 병역면제 의혹과 관련된 아이템이 〈9 뉴스〉에만 8월 한 달 동안 67건에 달했다. 〈뉴스 광장〉 등 다른 뉴스시간에도 톱뉴스 또는 주요 뉴스로 보도되었다. 이회창 후보 아들의 병역면제 의혹과 관련한 주장은 사실로 확인된 것도 없었을 뿐 아니라 실체가 드러난 것도 없었다. 하지만 KBS를 비롯한 언론의 보도로 확인되지 않은 것이 국민들에게는 사실로 인식되는 상황이 초래된 것이다. 특히 20~30대 젊은 층은 이 후보에 대해 적대감마저 가질 정도로 거부감이 심화됐다.

"정말 김대업의 주장이 그럴듯 하다. 검찰 수사가 그 방향으로 향해가고 있는데 안 쓸 도리가 없다."

당시 검찰 출입기자들은 이른바 병풍 수사에 대한 언론의 책임 문제가 거론되면 이렇게 답변했다. 이미 병역비리에 관련돼 실형을 받았던 사람의 얘기가 '그럴 듯 하다' 고 믿는 분위기였으니 실체적 진실을 밝혀야 한다는 현장 기자의 사명을 거론하는 것 자체가 우스운 일이었다. 하물며 친 여권 인사들이 다수 포진하고 있는 KBS에서 이 문제를 거론하는 것은 사실상 이회창 후보 지지를 선언하는 것이나 마찬가지인 분위기가 조성됐다. 이러니 설령 비공개적으로 문제점을 거론했다 하더라도 보도 방향이나 아이템 결정에 영향을 미칠 수도 없었다.

KBS는 물론 대다수 언론이 이렇게 끌려갈 수밖에 없도록 만드는 데 결정적 역할을 한 것은 검찰의 행태였다. 특히 수사 주체 가운데 한 사람인 핵심 관계자의 언론 플레이는 교묘하다 못해 지능적이라고 표현할 수밖에 없을 정도로 계획적이었다. 이 관계자는 확인되지 않은 수사 내용을 특정언론사에 흘렸고 이 언론사는 인용보도라는 형식으로 마치 사실인양 대서특필했다. 언론의 생리를 너무나 잘 꿰뚫어본 행동이었다. 당연히 다른 매체들은 이 언론사의 기사 내용을 검찰에 확인하느라 급급할 수밖에 없었다. 여기다 경쟁심리가 발동하다 보니 이른바 물 먹은 매체는 스스로 의혹만 부풀려 가는 엄청난 잘못을 저지르면서도 깨닫지 못하는 악순환이 거듭된 것이다. 이렇다 보니 언론은 여권 내부에서 이 사안을 조직적으로 거론했다는 사실을 암시하는 발언을 했지만 이를 제대로 감지하지 못했다. 8월21일 민주당 이해찬 의원은 국회 대정부 질문에서 "검찰이 자체 수사가 불가능하니 병역 면제 문제를 정치권에서 제기해 달라는 요청을 받았다"고 밝혔다. 사실상 여권이 기획한 사안이라는 것을 시인한 말이었다. 물론 검찰의 핵심 관계자는 "일면식도 없다"고 발뺌을 했다. 언론 특히 공영방송으로서 제 역할을 자임한다면 파고들었어야 했다. 적어도 사건의 진행 과정이나 파장을 감안해 '왜' 그리고 '누가' 이 사안을 제기했는지에 대한 의문을 당연히 품었어야 했다. 하지만 KBS는 검찰 수사나 정치권의 반응을 인용 보도하는 형식을 취하면서 의혹을 증폭시키는데 주저하지 않았다. 더욱 이해 못할 것은 8월 23일 검찰이 김대업이 결정적 증거라고 제출한 김도술(병역비리 연루자로 미국으로 도피 중이었다)의 녹음 테이프가 판독 불가라고 판단을 내렸는데도 마치 의혹이 더 있는 것처럼 앞장서 문제를 제기했다는 것이다. 이런 KBS의 태도는 10월 25일 검찰이 '병역면제 의혹의 증거가 없다'며 수사를 종결할 때까지 계속됐다.

이 기간에 KBS가 〈9 뉴스〉를 통해 방송한 '병풍' 관련 아이템은 모두 80여건에 달한다. 하지만 16대 대선이 노무현 후보의 승리로 끝나고 다음해 1월 김대업은 무고와 명예훼손 혐의로 구속됐다. 그리고 1년이 넘는 실형을 선고받았다. 김대업의 주장을 대서특필했던 '오마이뉴스'와 '일요시사' 등 언론매체들도 2005년 5월 9일 명예훼손이 인정돼 1억 원을 배상하라는 판결을 받았다.

KBS는 법적 심판의 대상은 아니었지만 사실상 유죄 판결을 받은 것과 같다. 이날 KBS는 〈9 뉴스〉에서 타 언론사와 김대업에 대해 실형이 선고된 사실을 짤막하게 단신으로 전했다. 석 달이 넘게 일정한 방향성을 갖고 보도한 사안에 대한 사과 한마디조차 붙이지 않았다.

병풍사건 보도의 교훈

말 많았던 병풍사건은 검찰수사 결과 사실무근으로 결론이 났다. 정치적 사기극이었음이 입증된 것이다. 그러나 병풍사건을 수사하면서 편파수사 의혹을 일으킨 장본인으로, 병풍수사 유도 발언과 관련해 한나라당으로부터 고발당한 당시 서울지검 B모 특수 1부 부장검사는 검찰에서 무혐의로 처리됐다.

그런데 2006년 2월 1일 발표된 검찰 고위간부 인사에서 법무부장관의 목포고 1년 후배인 B검사는 검사장급으로 승진해 뒷말이 무성했다. 검찰 내부에서조차 "장관에게 두고두고 씻을 수 없는 오점이 될 것"이라는 지적이 나왔다.

병풍 사건은 첫째, 언론 특히 공영방송이 얼마나 쉽게 정치적 목적에 이용될 수 있느냐를 극명하게 보여주는 실례라고 할 수 있다. 당시 KBS 보도 수뇌부가 여권과 결탁해 이 사건을 의도적으로 부풀렸는지에 대해 물증이나 증언은 없다. 다만 병풍 사건의 보도가 대선 국면에서 어느 쪽에 유리하게 작용하는 지는 삼척동자도 알만한 일이다. 당시 KBS 관련자들은 "현역 국회의원의 의혹 제기로 비롯됐고 검찰이 공식 수사한 사건이다. 결과적으로 여권 후보에 유리하게 된 측면이 있지만 KBS는 사실보도에만 충실했을 뿐이다"라고 항변할 수 있을 것이다.

하지만 국민의 수신료로 운영되는 공영방송 KBS가 병역비리로 유죄판결을 받았던 인물의 주장을 액면 그대로 믿었다는 것 자체가 제 역할을 포기한 것과 다름없는 일이다. 전과자의 말이라고 신뢰할 수 없다는 뜻이 아니다. 김대업은 이미 15대 대선 과정에서 특정 정파와 결탁했던 전력이 있는 인물이다. 이런 인물의 주장을 공영방송 KBS가 그대로 믿을 수 있다는 것이 불가사의다. 당연히 의문을 갖고 실체가 과연 무엇인지에 대해 접근했어야 했다. 어떤 정치적 목적이 있고 의도가 있는지를 면밀히 검토하지 않은 것은 거칠게 표현하면 직무를 유기했다고 할 수 있다. 정파 간에 첨예하게 대립하는 사안이고 당시 상황이 가치 판단을 내릴 정도로 한가하지 않았다고 변명할 수도 있을 것이다. 그러나 이것은 핑계에 불과하다. "공영방송이 왜 존재하는가?", "공영방송은 선거에 영향을 미칠수 있는 사안을 어떻게 다뤄야 하는가?" 이런 질문을 스스로 한번만 던져봤어도 신뢰하기 힘든 인물의 주장을 뒤엎을 수 있는 정황 증거를 얼마든지 찾아낼 수 있었다. 이런 노력을 기울이지 않은 채 핑계만 대는 것 자체가 직무유기라고 생각한다.

두 번째는 국가 권력기관인 검찰이 발표한 사실이 진실처럼 보도되는 관행에 대한 의문이다. 병풍 사건은 검찰이라는 수사 기관의 특정인물이 의도를 갖고 일정 방향으로 보도하도록 언론에게 왜곡된 정보를 제공한 대표적인 사건이다. 이런 측면에서 보면 KBS도 피해자일 수 있다. 또 발표 기사에 대한 의존도가 높은 우리 언론의 특성상 사회적 파장이 큰 사건에 대한 검찰의 정보를 무시하기도 어려웠을 것이다. 하지만 현장 기자의 기사 내용을 확인하고 점검

해야 할 내부 지휘부까지 이런 왜곡된 정보를 마치 진실인 것처럼 여긴 것은 일정한 선입견이 없고서는 불가능한 일이다. 가장 객관적이고 공정해야 할 공영방송의 기사 판단 시스템이 제대로 작동하지 않은 것은 분명히 원인이 있다. 그 원인은 특정후보에 대한 지역적 선입견이 KBS 내부에도 존재했고 '병풍' 보도에 개입됐다는 것이라고 추정된다. 이런 선입견이 개입되지 않았다면 당시 일부 검사들이 대선 정국 상황에 지나치게 민감하게 반응한다는 것을 몰랐을 리가 없다. 특히 일부 지역 출신들은 누가 대통령이 되면 마치 인생이 끝날 것 같은 그릇된 생각을 갖고 있었고 KBS 내부에서도 이 사실을 분명히 인지하고 있었다. 따라서 검찰이 흘리는 정보에 대해 조심스럽게 접근해야 했지만 어떤 이유에서인지 KBS는 더 적극적으로 보도했다.

세 번째는 형식상으로는 균형성과 형평성을 유지한다고 하면서도 여권이 흘리는 의혹을 확대 재생산하는데 주력했다는 것이다. 이 사안은 여권에서 먼저 제기했고 검찰이 개입된 일이다. 당연히 여권이 기획하고 연출했을 개연성이 높다고 판단하는 것이 사리에 맞는 일이다. 더군다나 여권이 정권을 잃을 수도 있는 상황에서 불거져 나온 재탕성 기획 상품이었다. 이 상품의 실체를 밝히기 위해 그 흔한 특별취재팀 하나 구성하지 않고 여권의 주장을 그대로 전한 것은 사실상 정치선전 도구로 전락했다는 비난을 받아도 마땅한 일이다. 야당의 주장도 함께 보도했다는 사실만으로 모든 것이 면책된다고 생각한다면 이 역시 진정한 공영방송이기를 포기한 것과 다름없는 일이다. 공영방송은 국민의 방송이다. 객관적 사실과 공정한 사고가 무엇보다 제1의 준칙이 돼야 한다. 이런 측면에서 보면 KBS는 2002년 병풍사건 보도를 통해 특정후보에 대해 사실상 정치적 살인을 저지르는데 종범 역할을 한 것이다.

2006년 4월 이회창씨는 모 시사월간지와의 인터뷰에서 "법원의 확정판결문을 보면 김대업의 병풍의혹 사건이후 2002년 8월~9월 사이 이회창 후보의 지지도가 11.8% 떨어졌다고 나와 있습니다. 지난대선에서 득표차이가 2%쯤 되었나요? 당연히 영향이 있지 않았겠습니까?"라고 말했다.

방송이 어떻게 정치에 이용될 수 있으며, 그 영향력이 어느 정도인지 알 수 있게 해주는 대목이다.

인터넷 권력의 아마추어 개혁

제6장

인터넷 권력의 아마추어 개혁

2003년 2월 '참여정부'가 출범했다. 2002 한일월드컵의 '붉은 악마'와 세계에서 가장 빠른 속도로 번창하면서도 가장 열성적인 네티즌으로 대표되는 젊은 세대가 새로운 정치세대로 등장했다. 어떤 의미에서 인터넷의 승리라고 할 정도로 노무현 정부의 탄생은 극적이었다. '노사모'가 새로운 정권을 창출해 낸 것처럼 그에 걸맞은 새로운 정치문법의 탄생을 예고했다.

권위주의의 타파, 기득권의 무력화, 중단 없는 개혁이라는 기치 아래 출범한 노무현 정부는 많은 시행착오를 겪을 수밖에 없었다. 권위주의 타파를 넘어 권위의 실종에 이르게 됨으로써 아기를 목욕시킨 후 목욕물과 함께 아기를 버린 꼴이 되었고, 기득권을 더욱 강고하고 공세적으로 만들었으며 인적청산 위주의 개혁은 사회의 기본적인 작동 틀마저 위태롭게 했다. 비합리적 관행과 권위주의적

폐습을 깨뜨렸다는 의미 있는 역사적 평가를 받을 수 있겠지만 '개혁'이라는 이름의 아마추어리즘이 치러야 할 대가는 너무 컸다.

상대적으로 뒷전으로 밀려난 경제정책으로 민생은 IMF관리체제 못지않게 핍박해지고 관료사회의 기강해이와 기회주의적 행태가 만연되었다.

사회 각 부문의 기능적 통합이 흔들리면서 혼란과 갈등이라는 총체적인 위기를 불러왔다.

DJ정부와는 달리 항거와 투쟁의 경험만을 지닌 소위 386세대의 전면배치에 따른 정책역량 부족이 불러온 예상된 개악의 결과였다. 열의는 높았으되 알맹이가 없는 과실이요, 외양은 화려한 꽃인데 정작 향기와 결실이 없는 형국이었다.

방송계는 이념과 세대의 갈등을 반영하고 나아가서는 갈등의 당사자가 되기까지 했다. 탄핵방송을 둘러싼 시비가 대표적인 예라고 할 수 있다. 한편 지상파방송의 시청점유율이 큰 폭으로 하락하고 케이블TV 등 뉴미디어의 시청점유율이 비약적으로 늘어났다.

또한 위성 DMB와 지상파 DMB가 출범하고 IPTV와 BCN 등 새로운 매체의 출현을 앞두고 있다. 방송계에 춘추전국시대가 도래한 것이다.

서동구 사장의 9일 천하

정권이 교체되자 KBS는 안팎으로 술렁이기 시작했다. 2대에 걸쳐 승승장구 군림해온 박권상 사장은 DJ정권이 물러나면서 그 천수를 다했다.

DJ정권을 대물림하여 잡은 정권이긴 했지만 참여정부에게는 코드에 맞는, 이른바 노무현 정권의 파트너로서 충실할 수 있는 새로운 인물이 필요했다.

박 사장 후임 인선을 두고 벌써부터 방송계에서는 특정인이 대통령의 낙점을 받아 사장직에 오를 것이라는 소문이 파다했다. 지금까지 새로운 사장이 선임될 때마다 풍문이 돌았고 그 풍문은 언제나 사실로 확인되곤 했다.

KBS 사장의 최종 임명권은 대통령에게 있다. KBS 사장은 KBS 이사회가 임명제청하고 대통령이 임명하게 되어있다. 형식적인 절차야 있지만 사실상 대통령의 뜻에 따라 KBS 사장이 임명되는 것이다.

그러나 세상은 근본적으로 달라져 있었다. 우선 박권상 사장아래서 집행부의 결정적 실수와 부정부패들로 인해 수세적 입장이었던 KBS 노조에서는 정권이 낙점한 사장은 더

서동구 사장
(제14대/ 2003.3.25 ~ 2003.4.4)

▲ 1937년 서울 출생
▲ 홍익대 신문학과 졸업
▲ 민국일보, 합동통신 외신부기자
▲ 경향신문 외신부장
▲ 조선일보 외신부장 대우
▲ 경향신문 편집국장
▲ 1980년 강제 해직

가장 단명했던 불운한 서동구 사장. KBS사장직을 수락하자마자 KBS내부와 언론, 여론 등 외부의 뭇매를 맞고 9일 만에 낙마한 안타깝고 불행한 사장이었다.

노무현 대통령후보 후원회장 이기명 씨의 친척으로 알려진 서동구 씨는 사장에 임명되고 나서 관제사장이란 이유로 극렬한 노조의 반대에 부딪혀야 했다.

새 정권에 새 사장이라는 인사가 반복됐지만 참여정부의 경우는 다를 것이라는 것이 일반적인 정서였기에 대통령의 사람인 서동구 사장의 출근 저지투쟁은 더욱 거셌다. 시민의식과 가치판단 수준 역시 전례 없이 높아졌고 적극적으로 표현하고 주장할 만큼 성숙된 것도 변화라고 할 수 있다. 서동구 사장의 이른 낙마는 곧 노무현 대통령 코드인사가 실패한 전형적인 사례라 할 수 있다.

이상 받아들일 수 없다는 강경한 명분을 내세워 반발했다. 또한 대다수 직원들의 입장도 마찬가지였다. 정치적으로 중립적인 인물이 사장이어야 한다는 공감대가 확산되면서 350여개 시민단체와 KBS 노동조합이 뜻을 모아 'KBS 사장공동추천위원회' 를 구성하였다. 서동구씨를 포함한 3명이 최종후보로 선정되었다. 이어 KBS 이사회가 이들 3명의 후보 중 1명을 임명제청하는 절차를 거쳤음에도 서동구씨는 시대착오적인 인사라는 비난이 각처에서 제기됐다.

노무현 대통령후보의 언론 특보였다는 사실은 그에게 더욱 불리하게 작용했다. 또한 대통령의 최측근인 이기명 씨와 서동구 씨는 인척이었으며, 1978년 현대아파트 특혜분양 사건에 연루된 경력도 있어서 방송의 정치적 독립성을 앞장서 지켜내야 할 KBS 사장에는 적합하지 않다는 지적이 많았다.

KBS 노조는 물론, 각 언론과 시민단체, 그리고 여론은 서동구 사장의 임명을 반대했지만 노 대통령은 뚝심으로 밀어붙여 마침내 KBS사장으로 임명하였다. 그러나 그 영광과 감격이 채 식기도 전 9일 만에 화려한 막을 내려 서동구 사장은 유사 이래 최단명 사장이란 비운의 타이틀을 갖게 되었다.

서동구 사장의 낙마 함정론

말도 많고 탈도 많았던 서동구 사장은 출근 9일 만에 퇴임했다.

그 중 조선일보가 터트린 특종은, 서 사장의 사임을 종용하는 핵폭탄급 결정타가 되었다. 노 대통령이 서동구 씨와의 독대에서

"KBS를 맡아달라"고 했다는 일단의 내용이었다. KBS사장 임명에
한 점의 개입도 없었다는 신임 노 대통령의 말을 정면으로 반박하
는 내용이었다. 이 기사로 인해 서동구 사장은 임명배경의 공정성
과 투명성에 대해 더 이상 해명할 길이 없었고 어쩔 수 없이 사퇴를
해야만 했던 것이다.

　그러면 조선일보 기자는 어떻게 해서 노 대통령과 서 사장의 대화
내용을 이처럼 확신을 갖고 기사화할 수 있었던 것일까. 바로 이 취
재원을 둘러싸고 서 사장 낙마에 따른 KBS이사장의 함정론이 떠오
르게 되었다. 내용인 즉, KBS사장 선임과 관련하여 내부반발과 외
부의 반대열기가 뜨겁게 달아오르고 있을 무렵 조선일보 기자는
KBS이사장과 약속이 있어 그가 근무하고 있는 연구소를 방문했다.
방에는 다른 손님이 있었다. 뜻밖에도 손님은 KBS 신임 서동구 사
장이었다. 밖에서 기다리라는 말과 함께 이사장은 문도 닫지 않은
채 방 안의 손님과 대화를 계속했다. 마치 들으라는 듯이 목소리도
꽤 높아 자연스럽게 밖으로 들려나온 내용이 기사에 여과 없이 실
린 것이었다.

　서동구 사장이 "KBS를 어떻게 끌고 갈 건지 난감하기보다는 무력
하다. 노 대통령과 언론전반에 걸쳐 얘기했던 것 뿐이다. 신문과 관
련한 개혁 작업은 도울 수 있는 길이 있다면 도울 수 있다고 말씀드
렸다. 그런데 며칠 후 방송 쪽을 맡아 달라는 얘기를 들었다", "나는
뜻이 있어 사장직을 수락했다. 그러나 이제 감당 못하겠다. 인간적
으로 사회후배로서 무릎 꿇고 싶다. 저 좀 도와 달라"고 말했다는
내용이 실린 조선일보의 기사를 전 국민이 봤으니, 대통령과 서동

구 사장 입장이 어떠했겠는가.

그 후 이사장은 이사회가 앞장서서 서 사장 취임문제가 원만히 해결될 수 있도록 여론을 막아주겠다는 제안을 했고, 서동구 사장은 "그건 제가 알아서 하겠습니다"라고 정중하게 거절했다.

그런데 서동구 사장이 여론공세에 시달리고 있는 민감한 시점에서 하필이면 서 사장과 면담 중일 때 조선일보 기자가 이사장의 연구소를 방문했다는 사실, 또한 기자가 대화내용을 듣게 될 경우 어떤 파문이 일지 불 보듯 빤한 상황에서 문도 닫지 않고 큰 소리로 얘기했다는 점, 어쩌면 서 사장의 치부와도 같은 은밀한 속내를 기자에게 듣게 한 사실 등으로 미루어볼 때 과연 이사장의 의도가 무엇이었는지 궁금증이 일어날 수밖에 없다. 단순히 우연으로 치부하기엔 일련의 과정이 석연치가 않았다. 마치 우연을 가장하여 미리 파놓은 함정으로 유인해서 서 사장의 운신의 폭을 좁히고 자연스럽게 사퇴를 유도한 것이 아니냐는 오해를 살 수 있는 문제였던 것이다.

한편에서는 이사장을 옹호하는 의견도 들린다. 이사장은 원래 목청이 좋은데다 나이가 많아 약청이 된 후로는 목청이 더 커졌다는 것이다. 그리고 개방적인 성향이어서 비서실과 사무실 문은 항상 열어두고 있다는 것이 그 근거였다.

서동구 사장은 퇴임 한 달 후쯤, 인터넷 신문과의 인터뷰에서 그간의 심경에 대해 토로하였다. "노무현 대통령이 방송을 맡아 달라 했다"는 자신의 발언을 조선일보 기자가 취재하게 된 상황과 이후 사퇴과정에 대한 해명이 주요 골자였다.

그는 우선 "이사장은 처음부터 나를 못마땅해 했다. 중요한 순간에 조선일보 기자에게 그와 같은 말이 흘러나가게 된 것도 이사장이 함정을 판 것이라고 본다"고 언급했다. 또한 밖에 있는 손님이 기자인줄 알면서 "대통령이 왜 당신을 원한거요?"라든가 "KBS를 어떤 노선으로 이끌 것이냐"는 등의 의도된 질문을 던졌다는 사실을 지적하며 "KBS의 민감한 내용을 얘기하면서 밖의 손님이 기자라는 말을 자신에겐 한마디도 안했다는 것도 어떻게 해석해야 될지 모르겠다"는 의문을 제기했다.

요컨대 처음부터 이사장이 서 사장을 탐탁하지 않아 했다는 말이었다. 그는 다음의 사실을 정황 증거로 제시했다. 서동구 사장이 부사장 인사를 위해 이사회의 동의를 얻으려 했는데, 이사장이 평양 출장으로 자리를 비우는 등 이사회 소집을 차일피일 미루었고 시간이 갈수록 사태수습이 어려울 것 같아 연구소를 찾은 결과 오히려 더 큰 타격을 입게 되었다는 것이었다. 그러나 조선일보의 기사는 서 사장보다도 오히려 노 대통령의 지도력과 도덕성에 지울 수 없는 흠집을 남기고 말았다.

아무튼 임명 전부터 줄곧 권력의 인사 개입설에 휘말린 서 사장이 물러남으로 인해서 KBS 사장직을 두고 벌어졌던 공방은 종결되었다. 그러나 이사장과 서동구 사장의 낙마 함정론에 대한 진실은 여전히 밝혀지지 않은 미제로 남아있다.

2003년 4월 2일 밤 청와대와 노조는 무엇을 했나

KBS 노조의 반대로 전날 사의를 표명한 서동구 사장 문제를 놓고

4월 2일 노무현 대통령은 국회 국정연설 끝에 7분 넘게 원고 없이 KBS 사장 인사 문제를 즉석에서 언급했다. 이어 스케줄에 없는 데도 청와대 기자실을 찾아 자신이 KBS 사장을 추천했지만 개입한 것은 아니라고 거듭 해명했다. 그 후 KBS 노조와 관련 시민사회단체 대표들을 청와대로 초청하여 2시간 20분 동안 저녁식사를 하면서 담판(서동구 사장을 받아달라는 설득?)을 했고 이어 청와대 비서진과 KBS 노조 및 시민단체 대표들이 술자리를 같이 한 것으로 알려졌다.

사장제청 이사회를 앞두고 이른바 '개혁적 KBS 사장 선임을 위한 시민사회단체 노동조합 공동추진위'에서 추천한 3인은 사전에 한 사람으로 조율해 보려는 의도에서 회동을 시도했으나 끝내 정연주 씨는 자리에 나타나지 않았다. 그 사연을 알아본 결과 이미 사전에 정연주 씨로 내정되어 있었다는 얘기가 나와 허탈해 하며 포기했다는 설이 있고 보면 4월 2일 노사협의회 같은 청와대 회동이 있던 날 무슨 일이 일어났는지 궁금증을 더해 주고 있으나 자세한 내용은 확인할 길이 없다.

이사장의 고백 – 정 사장 임명제청 배경

KBS 노조는 "서동구 사장이 공영방송 KBS의 정치적 독립성 확보와 바람직한 KBS 개혁을 위해 어려운 결단을 내려줘서 고맙다"는 뜻을 전했다. 서동구 사장의 용단으로 KBS는 다시 한번 분주해졌다.

또다시 상처받는 '제2의 서동구'가 나와서는 안 된다는 것이 중론이었으므로 시민단체에서는 'KBS개혁을 위한 대 토론회'를 개최해 선임방식으로 공개추천을 통해 새 사장을 임명하는 것이 바람직하다는 의견을 내놓았다.

KBS 사장 선임과 관련하여 사장선임의 책임을 두고 권력의 도구라는 비난을 받게 된 KBS 이사회는 시민단체와 노조가 주장해온 '사장추천위원회'를 부분적으로 수용하는 '개방형 국민추천제'를 실시하겠다고 밝혔다.

KBS 이사회의 추천마감시한이 급박해지자 시민단체와 KBS 노조는 '공동추천위원회'를 구성하고 인선작업에 착수했다. 당시 사장후보로 거론된 인원은 대략 40~60여명. 대통령 낙점식 임명시절에는 상상할 수도 없는 많은 인원이 물망에 올랐다. 기자회견을 통해 최종 추천결과를 공식 발표했을 때 최후까지 남은 사람은 이형모, 성유보, 정연주 3인이었다.

중간에 새로이 떠오른 인물로 KBS이사회 운영부서장으로 평소 이사들과 접촉이 잦아 친분이 두터웠던 박권상 사장의 고교 후배인 유균 정책기획센터장이 추천대상에 포함되어 최종심사 때 정연주 씨와 경합을 벌이기도 했다. 이처럼 치열한 경합과 진통 끝에 새롭게 선임된 사장이 현 정연주 KBS 사장이다. 적어도 형식상으로는 개혁성과 정치적 독립성을 갖춘 인물이면서 시대정신과 국민요구에 부합하는 인물이어야 한다는 심사기준을 적용한 결과였다.

공식적으로 보도된 바에 따르면 KBS 이사회는 만장일치로 정연주 씨를 임명제청한 것으로 나타났다. 그러나 그 부분에 대해서 지명관 KBS이사장은 2003년 5월 15일 동아일보와의 인터뷰에서 실로 놀라운 답변을 했다.

"정연주 후보는 재적과반수인 6표가 못되는 5표를 얻었다. 그래서 정연주 후보를 사장으로 정한 뒤 나중에 문제가 될 것이라는 지적에 따라 추천서류를 만들어 서명한 것이다. 만장일치가 아니라 서류를 그렇게 만든 것이다"라는 내용이었다.

이사장은 자신의 퇴임을 맞아 동아일보와 진행한 인터뷰에서 정연주 신임사장 선임과정에서 청와대측이 개입했다는 공식 발언을 하기도 했는데, 모르긴 해도 노 정권으로부터 어떤 압력을 받았던 것만은 사실인 듯하다. '공동추천위원회' 의 사장 추천제는 사실상 형식에 불과했으며 결국 정부로부터 입김이 있었던 사람이 선임된 것이었다.

정연주 사장은 취임 후 첫 이사회부터 이사장과 불편한 갈등을 빚었다. 이사회에는 통상적으로 본부장들이 배석하는데 정 사장은 취임 이틀 만에 본부장들에게 모두 사표를 받고 혼자 회의장에 들어온 상태였다. 이사회 안건 중 재정문제가 있었다. 이사회의 첫 질문은 "1,000억 원 이상 이윤이 남아 보너스를 200% 지급한 것으로 아는데 이번에는 왜 적자였나?"였다. 정 사장은 뜻밖에도 "KBS 재정상태가 한겨레신문보다 낫네요"라고 대답했다. KBS에 대한 정 사장의 인식을 알게 해주는 대목이다.

취임 이틀 만에 부사장과 본부장 7명을 교체하는 등 혁명 같은 인사를 단행하는가 하면 현황보고나 업무인계도 받지 않고 사표를 수리 하는 등 파격적이고 납득할 수 없는 업무처리가 계속되었다. 기존 전통을 계승하면서 점진적인 변화를 기대했던 사람들에겐 찬물을 끼얹는 행태였던 것이다.

정연주 사장 입성 – "동지 여러분"

누구도 예측하지 못했던 인물인 정연주 씨가 제15대 KBS사장으로 임명되었다. 당시 한겨레신문 논설주간인 정연주 씨 임명에 많은 사람들이 의아해 했지만 그 배경을 상기하고는 곧 코드 인사임을 깨달았다.

정연주 씨가 2002년 대선 정국에서 당시 이회창 후보를 아들 병역문제로 무차별 공격함으로써 노무현 후보를 이롭게 했다는 것과, 노무현 대통령이 당선자 시절에 한겨레신문사를 제일 먼저 방문해 정연주 주간을 만났다는 사실 때문이었다.

2003년 4월 28일, 정연주 사장의 KBS 입성은 서동구 사장의 경우와 달리 노조와 몇몇 직능단체의 환영을 받는 개선장군 같은 것이었다. 정 사장은 취임사에서 "대 전환기에 우리에게 진정으로 필요한 시대정신은 '독점에서 자유롭고 공정한 경쟁으로', '집중에서 분산으로', '폐쇄에서 개방으로' 이다"라고 강조했다. 취임사에 대한 KBS내의 반응은 전반적으로 환영하는 분위기였다.

그러나 경악과 우려의 목소리도 만만치 않았다. 내용이 충격적이고 용어가 직설적이었으며 'KBS 동지 여러분' 이라는 표현과 '올바른 시대정신' 이라는 표현에 코드와 편향성이 배어있었기 때문이다. 특히 '동지' 라는 표현에는 섬뜩함이 느껴졌다. 원래 '동지' 라는 어휘는 '한 식구' 라는 의미와 '나와 뜻을 같이 하는 사람들' 이라는 의미가 있기 때문에 더더욱 걱정스러웠다. 훗날 '동지' 는 후자의 의미였음이 속속 드러났다.

정 사장은 이어 "비윤리적이고 부정한 사례들에 관련된 분들은 (중략) 스스로 KBS를 떠남으로써 자신의 명예를 지키시기 바랍니다. 감사실의 기능을 크게 강화시킬 것입니다" 라고 천명하였다. 또한 "앞으로 돈과 관련된 불미한 이야기가 들리면 가차 없이 퇴출시킬 것입니다. (중략) 그 어떤 떳떳하지 못한 처신이 발견되면 그것은 바로 KBS에서 퇴출되는 것을 뜻한다는 점을 명심하시기 바랍니다" 라고 덧붙였다. 그러나 정 사장의 이 기준도 철저히 '코드화' 되어 비리 관련자가 자신의 지지기반인 경우는 잘못을 문제 삼지 않고 감사기능을 철저히 무시하는 편향성과 이중성을 보인 사례가 부지기수였다.

정 사장은 "진정으로 국민과 시청자에게 봉사하는 프로그램, 공익의 프로그램을 제공하는 일이야말로 바로 KBS의 존재 이유인 것입니다. 만약 KBS가 상업주의에 매몰되고, 시청률 경쟁의 노예가 된다면 더 이상 공영방송으로 머물러 있을 이유가 없습니다" 라고도 했다. 그러나 그 후 정 사장은 KBS의 높은 시청률을 광고수입과 연동되는 자신의 업적으로 자랑하며 중간광고와 PPL의 합법화를 주장하는 등 공영방송사장으로서는 생각할 수 없는 상업주의적 발상에 매달리고 있다.

방송에 대한 폭넓은 이해와 객관적이며 공정하고 중립적인 사고를 가진 이가 KBS 사장이 되어야 방송이 국민들에게 이로운 공공재로서의 기능에 충실할 수 있다. 정권과 줄 닿은 편향적 사장이 대다수 국민들의 뜻과는 다른 방향으로 방송을 끌고 감으로써 잇따른 국론의 분열과 국민적 저항을 받게 됨을 정연주 사장을 통해서 모두가 뼈저리게 실감하고 있다.

사라진 사가(社歌)

밖에서 KBS를 비판적으로 볼 때 단골 표현이 '방만한 경영' 또는 '공룡조직'이다. 물론 KBS는 그야말로 거대하다. KBS의 방송매체와 채널이 많은 것만큼 사원도 많아서 전국적으로 약 5,500명이다. 무척 많은 수이다. '공룡'이라는 표현에 걸맞게 본사에 근무하는 지인들끼리도 부서나 업무가 다르면 한 달에 한 번은 고사하고 일 년에 한 번 조우하기도 어렵다. 매체와 채널이 많으니 경영이 방만한 일면도 있을 수 있다. 그러나 KBS는 일본의 NHK나 영국의 BBC보다도 적은 인원으로 훨씬 많은 양의 방송을 하고 있다는 사실이 간과되는 점은 몹시 안타깝다.

격조했던 직원들이 월례조회와 시·종무식 그리고 사장 이·취임식이 있을 때면 먼발치에서나마 서로 바라보며 함께 있음을 확인하곤 한다. 이런 행사 때에는 관현악단 앙상블의 연주에 맞춰 애국가와 사가를 노래하는 건강하고 화기애애한 분위기로 진행되는 것이 관례이다.

2003년 4월, 정연주 사장 취임식장에 들어서는 사원들은 짐짓 놀라는 모습이었다. 식장 한쪽에 자리하던 앙상블이 보이지 않고 단상이 없어진 것이다. 사장이 어떤 사람인가에 대한 궁금증이 더 커졌다. 대부분의 사원들이 어렴풋이 아는 사실이란 동아투위 관련 해직기자, 한겨레신문 미국 통신원과 특파원에서 논설주간, 거친 논조, 삼부자가 병역미필에 미국 시민권자, 좌파적 정치성향 등이었다.

정 사장은 KBS 건물에 들어서면서 바로 식장에 입장하느라 가방을 들고 있었다. 방송의 영향력이 커진 만큼 KBS사장은 방송인 출신이 임명되기를 바라는 사원들이 많았기에 다소 자괴감이 드는 순간이었다. 그러나 정연주 사장을 소위 '보쌈' 해 온 사내 권력집단의 표정은 승리에 도취한 듯했다는 것이 주변에 있던 직원들의 전언이었다.

정연주 사장이 "KBS 동지 여러분!"을 수차례 반복하며 취임사를 읽어나가는 동안 어두운 냉기가 사원들을 휩싸고 있었다. "KBS 동지 여러분!"이란 표현은 마치 지령이 담긴 난수표 같았다.

KBS의 모든 기념식순의 마지막은 항상 KBS 사가 제창이다. 식장에 모인 사원들은 앙상블에 맞춰 "밝아온다 동녘의 기름진 강산, 오천만 온 겨레의 복된 새마을, 슬기로운 새살림 가꾸어 가는, 아아 힘찬 행진에 앞장서 가자, 번영의 길잡이 KBS, KBS, KBS, 민족의 방송"을 힘차게 제창하고 박수치며 헤어진다.

그런데 놀라운 일이 벌어졌다. 사장 취임사가 끝나자 사회를 맡은 아나운서가 "이상으로 정연주 사장 취임식을 마치겠습니다"라며 끝내는 것이었다. 식장을 가득 메운 사원들은 순간 눈이 커지며 좌우의 직원들을 바라보았다. "웬일이지?"라고 묻듯이.

정연주 사장은 일순간에 KBS의 전통을 무너뜨렸다. KBS의 혼과 결속력을 말살하고 자신의 이데올로기를 심으려는 의도로 볼 수밖에 없는 처사였다. 5,500명 사원 개개인이 KBS인이라는 소속감을 갖고 '국민의 방송'이라는 책무를 느끼게 하는 'KBS 사가' -. 그것은 KBS인에게는 'KBS의 혼'이다. 정 사장은 자신의 코드 인사와 어설픈 개혁을 시행하기 전에 우선 사가 제창부터 금지했던 것이다.

주인 섬기기로 공영성 실종

정연주 사장이 입성한 둘째 날, 이사회에서 불쑥 터져 나온 그의 일갈은 "현재 진행 중인 프로그램 개편은 전부 중단시켰고요, 앞으로 중요 프로그램은 그때그때 지시할 생각입니다"였다. KBS가 추구하는 편성 원칙을 정면으로 거부하겠다는 한마디였다.

방송을 전혀 모르는 문외한의 입에서 그처럼 쉽게 나와서는 안 되는 말이었다. KBS 이사진은 순간적으로 경악했다. 공영방송의 공적책임과 공공의 취지를 안다면 결코 나올 수 없는 발언이기 때문이었다. 개편을 눈앞에 둔 시점에서 편성을 중단시켰다는 사실만으로도 어이가 없는데, 그때그때 지시하겠다니, 방송을 무슨 붕어빵처럼 찍어내는 것도 아닌데, 뭘 몰라도 한참 모르는 처사였다.

그 후 정 사장은 공개적으로 제작 PD들의 자율과 책임을 강조하며 프로그램 제작방향에 대해 직접 간섭이나 지시를 하지는 않았다. 그러나 정권의 코드에 부응해야할 사안이 있을 경우에는 비서진에게 알리지도 않고 자신의 지지기반인 일부 PD들의 사무실을 찾아가 한담을 나누었다. 그러면 시사·다큐팀의 지지세력들은 즉각 감을 잡고 제작에 돌입했는데 그러한 행태에 염증을 느끼는 일부 PD들이 자연스럽게 그 팀을 떠나는 사례도 종종 있었다. 아무튼 정 사장은 부임 초기 이사회에서 밝힌 바대로 정권의 코드에 맞는 프로그램에 대한 암시(제작지시?)를 그때그때 알아서 내렸다.

방송의 메시지는 마치 가랑비와 같다. 가랑비에 옷 젖듯 방송에 오랜 시간 노출되면 인식이 바뀐다. 이러한 방송의 특성을 정치도구로 이용할 때 동원하는 1차적 수단은 '편성'이다.

방송의 공공성은 '편성의 독립'이라는 대전제 하에서 논의되는 것이 기본이다. 이때의 편성이란 기획-제작-배열까지를 포함하는 광의적인 개념이다. 그런데 과거나 현재 어떤 정권을 막론하고 보이지 않는 힘으로 편성에 영향력을 행사하는 수많은 권력집단들이 존재함으로써 방송 공공성의 훼손은 개선되지 않고 있는 것이다.

과거, 방송 편성에 개입하는 권력은 정부였다. 5공 시절 문공부에는 방송을 관리하는 국 단위 부서가 있었다. 방송관리국, 매체관리국, 매체국 방송과 등으로 명칭이 바뀌기는 하였으나 이러한 제도적인 조직은 방송법 제정과 함께 '방송위원회'가 발족될 때까지 이어졌다.

그러나 지금은 수많은 '보이지 않는 힘'이 직간접으로 편성에 개입하고 있다. 우선 정부, 정당으로부터 시작하여 광고주, NGO, 노동조합, 사내 직능단체 등에 이르기까지가 보이지 않는 힘의 실체일 수 있다.

'편성'이 각종 권력으로부터 영향을 받고 종국에는 방송의 공정성의 붕괴로 치닫게 되는 원인이 되는 제도적인 허점은 무엇일까? 그것은 바로 권력의 향배에 흔들릴 수밖에 없는 방송사 사장의 임명 방식에서 비롯된다. 현행 KBS사장 선임방식은 민주적 절차로 포장되어 있으나 실체는 '권력의 입맛에 맞는 사람'을 선정하는 방식임을 부인할 수 없다.

그 때문에 KBS사장에 임명된 인물은 시키지 않아도 주인의 마음을 읽고 따르는 소위 '알아서 기기'의 달인이 된다. 보신과 출세를 위해 궤변으로 세운 논리를 보호색 삼아 주인을 섬기기도 한다.

게다가 여론이 평가의 잣대로 인식되는 요즘은 사장이 자신에게 우호적인 여론형성을 위해 각종 사내 권력과 '형제의 연'을 맺는다. 비굴함의 극치이고 조폭적 수법으로 비춰지는 일을 서슴지 않는다. 그리고 자신의 '입맛에 맞는 사람' 또는 권력 상층부가 천거한 인물을 본부장으로 임명한다. 본부장과 사내 권력집단들은 사장의 지지기반이며 자연스런 대리인으로 활용된다. 손가락 하나 까딱하지 않고 말 한마디 없이도 그들은 사장의 뜻대로 조정된다. 교활함의 극치이다. 이런 구조를 바탕으로 사장은 주인섬기기에 나선다. 따라서 편성은 흔들리고 KBS의 공영성은 실종될 수밖에 없다.

2006년 초 신년특집으로 대표 공영방송 KBS가 〈우리 사회 양극화 문제〉를 들고 나와 많은 시간을 할애해서 다룬 후에 1월18일 대통령이 신년연설에서 양극화 문제의 심각성을 본격 제의하면서 정부 여당이 양극화 문제를 너도나도 화두로 삼은 것을 우연의 일치로 보아야 하는 것인지 참으로 궁금하다.

송두율 사건

북한 노동당원 김철수-. 그가 바로 KBS에서 두 차례에 걸쳐 다큐멘터리로 제작한 인물 송두율 씨라는 사실은 우리 사회에 큰 충격을 주었다.

정연주 사장 체제 하에서의 KBS는 북한 노동당원 송두율 씨를 미화하는 다큐멘터리를 방송했다. 〈KBS스페셜-송두율 교수의 경계도시(2003.5.11)〉와 〈한국사회를 말한다-귀향, 돌아온 망명객들(2003.9.27)〉이 그것이다.

방송에서는 다큐멘터리를 제작함에 있어 감정이나 가치판단을 담지 않고 객관적으로 사실(fact)만을 전달하는 것이 제작원칙으로 되어 있다. 그런데 공영방송 KBS가 그 원칙에서 벗어남으로 해서 비판을 받게 되었다.

사실 송두율 씨는 국정원 관계자들의 증언에 의하면 '북한 노동당 정치국 후보위원인 김철수' 이다. 그가 지난 30여 년간 북한 노동당원으로 활동해 온 사실이 드러난 것이다. 그동안 송두율 씨는 자신을 '민주화 운동가' 와 '통일 운동가' 로 자처하면서 학문적 지명도를 쌓아온 두 얼굴의 인물이었다. 한편 일부 학계와 언론에서는 그의 친북활동 경력을 뻔히 알면서도 그를 '민주화와 통일운동의 선구자' 로 부각시키는 작업을 꾸준히 해왔다. 그런데 심각한 것은 공영방송 KBS가 송두율 씨에 대한 '영웅화' 작업에 앞장섰다는 사실이었다.

KBS는 프라임타임에 방송되는 두 편의 다큐멘터리를 통해서 송두율 씨를 '냉전의 희생양', '고뇌하는 경계인', '분단의 멍에가 드리워진 지식인', '민주통일운동에 몸 바쳐 온 투사', '한반도 분단 문제의 세계적 권위자' 등으로 묘사하였다. 한편 송두율 씨에 대한 조사 필요성을 제기하는 당국의 태도를 '냉전의 잔재'라고 부르며 '민주인사'들에 대한 명예회복과 보상은 외면하고 체포영장을 발부하거나 준법서약서를 요구하는 것은 부당한 처사라는 내용을 방송했다. 결국 정연주 사장 체제의 KBS는 '북한 노동당 정치국 후보위원 김철수'로 추정되는 송두율 씨를 분단 상황을 고민하는 대표적인 지식인으로 미화시킨 것이다.

방송 이후 국민들의 반응은 매우 격앙되었다. 많은 국민들이 KBS가 '전 국민을 상대로 불온 이념교육을 하면서 국기를 위태롭게 한다'고 우려했다. 언론학계에서도 KBS의 방송제작 태도를 비판하는 목소리가 비등하였다.

한국외대 김우룡 교수는 모 신문과의 인터뷰에서 "KBS는 국정원 수사가 진행 중인 상황에서 송 교수의 친북 행위에 대한 검증도 없이 송 교수의 방한을 감상적으로 그리며 영웅시했다"고 비판하며 "정치적으로 민감한 사안일수록 객관적으로 보도한다는 공영방송의 대원칙을 어겼을 뿐 아니라, 사실에 입각해 진실에 접근한다는 다큐의 본질과도 맞지 않는다"고 지적했다. 한림대 유재천 교수도 "송 교수가 박정희 정권에서 반독재 투쟁을 벌인 공로를 인정한다 하더라도, 이와 별도로 대북관계와 사상적 배경을 객관적으로 다뤘어야 했다"고 지적하며 "KBS는 객관적 사실 확인 없이 송 교수의 입장을 감상적이고 일방적으로 옹호했다"고 비판했다.

이와 같은 KBS의 이념적 편향성은 정연주 사장 취임 이후 두드러졌다. 편향적 이념과 편향적 역사해석을 전파하는 데 주력하고 있는 KBS에 대한 국민들의 분노는 'KBS 시청거부 범국민 궐기대회(2003.10.10)' 등으로 이어졌다. 민주참여네티즌연대(대표 이준호) 주관의 이날 궐기대회에서는 "노동당 정치국 후보위원인 송두율 씨를 민주인사로 둔갑시키고, 국가예산을 들여 초청하는 데 노무현 정권의 외곽세력과 공영방송 KBS가 앞장섰다"며 "검찰은 그 배후를 철저히 밝혀 법에 따라 엄단하라"고 촉구했다.

이날 집회에 참석한 독일 출신 북한인권운동가인 노르베르트 플러첸은 "북한에는 조작과 흑색선전 밖에 없는데 KBS도 조작·흑색선전·세뇌를 하고 있다"며 "KBS 프로그램을 보고 있을 때면 내가 평양에 와있는 것처럼 느껴진다"고 했다. 그는 이어 "이제부터 KBS(Korean Broadcasting System)를 김정일 방송(Kim jong-il Broadcasting System)이라고 부르겠다"고 말하여 세간의 주목을 받았다.

정연주 사장의 코드 개혁

2004년 8월 9일 정연주 사장은 KBS 조직을 혁명적으로 바꾸는 소위 개혁을 단행했다. 노조와 PD 협회의 비호 아래 점령군 사령관처럼 KBS에 입성한 정연주 사장은 주위에 '동지'들을 포진시키고 KBS의 전통을 무너뜨리는 공포분위기를 조성하며 1년 여 개혁방향을 모색해 왔다. 코드에 맞는 결론을 얻기 위해서 관련자들에게

탈진상태에 이를 때까지 토론을 반복하도록 유도하여 최종 그림을 그렸다. 사원들이 끝없이 토론하여 도출한 결론임을 부각시키는 포장술의 결과였다.

정연주 사장의 개혁은 '국·부제 조직'에서 '팀제 조직'으로의 전환으로 정의할 수 있다. 명분은 '일하는 조직', '인력감축 없는 시스템 개혁', '서열 파괴', '현장 중심의 조직' 등으로 포장하였지만 사실은 '간부들의 옷을 벗겨 모두 평사원으로 되돌려버리는 계급혁명적 포퓰리즘'이라고 볼 수밖에 없는 개편이었다. 즉, 코드에 맞는 젊은 직원들을 팀장에 포진시켜 KBS 프로그램을 사장과 정권의 코드에 맞게 좌지우지하려는 의도로 보아도 무방할 것이다.

팀제의 가장 주목되는 부분은 평직원(2직급)도 팀장(종전 국장급)을 맡을 수 있다는 점이다. 능력을 검증할 수 있는 객관적인 장치 없이

정연주 사장
(제15대/ 2003.4.25 ~ 현재)

▲ 1946년 경북 월성 출생
▲ 서울대 경제학과 졸업
▲ 1970년 동아일보 입사
▲ 1975년 3월 동아사태로 강제해직
▲ 1978년 긴급조치 9호 위반 투옥
▲ 1982년 도미
▲ 한겨레신문 워싱턴 특파원, 한겨레신문 논설주간

제15대 사장으로는 일단의 사장 후보군을 대상으로 전문성, 도덕성, 정치적 독립성, 개혁성, 경영능력 등을 평가, 추천을 받은 결과 정연주 씨가 임명되었다.

사실 다른 후보와 달리 신선함의 측면으로는 장점을 갖춘 반면 정치성향과 방송 전문성 측면에서는 치명적인 단점이 있으나 정치적 이유로 묵과한 듯하다. 정 사장은 지역국 축소, 국부제폐지 후 팀제전환, 수신료 현실화라는 3대 개혁을 추진했다.

임기 중 KBS내에서 파격적인 정책과 상식을 초월하는 행보를 함으로써 '열성적인 지지와 대대적인 반대'라는 조직의 양극화를 초래한 정 사장이 2006년 6월 현재 연임 혹은 퇴임을 앞두고 있다. 든 자리는 표 안 나도 난 자리는 표가 난다고 했다. 정 사장이 임기를 끝내고 연임 여부가 거론되는 시점에서 과연 그가 떠난 KBS에는 또 어떤 것들이 남게 될 것인지 생각하게 된다.

정 사장은 '능력이 있다고 판단되는 사람은 누구나 각 부서의 사령탑인 팀장'으로 보임할 수 있게 만든 것이다.

결국 종전 국·부제에서 정수개념으로 차장 이상 간부 직위 1,198개를 184개로 대폭 축소하는 개편이 이루어졌다. 세부적으로는 국장급 124개, 부장급 334개, 차장급 663개 등 1,121개 직위를 팀제 시행과 함께 본사 팀장급 107개, 지역 및 직할팀장급 68개 등 모두 175개 직위로 축소한 것이다.

겉보기에는 방만한 공룡조직인 KBS를 혁명적으로 개혁한 모양새가 되었다. 그러나 팀장으로 보임된 직원들의 성분을 분석해 보면 정연주 사장의 개혁이라는 것이 얼마나 교묘하고 아마추어적이며 장기적으로 비효율성을 누적시키는 것인가를 알 수 있다.

우선 정연주 한겨레 논설주간을 보쌈 하여 KBS사장으로 데리고 온 노조와 협회의 간부 경력자들이 대거 팀장에 보임되었다. 175개 팀장직위 중 20%인 34개 직위에 노조와 각 직능단체 간부 출신들을 배치한 것이다.

능력이 검증되지 않은 직원들이 팀장을 맡아 이끄는 조직의 효율성 제고는 보장하기 어렵다는 것은 주지의 사실 아닌가.

결국 정 사장의 개혁이란 일종의 계급혁명 같은 분위기를 짙게 풍기며 진정성을 의심받게 되었다. 정 사장 주변의 열성지지세력인 일부 팀원들과 팀장들을 제외하고 5천 여 KBS 사원들은 말없는 다수로 자리하면서 정 사장에 대한 불신을 키워나갔다. 결국 KBS 팀원사이에는 반목과 갈등, 그리고 조직에 대한 무관심이 팽배해져 갔다.

정 사장에게 우호적인 「한겨레21」은 "1980년 언론통폐합 이후 최초, 최대의 조직개편"이라는 제하의 기사(2004. 9. 2. 제524호)에서 '숨죽인 현장의 목소리'를 "체념일까, 수용일까, 인내일까"로 정리하였다.

정 사장의 개혁은 이후 곳곳에서 각종 문제점을 양산하여 KBS의 이미지를 실추시키는 결과로 이어졌으며, 초기 지지자들도 실패작임을 지적하고 정 사장 곁을 떠나고 있음을 수많은 KBS직원들은 뚜렷이 목도하고 있다.

영화배우 문성근의 정치 행보

방송 프로그램 MC의 역할은 프로그램의 성패를 좌우하는 매우 중요한 요소 중의 하나이다. PD가 골격을 만들고 작가가 살을 붙이는 역할을 한다면 MC의 몫은 옷을 입히는 것과 같다. 그런데 시청자들은 인기 있는 프로그램을 이야기할 때 MC를 거명하게 된다. 따라서 성공한 프로그램의 MC는 유명인이 되고 부수적으로 고소득자가 되는 행운을 얻기도 한다. 히트한 영화와 드라마의 주인공과 TV프로그램 MC들이 고액의 CF모델로 캐스팅되는 사례가 그것이다. 정계에 진출하여 국회의원 금배지를 단 경우도 많았다.

영화배우 문성근 씨의 경우는 1992년부터 SBS의 〈그것이 알고 싶다〉의 진행을 맡으면서 유명인사가 되었다. 우리 사회의 문제점을 심층적으로 분석하는 해박한 지식을 지닌 인물로 인식되었다. 결국 문성근 씨는 KBS 〈다큐멘터리 극장〉의 MC였던 고원정 씨와 함께 광고제작자들이 가장 선호하는 모델이 되었다.

감추어졌던 사실을 캐내고 유익한 정보를 시청자에게 전달하는 시사 프로그램 진행자들이 특정제품을 홍보한다면 시청자들은 그 제품광고를 진실로 받아들일 가능성이 매우 높기 때문이다.

방송심의규정은 지상파 TV의 뉴스 앵커가 CF모델로 출연하지 못하도록 정하고 있다. 뉴스를 진행하면서 쌓은 신뢰성을 상업적으로 이용하지 못하도록 규정하는 장치인 것이다. 이것은 시사 프로그램 진행자의 영향력이 탤런트나 코미디언의 영향력과는 다르다는 뜻이다.

방송 시사프로그램에서 쌓은 좋은 이미지의 문성근 씨가 2002년 대통령선거에서 당시 노무현 후보 당선의 1등 공신이었음은 주지의 사실이다. 이후 문 씨는 KBS 1TV 〈인물현대사〉의 MC를 맡았다. 당시 모 여당 국회의원의 후원회 회장을 맡고 있었던 문 씨의 정치적 행보는 MC로 부적격 사유라는 사내 여론에도 불구하고 정연주 사장과 코드를 맞춘 집단의 주장으로 문 씨가 캐스팅되었다. 게다가 이 프로그램은 우리 현대사의 좌파들을 부각시키고 있어 시청자들의 항의가 쇄도했었다.

더 큰 문제는 그가 〈인물현대사〉의 MC를 그만 둔 이후에 불거졌다. 2004년 3월, 문성근 씨는 KBS의 '윤리강령'을 위반하고 열린 우리당에 입당, 국민참여운동 본부장을 맡아 총선 운동에 참여한 것이다. 이것은 중대한 공정성 훼손 행위였다. 'KBS 윤리강령' 제3항은 '공영방송 KBS 이미지의 사적 활용을 막기 위해 TV와 라디오 시사 프로그램의 진행자, 그리고 정치관련 취재 및 제작담당자는 해당 직무가 끝난 후 6개월 이내에는 정치활동을 하지 않는다'고 규정되어 있기 때문이다.

문성근 씨는 MC를 맡으면서 정치활동을 하지 않겠다던 최초의 약속을 번복하고 MC사퇴 후 6개월이 되기 전에 정치활동에 참여했다. 게다가 국회 본회의장을 무단 침입하는 등 안하무인의 행보를 보였다. 그와 함께 KBS의 공정성은 크게 훼손되고 말았다.

이처럼 중대한 사안을 방조한 정연주 사장은 "페널티를 줄 수 있는 방안이 없다. 문제를 일으킨 사람을 출연시키지 않는 쪽으로 논의가 진행 중이다"라고 답했다. 사리에 맞지 않는 무책임한 반응이었다.

정연주 체제에 반기 – PD협회장 선거와 KBS발전협의회

정연주 사장은 취임 후 1년 간 자신의 이념을 구현하기 위해 용의주도하게 KBS를 '토론의 도가니'로 만들어 나갔다고 해도 과언이 아니다. 정 사장은 자신의 분신과 같은 신 기득권 세력(이른바 '동지'들)을 요소요소에 포진시키고 연중 마라톤 토론을 유도했다. 자신의 코드에 부합하는 결론이 나올 때까지 기다리는 인내심을 발휘한 것이라고 보아야 할 것이다.

토론은 점차 여론재판 식으로 진행되었고 코드를 모른 채 토론에 참여했던 많은 사람들이 지치고 둔감해지기 시작했다. 결국 토론의 결론은 유도세력의 저의대로 맞추어졌다.

정 사장은 그동안 수없이 암시한 개혁의 방향성에 부응하는 '토론의 결과'를 의기양양하게 수용하며 2004년 8월 9일 자로 개혁을 단행하였다. 심도 깊은 토론에서 도출된 '사원 총의'라고 포장하며 '팀제'를 시행한 것이다.

여기까지 오는 과정에서 KBS 내부에는 큰 변화가 일어났다. 역대 어느 사장 시절에도 볼 수 없었던 심각한 사원 간의 간극이 생긴 것이다. 즉 '친 정연주 세력'과 '반 정연주 집단'의 형성이 그것이다.

'친 정 세력'은 정연주 한겨레신문 논설위원을 KBS사장으로 데려 온 세력과 이를 지지하는 직능단체(협회) 집행부라고 보아야 할 것이다. 이들은 소위 '정연주 식 개혁'에 적극적인 지지를 보내며 정연주 체제 하에서의 오피니언 리더로 부상한 '신 기득권 세력', 즉 정연주의 '동지'들이다. 이들의 특징은 연대의식이 강하고 행동에 적극적이며 선동적인 주로 젊은 층이다. '반 정 집단'에서는 이들을 정연주의 '홍위병', '친위대'라는 표현으로 부르고 있다.

반면에 '반 정 집단'은 '정연주'라는 한 인간의 과거 행보에 주목하고 인간으로서의 정연주와 양심과 정의가 생명인 언론인으로서의 정연주를 비판하는 집단이라고 보아야 할 것이다. 게다가 1년 여 KBS를 이끌어 오면서 보인 그의 이념적 편향성과 국민이 주인인 KBS를 자신의 이념 구현을 위한 도구로 이용하는 행태에 반대하는 집단이다. 이들의 특징은 개별적이며 행동에 소극적이고 체제에 순종적인, 주로 시니어 층이다. 이들의 대부분은 정연주 이전에 초급 간부(차장) 이상을 지냈던 집단이다. 이들은 '정연주의 개혁'에 침묵하는 무리들이었다. '친 정 세력'에서는 이들을 '기득권층'으로 보고, '보수', '반개혁적', '과거의 지위에 연연해하는 집단'이라고 비난한다.

'친 정 세력'들은 사내 곳곳을 활보하며 각종 '성명'을 통해 정연주 사장을 지지하는 행태를 일삼아왔다. 이들의 대표적인 집단이 바로 'PD협회'였다.

PD협회는 KBS내 모든 PD가 그 회원이다. 신입사원도, 30년 근무한 PD도 모두 회원이기에 'PD협회'의 이름으로 '성명'을 발표할 때는 대다수 PD의 정서에 부합하는 내용을 담아야 함이 기본이다. 그러나 당시 PD협회의 각종 '성명'은 일방적으로 정연주 사장을 지지하는 내용으로 일관하였다. 침묵하던 일부 시니어PD들이 경거망동을 삼갈 것을 요구했으나 PD협회 집행부는 이를 묵살하였다. 그러다 차기 협회 구성을 위한 선거가 도래하였다.

PD협회 집행부는 비교적 후배들이 맡아서 이끌어 가는 것이 관례였다. 이때까지 30기 PD가 입사한 상황에서 당시 PD협회는 18기 PD가 회장을 맡고 있었다. 그런데 느닷없이 9기 윤명식 PD(당시 부장, 교양 PD)가 협회장 후보로 등록했다. 사내 각 부서에 술렁임이 있었다. 걱정과 비아냥이 터져 나왔다. 그도 그럴 것이 윤명식 후보는 PD협회가 사내 정치집단화 되었다고 보고 '출마의 변'에서 당시 PD협회의 '친 정연주'적 행태를 강력하게 비판했다. '친 정연주 세력'이 압도하는 상황에서 윤명식 후보의 참패는 명약관화한 것이었다. 그러나 그는 전 KBS 직원들에게 특별한 메시지를 주고자 했는지도 모른다. 그의 출마는 곧 '정연주 체제에 대한 도전'으로 해석되었다. '친 정연주 세력'들이 볼 때는 선거 결과가 주목되는 위기상황임에 틀림없었다.

선거 결과를 예단하는 사람들은 전체회원 1,100명 중에서 50(5%선)표를 얻으면 다행이라고 생각했다. J본부장은 자신도 유권자이면서 윤명식 후보 면전에다 대고 "50표 정도밖에 안 나올 거야"라고 했다고 한다. 정연주 사장의 '홍위병' 중 거물이라고 알려진 L센터장은 윤명식 후보를 불러 "사퇴하고 후배를 추대하라"고 종용했다는 말도 있다.

결과는 55대 44, 이강현(드라마 PD) 후보의 승리였다. 사내에서는 또 한 번의 술렁임이 일었다. 5%선 득표로 끝날 것으로 믿었던 윤명식 후보가 44%의 득표를 한 것이었다. 이것은 '정연주 체제에 반대하는 사원의 급증'이라고 해석되는 데에 큰 의미가 있었고, 조직적인 반대운동의 초석이 되었다.

정 사장에 대한 불신과 반대는 PD사회 뿐만 아니라 전 KBS에 소리 없이 번져 나갔다. '정 사장 체제 반대' 기치를 들고 나선 윤명식 심의위원을 중심으로 가칭 'KBS 직장협의회' 구성 움직임이 일기 시작했다.

'KBS 직장협의회 준비위원회(대표 윤명식)'는 2004월 7월 30일 사내 인터넷 게시판에 '직장협의회를 조직하며'라는 제하의 글을 올렸다. 윤 대표는 "공영방송의 중립성은 궤변과 도그마로 왜곡됐고, 방송경영은 적자의 위기에서 신음하고 있으며, 인사의 공정성은 개혁이란 미명하에 매몰된 지 오래"라고 지적하며 "전 직종을 망라하는 KBS 직장협의회 구성을 제안한다"고 밝혔다.

이후 이를 둘러싼 사내 논란이 계속되면서 KBS 정연주 사장은 2004년 8월 5일 기자간담회를 갖고, 당시 단행한 대대적인 조직개편에 따른 내부 반발 등에 대한 공식입장을 처음으로 밝혔다. 정 사장은 내부 비판적인 직장협의회 결성을 추진 중인 것에 대해 "그들의 우려에 타당성이 있으며 중간 관리층이 최근 여러 가지 변화 속에 정신적 · 현실적 어려움을 겪고 있을 것으로 생각된다"며 상황의 심각성을 희석시키려 했다.

한편 정 사장은 직원 상가 등에서 직원들과 대화할 때 조금이라도 비우호적인 언행이 보이면 "당신도 직장협의회입니까?"라고 묻고 다녔다. 이처럼 사장이 앞장서서 견제하는 분위기 속에서 직장협의회 구성은 쉬운 일이 아니었다.

그러나 용기 있는 직원들의 참여로 직장협의회 준비위원회는 2004년 9월 13일, 마침내 'KBS 발전협의회(의장 윤명식)'라는 이름으로 '반 정연주' 조직을 정식 발족시켰다. 의장 1인에 공동대표가 직종별로 선임되어 모두 6명, 간사 1인 등 총 8인으로 집행부가 구성되었다.

'공영방송 KBS인으로서의 존재의 이유'를 되새겨 보자며 시작한 그들의 창립선언문의 대강을 살펴보자.

우리는 국리민복에 얼마나 관심을 갖고 있습니까?

우리는 KBS의 주인인 국민의 소리를
과연 제대로 듣고 있습니까?
KBS는 지금 어디로 가고 있습니까?
KBS가 바로 서야 나라가 바로 섭니다.
KBS는 국민의 보편적 정서와 가치, 다양한 견해를 담아
국가 백년대계의 교량이 되어야 합니다.
그러나 지금의 KBS는 어느 정권 때보다
더욱 철저한 권력의 하수인으로 전락하고 말았습니다.
이것은 정연주 사장의 아마추어리즘과
비호 세력의 합작품이 아니겠습니까?
우리 KBS인은 국민통합과 경제회생에 기여하고
방송의 공정성을 회복하는 일을 최우선시해야 합니다.
이것은 공영방송 KBS인으로서의 의무이고 소명입니다.

조직 내에서 CEO의 정책에 반대하는 운동을 한다는 것은 쉬운 일이 아니다. KBS 발전협의회는 탄생도 어려웠지만 운신도 활발하지 못했다. 다만 '말이 콩밭에 들어간 듯 한 상황'일 때에만 정연주 사장과 그 집단들의 오류에 일갈하는 성명서 발표 등이 고작이었다. 그러나 KBS 발전협의회가 발족한 이후 '정연주 체제'의 독선의 정도가 다소 낮아졌고 비판세력이 증가했다는 사실만으로도 KBS 발전협의회의 존재가치는 충분하다고 평가할 수 있다.

이처럼 정 사장의 조직개혁 정책은 KBS를 약화시키고 내부적 갈등과 불만을 만들어 내는 등 조직의 양극화를 초래하는 결과를 가져왔다.

게이트 키핑의 붕괴

게이트 키퍼(gate keeper)는 우리말로 '문지기, 수위'라는 뜻이다. 그러나 사회학적인 개념으로는 '뉴스 미디어 조직 내에서 전략적인 의사 결정자의 위치에 있는 편집자 등과 같은 사람'을 지칭하는 데 사용된다. 따라서 언론사에서는 매우 중요한 사람이고 그의 역할인 게이트 키핑(gate keeping)은 언론사의 성향과 이미지를 형성하는 중요한 요소가 되기도 한다.

게이트 키핑은, 단순하게 말해서 뉴스로서 가치가 있다고 판단되는 일부 정보들에게 '문을 열어주고' 그렇지 않은 다른 정보들에게는 '문을 닫아버리는' 행위라고 할 수 있다.

이 과정에서 가장 중요한 관점은 최종 정보에서 '객관성'과 '공정성'이 담보되었느냐를 판단하는 것이다. 이 점은 비단 뉴스에서만이 아니라 모든 시사교양 프로그램에도 적용되어야만 한다. KBS처럼 수신료로 운영되는, 국민이 주인인 공영방송사에서는 더더욱 엄격히 준수되어야 할 기능인 것이다.

그런데 한겨레 논설주간 정연주 씨가 KBS사장이 된 후에 KBS에서는 게이트 키핑 기능이 약화되었다. 그리고 그가 업적으로 내세우는 대팀제로의 개혁이 단행된 후에는 게이트 키핑 기능이 실종되었다. 일부 시청자들이 KBS를 '빨갱이 방송', '노무현 정권 방송', '패륜 조장 방송', '저질 방송', '없어져야 할 방송'이라고 비난하게 된 것도 게이트 키핑 기능이 붕괴되었기 때문으로 보아야 한다.

방송이란 국민들에게 바른 정서와 가치를 전달하는 무형의 제품을 만드는 정신노동의 산물이다. 따라서 그 노동행위는 생산라인의 그것과는 달리 해석되어야 한다. 다시 말하면 여러 사람이 단계별로 머리를 맞대고 고민하고 숙의하면서 국민정서의 최대공약수를 충족시키는 정보와 가치를 찾는 행위인 것이다.

정 사장은 팀제를 통해 과거 '국장-부장(차장)-평직원'으로 구성된 3~4단계 조직을 '팀장-(선임)-평직원'의 2~3단계 조직으로 바꾸었다. 일견하면 누구나 효율적인 조직으로 잘 바꾸었다고 할 것이다. 그러나 방송을 포함한 언론사에서는 이런 대팀제 조직이 결과적으로 많은 문제점을 드러내게 된다. 게이트 키핑 기능 붕괴도 그 중 하나이다.

정 사장 팀제의 2단계 조직이 효율성을 지니려면 우선 조직이 소규모여야 한다. 그런데 정 사장은 조직원이 60명에서 100명이 넘는 대팀제를 만들었다. 기본적으로 팀장 한 사람이 팀을 이끌기 어렵게 만든 것이다. 방송에 대한 전문성이 없는 사장이기에 가능한 생각이다.

정 사장은 방송사에 소위 '머리와 발만 있고 몸통이 없는' 대팀제를 도입하고 '자율과 책임'을 강조했다. 그러면서 한편으로는 회사의 인사 조직이 아닌 노조에서 실시하는 '상향평가'를 인사에 반영했다. 노조에서 실시한 상향평가를 근거로 팀장을 임명하고 해임하는 모습을 보인 것이다. 따라서 팀장이 어떤 팀원의 의견과 주장에 대해 제동을 걸고 대안을 제시하면 상향평가에서 낮은 점수를 받게 될 것이 뻔하기 때문에 '마음대로 해 봐'를 선호할 수밖에 없게 된다. 이것이 바로 게이트 키핑 기능이 붕괴된 가장 주된 원인이었다.

게이트 키핑 기능 붕괴로 가는 과정에서 회자된 이야기가 하나 있다. 어떤 PD가 방송에서는 보편적 가치로 받아들이기 힘든 주의·주장을 담은 프로그램을 만들겠다고 팀장에게 보고했다. 팀장이 "왜 이런 프로그램을 하려 하는가. 다른 아이템을 내 보아라"고 하니까 그 PD는 "내가 책임지면 될 것 아닙니까. 팀장의 지금 그 말은 팀제 정신에 위배되는 것 아닙니까" 라고 말했다. 이 이야기는 삽시간에 회사 전체로 퍼졌고 이 일 이후에 대부분의 팀장들은 후배 PD들에게 어떤 지시와 간섭도 삼가게 됐다는 것이다.

게이트 키핑 기능의 붕괴로 대두된 아래의 사례를 돌이켜보면 낯이 뜨거워져 옴을 느낀다.

- '생방송 시사 투나잇'
  한나라당 박근혜 대표를 누드 패러디함.
  한나라당 전재희 의원을 누드 패러디함.
  서울시장 후보로 예상되는 강금실 전 장관을 부각시킴.
  경남도지사 후보로 예상되는 김두관 전 장관을 부각시킴.
- 부부클리닉 '사랑과 전쟁'
  며느리가 시아버지의 아기를 임신함.
- 시트콤 '올드미스 다이어리'
  아기를 잘 못 봤다고 며느리가 시어머니의 뺨을 때림.
- 미디어 포커스
  이라크 파병 반대 애니메이션에 북한 군가인 '적기가'를
  배경음악으로 사용. 대통령의 코드에 맞춰 정권에 비판적인

조선 · 동아 · 중앙 등 메이저 신문을 매주 강하게 비난함.
- 일요일은 101%
'찰떡' 을 소재로 '술래 몰래 음식 빨리 먹기' 에서
성우 (고 장정진) 뇌사 상태 후 사망함.
- 한국사회를 말한다 '귀향 돌아온 망명객들'
북한 노동당원 송두율 씨를 미화
- KBS 스페셜 '경계인 송두율'
북한 노동당원 송두율 씨를 미화
'양극화' 등 노무현 대통령의 정치코드를 부각시킴.

정 사장 부임 후 프로그램 내용과 결과에 대해 PD가 책임지는 일은 극히 드물어졌다. 그렇기 때문에 팀제를 도입하여 자율과 책임을 강조한 정 사장을 게이트 키핑 기능의 붕괴를 조장한 장본인으로 볼 수밖에 없다. 결국 정연주 사장의 팀제는 아마추어리즘의 산물이고 개혁은 편향된 이념을 구현하려는 계산된 개혁이었음이 명백해졌다.

참여정부와 PD협회

6.29선언 이후 우리 사회에 만연해있던 국민적 욕구가 한꺼번에 쏟아져 나왔다. 그 가운데서 큰 변화가 일어나기 시작한 곳 중의 하나가 방송사였다. 사실 전두환 철권정치시대는 물론 멀리 박정희 유신독재 시절까지 권력에 가장 큰 충성을 바친 곳이 바로 방송사였다는 점은 우리 방송사의 어두운 그늘로 남아있다. 심지어 박정

희 정권 때는 "박 대통령 말씀 중에서"라는 소위 '어록 방송'을 매일 〈KBS 9 뉴스〉보다 먼저 내보내기도 했다.

방송사 내에는 여러 다양한 직종이 존재한다. 방송사는 알다시피 신문사와는 다르다. 신문사에서는 신문현업 종사자와 편집자 모두 기자직종으로 동일하지만 방송사는 프로그램 제작중심에 프로그램 제작자(Program Director), 즉 PD가 있다. 방송사 내의 기자직종은 옛날부터 있어온 기자협회(신문, 방송사협회)에 가입되어 있었으나 프로듀서협회는 그 역사가 상대적으로 일천하였다.

산이 높으면 계곡이 깊고 압력이 강하면 반발도 크다. 6.29 민주화의 물길은 방송사의 프로듀서들에게도 새로운 파문을 던졌다. 물론 방송사 PD들이 "왜 기자협회는 있는데 PD협회는 없느냐"는 불만의 소리를 내지 않았던 것은 아니다. 1987년 이전에도 모 방송사 L PD를 중심으로 PD협회를 만들려는 움직임이 있었다. 그러나 그 움직임은 전두환의 철권정치 아래서 번번이 무산되었다. 그러한 까닭에 1987년 6.29 직후 'KBS발전위원회'가 자연스럽게 태어났다. 그 모임을 주도한 사람은 강동순, 이형모, 안덕상 씨 등이었다.

각 직종을 대표하여 모인 이들은 KBS가 과연 어떻게 나가야 제대로 목소리를 낼 수 있는가에 대해 수시로 논의하였고 이 모임에서 논의된 의제들은 자연스럽게 각 직종으로 전달되었다.

PD들은 소위 'PD사건'이라는 불쾌한 단어가 가끔 정권의 연예계 비리 엄단 메뉴로 부당하게 이용당하는 데 대해 상당한 피해의식을 느끼고 있었다. 이 느낌은 민주화라는 사회적 욕구와 함께 PD협회라는 결실을 꼭 이뤄야겠다는 흐름으로 결집되었다.

이런 흐름은 역사적 당위성과 함께 PD협회 결성으로 이어지게 되었다. 초대 회장에 라디오본부의 이형모 PD가 당선되었다. 그 이후 PD협회는 순수한 방송 사랑의 길을 걸었다. 이렇게 정치와는 담을 쌓고 순수한 방송 사랑으로 일관되게 활동하는 것이 PD협회 운영의 바람직한 방향이다. 그러나 이런 순수성은 오히려 정치력 부재로 소위 PD사건이 일어날 때 어떤 도움도 되지 못하는 아이러니를 낳았다. 협회가 어떤 문제나 비리를 해결하기 위한 단체는 아니었기 때문에 그것은 당연한 귀결이기도 했다.

그러나 L씨가 PD협회장이 되면서 PD협회의 순수성은 무너지기 시작했다 사실 그 이전부터 PD의 정치집단화는 알게 모르게 진행되고 있었는데, 그 대표적인 사례는 K씨였다. K씨는 유신정권에서 잔뼈가 굵었고 전두환 철권정치 아래에서는 〈국풍81〉 등의 프로그램을 앞장서서 만들었으며 차장에서 일약 국장까지 순식간에 승진한 정치1호 PD였다.

PD협회장 L씨는 바로 정치PD 1호인 K씨의 총애를 받는 인물이었다. L씨는 K씨의 영향을 그대로 본받았다. 그 누구보다 코드에 강하고 조직적, 장악력을 제1의 목표로 하는 인물이었다.

L씨는 지금까지 순수했던 PD협회를 자기 개인을 위한 조직으로 변화시키고 협회를 바탕으로 편성, 인사권까지 관여하기 시작하였다. L씨의 뒤를 이어 또 다른 L씨가 협회장이 되었다. 그 역시 전임 L씨가 닦아놓은 정치적 기반을 토대로 보다 노골적으로 정치색을 드러냈다. 순수했던 PD협회가 점점 정치집단으로 변해가고 있었다. 후임 L씨는 수시로 재야단체를 기웃거리며 그들과의 연대를 꾀

하였다. 그 가운데는 현 대통령인 노무현 전 국회의원도 있었다.

이러한 정치집단화 움직임은 그 이후 H, L씨가 협회장 후보로 경합하면서 노골화 되었다. H후보는 PD협회의 순수성을 옹호하는 편이었으며 L후보는 그 이전부터 '통추' 등의 정치 세력과 교류해 온 터라 정치적인 색채가 강했다. 당연히 보다 조직적이고 정치적인 L후보가 협회장으로 당선되었다.

당선된 L후보는 정치적 성향을 분명히 하면서 본색을 드러내기 시작했다. L후보가 협회장이 된 뒤 더욱더 정치권과 접촉이 잦아졌고 노조와도 깊은 인연을 맺고 서로 지원을 주고받았다. 협회와 노조 지도부는 지금의 사장을 보쌈 해서 모셔오는데 앞장섰다.

그로 인해 L협회장은 방송사 인사에 깊이 관여하게 된다. 제작본부장 등의 주요간부를 추천하게 되고, 어떤 사람에 대해 '절대불가'라는 의견을 내면 이 의견은 그대로 인사에 반영되는 힘을 과시하게 되었다.

현재 정연주 사장은 PD협회에 업혀 사는 모양새이다. 그러나 정 사장은 이것을 공생관계로 생각할는지도 모른다.

KBS 왜 적자인가 – 2004년 적자 관련 검토

국민들로부터는 수신료를 징수하고 기업들로부터는 광고료를 받고 있는 KBS가 2004년도에 638억 원이라는 대규모 경영적자를 냈다. 타사보다 유리한 조건을 갖춘 KBS의 엄청난 적자를 어떻게 해석해야 할까. 국민들은 납득하기 어려울 것이다.

수신료가 아니라도 KBS는 1TV, 2TV에다 위성방송채널까지 보유하고 있어 타사보다 훨씬 우위에 서있는 입장이다. 그런데 결과는 MBC는 656억 원, SBS는 359억 원의 흑자를 기록했는데, KBS는 IMF 시기였던 1998년보다 더 큰 적자를 냈다.

정치권과 시민단체, 각 언론은 즉각적으로 이를 부각시켰고, KBS는 출범이래 최대의 위기상황을 맞았다. 그러나 국민들을 더욱 분노하게 한 것은, 이 적자가 이미 예고된 적자였다는 사실이다. 연초에 이미 적자임을 알면서도 정연주 사장은 방만하고 허술한 경영을 시정하려는 노력조차 전혀 하지 않았다.

연초 KBS 적자를 예상하고 감사팀에서는 이미 수차례 경고를 했었다. 2005년 3월 감사팀에서 작성한 보고서에 적자의 주요원인이 적나라하게 보고되어 있다.

첫 번째 원인은 예산편성에 있었다.

예산편성 시 광고팀의 수입 전망치를 무시하고 달성하기 어려운 광고목표를 설정한 것이다. 예산을 편성하는 예산팀에서 제시한 그해 광고수입 전망치는 7,841억 원이었으나, 실제 광고수입은 7,042억 원으로 예산팀이 임의로 필요비용에 맞추어 사실상 적자예산을 세웠다. 더구나 예산팀이 편성한 광고수입은 2003년 광고시장 점유율에서 3%이상 확대해야만 달성할 수 있었던 금액을 산정한 것으로 현실적으로 광고팀이 달성하기 어려운 금액이었다.

그러니까 들어오지도 않은 돈을 두고 '이렇게 쓰고 저렇게 쓰고' 장황한 계획을 먼저 세운 것이다. 어떤 사람이 지출에 맞춰 소득을 가져올 수 있단 말인가. 소득에 맞추어 지출규모를 세우는 것은 일개 가정에서도 아주 기본적인 일이다.

상반기를 지나면서 예산팀은 예산안의 문제점을 들어 7, 8, 9월 하반기의 '예산 긴축운용계획'을 서둘러 경영진에 보고했다. 대규모 적자가 예상되니 제작비 등을 감축해야 한다는 것이었다.

두 번째 적자원인은 비효율적인 제작비 관리에 있었다.

예산팀은 제작비 절감 등을 촉구하긴 했지만, 이 과정에서도 자율적으로 절감하라는 등 소극적이고 미온적으로 대처했을 뿐이다. 뒤늦게나마 예산팀이 예산절감을 위해 나름대로 노력한 점은 인정되지만 근본적인 예산편성의 문제는 대형적자로 나타났다.

2004년 결산 결과, 특수영상팀, 라디오제작팀, 굿모닝코리아, 라이브채널 등 4개 부서가 팀 배정예산을 초과 집행하였고 1TV편성팀, 시사보도팀, 사회교육팀, 목포국 등 10개 팀이 예산과목 초과집행이 금지되어 있는 기획진행비와 회의비, 협력비 등을 초과 집행하는 등 예산에 대한 통제가 거의 없었다는 사실이다.

특히 재정상황이 어려운 상태로 적자를 예상하면서도 평년과 달리 제작비가 많이 들어가는 대하사극을 전례 없이 2편이나 편성하여 재정악화를 부추겼다.

대하사극 〈불멸의 이순신〉은 주당 5억 1,600만 원이 책정되어 이전 〈무인시대〉와 비교하여 제작비가 70%이상 증가하였고, 대하드라마 〈해신〉은 이전 프로그램의 약 2배인 주당 4억 2,500만 원의 제작비가 들었다. 이 두 드라마에 대해서 이사회에서는 수차에 걸쳐 기본제작비를 〈무인시대〉수준으로 집행하라는 권고를 하였음에도 반영되지 않았다.

또한 시사프로그램 〈KBS스페셜〉의 경우 2003년의 2배인 8,000만 원을 책정하는 가하면 주말프로그램들 역시 전년도에 비해 제작비를 크게 높여 책정했다.

이처럼 재정상황을 도외시한 제작비의 과다책정은 하반기에 KBS 이사회의 '긴축재정 권고'에도 불구하고 경영진의 미온적 태도로 거의 시정되지 않았다.

세 번째 적자원인은 바로 '높은 임금인상'으로, 전 국민적 지탄을 불러일으키고도 남음이 있었다.

연초부터 대규모 적자가 예상되었다면, 최소한 허리띠를 졸라매는 모습을 보여주었어야 했다. KBS는 무풍지대인가. 나라 안팎으로 IMF때보다 더한 경제위기에 민심은 피폐해지고 있었다. 대기업을 비롯한 중소기업들은 임금동결, 삭감 등 뼈를 깎는 각고의 노력을 기울이고 있었다.

그러나 KBS는 적자가 확실시 되는 상황에서 임금총액대비 4.5%를 인상하는 능력을 과시하였다. 또한 일용직, 기능직, 청경직 등을 대폭 일반직으로 승진시켜 임금상승을 부추기는가 하면 필요한 인력을 계약직으로 채용, 높은 연봉제를 도입하는 등 집안잔치를 벌였다.

직원들의 사기진작을 위해, 그리고 노조로부터 퇴직금 누진제 폐지를 얻기 위해서였다는 경영진의 궁색한 변명이 있었지만 이 같은 처사는 생활고로 힘들어하면서도 꼬박꼬박 수신료를 내야 하는 서민들에게 깊은 상처와 상대적 박탈감을 주기에 충분했다.

이렇게 임금이 4.5% 인상됨에 따라 임금동결 안에 비해서는 약

213억 원, 중노위 3% 인상조정안에 비해서는 약 71억 원의 예산 추가부담이 발생하게 되었다.

대규모 적자 사태에 대해서 정 사장은 일말의 자기반성도 보이지 않았다. 오히려 "KBS의 적자원인은 경기침체에 따른 광고수입의 현격한 감소 때문이며, KBS가 광고수익에 의존하는 것은 공영방송으로서 적절치 못하다. KBS 적자 해소책은 수신료를 인상하는 것으로 해결해야 한다"는 등 국민적 정서를 무시한 주장을 폈다.

KBS이사회에서는 외부전문가들을 위촉한 경영평가단을 구성했고, 이 평가단에서는 2004년 경영평가 결과를 다음과 같이 분석하여 발표했다. 그중 일부를 소개한다.

2004년도 경영성과를 보면 총수입 1조 2,491억 원을 달성하고 총지출 1조 3,129억 원을 집행하여 당기순손실 638억 원이 발생하였습니다. 당기 순손실이 발생한 주요원인은 광고수입을 당초 목표의 80.1%밖에 달성하지 못하고 60%가 넘는 높은 고정비 비율로 인해 비용절감이 어려웠기 때문입니다.
2004년 말의 KBS 재산현황은, 자산 1조 206억 원, 부채 4,608억 원, 자기자본 5,598억 원입니다. 2003년 말에 비해 자산은 총 75억 원 증가했으나, 당기 순손실의 발생 등으로 인해 부채는 727억 원 증가했습니다.

방송부문에서
- 2004년 초반에는 대통령 탄핵사태와 관련된 방송 프로그램에

대해 공정성 논란이 있었습니다. 일부 프로그램이 공정성 시비에 휘말린 것은 매우 유감스런 일이었습니다. 앞으로 '국민의 방송'이자 공영방송인 KBS로서는 탄핵방송사태가 방송의 공정성 문제를 심사숙고하는, 보다 생산적인 계기가 되어야 할 것입니다.

경영부문에서

– 먼저 팀제의 도입에 대해 KBS내부에서는 대체로 긍정적인 평가를 하고 있는 것으로 나타났지만, 관리계층의 대폭 감축에 따른 일부 팀장의 관리부담 과중과 통제기능의 약화 우려 등 개선할 점도 적지 않은 것으로 파악됐습니다. 따라서 운영상황을 지속적으로 점검하고 미비점을 조속히 보완함으로써 제도를 안정시켜 나갈 것을 제안했습니다.

– KBS가 2004년도 임금협상과정에서 당초의 4.3%삭감안에서 오히려 4.5%임금인상으로 합의한 것은, 광고수입의 격감 등에 따라 큰 폭의 경영적자가 예견되는 상황에서 불합리한 결정이었다고 지적했습니다.

– 2004년 KBS이사회는 수입결함에 대비한 대책을 권고하고 감사팀도 예산관리상 문제점을 제기했으나 적자를 예방하는 시스템 기능이 미흡했습니다. 예산의 편성과 운영에 있어서 내부 관리 시스템을 강화하는 지배구조 개선이 필요합니다.

– 디지털화 사업에 대해 KBS는 경영여건 불투명으로 완료시점이 지연될 가능성이 있습니다. 또 DMB 사업자로 선정되었으나 수익모델이 불분명하기 때문에 이에 대한 체계적인 대비책을 마련하여

KBS의 발전에 차질이 없어야 합니다.

- 2004년도 KBS는 수신료 분리고지 논란, 편파방송시비, 각종 방송사고에 휘말리며 국민 신뢰회복과 재원구조 공영화에 진전을 이루지 못했습니다. KBS의 이념과 철학을 분명히 하고 정치적 독립을 강화하여 재원구조를 공영화하는 데 더욱 적극적인 노력을 해야 할 것입니다.

- 2004년 KBS는 수익성, 안정성, 성장성, 생산성 등 경영평가지표가 낮아 국가기간 방송으로서 경영불안이 가중되었습니다. 예산과 비용구조에 대한 제로베이스 차원의 개편이 필요합니다.

--- 이하 생략 ---

위와 같은 경영평가 결과는, 사실 내부적인 경영평가와 비교할 때도 비슷한 결과다. 다만 외면했을 뿐이다. KBS 경영진이 내부평가에 대해 좀 더 귀 기울였다면 하는 아쉬움이 남는다.

가까운 예로 우리나라 KBS처럼 수신료로 운영되는 영국 BBC와 일본의 NHK가 있다.

NHK의 경우, 제작비 1억 엔의 착복 비리문제가 불거지면서 국민정서는 'NHK가 수신료를 멋대로 쓰는 것을 용서할 수 없다'는 것이었고 급기야 수신료거부운동으로 확산되었으며 약 3만여 가구가 수신료 납부를 거부하게 되었다.

이에 대해 NHK 회장이 책임을 지고 물러나는 한편, NHK는 사상 처음으로 마이너스 예산 편성을 하고 시청자의 신뢰를 회복하기 위한 진통을 겪고 있다.

영국인의 전폭적인 지지를 받는 BBC의 경우도 위기는 있었다. 뉴미디어의 등장으로 방송의 희소가치가 떨어지면서 수신료 납부에 의문이 제기되었지만, 사장은 '수신료를 받을 수 있는 공영방송을 만들겠다'는 의지를 표명하고 무려 19%의 인원을 감원하는 등 살을 도려내는 구조조정을 단행했다.

사건의 규모로 보자면 두 방송사보다 KBS의 문제가 더 심각하다. 그러나 KBS 정 사장은 책임통감은 고사하고 사과 한마디 없었다.

진정으로 시청자를 두려워 할 줄 아는 NHK와 BBC에서 보여주는 자성의 모습은 아름답기까지 하다.

브랜드 이미지에 대한 공방

2004년 638억 적자경영에 대한 감사의견을 2005년 3월에 이사회에 제출한 문건이 같은 해 8월 국회개원을 앞두고 신문에 알려지면서 문광위 국정감사에서 감사에 대한 집중질의가 있었다.

이사회에 제출한 2004년 적자경영에 대한 감사의견에서 크게 3가지를 적자원인으로 들면서 부수적으로 광고매출항목에서 전반적인 시청률 상승에도 불구하고 그만큼 광고 점유율이 향상되지 못하고 오히려 하락했음을 지적했다. 그 원인은 2003년 4월 이후 2004년 사이에 전반적으로 방송이 진보적 성향을 띠면서 전통적으로 보수성향인 KBS의 주 시청층이 떠나기 시작했고 광고 스폰서들이 KBS정체성에 대해 혼란에 빠진 결과로 볼 수 있다는 '의견'을 피력했다. 이 '의견'에 대해 많은 여당의원들이 오해하고 질의를 많이 했지만 당시 답변 기회가 없어 충분히 설명할 수 없었기 때문에 이 지면을 통해 이해를 구하고자 한다.

예를 들자면, 옆집 식당 MBC는 '진보'라는 이름의 피자를 팔고 있는데 KBS가 원래 팔던 보수라는 설렁탕을 판매중지하고 피자로 메뉴를 바꾸는 바람에, 기존 의 단골 설렁탕 손님도 놓치고 옆집 피자 손님도 제대로 빼앗아 오지 못하는 과도기에 처해 있어 이런 상황을 잘 읽고 있는 은행(광고스폰서)이 사업자금을 잘 꿔주지 않는다는 것이었다.

설렁탕(보수)이 좋고 피자(진보)가 나쁘기 때문에 장사가 잘 안 된다는 것이 아니다. 중요한 것은 공영방송인 KBS식당은 과거 설렁탕만 팔아온 것도 잘못이지만 갑작스럽게 손님들에게 피자만 팔겠다고 한 것도 잘 한 것이라 볼 수 없다. KBS식당에서는 설렁탕이나 피자뿐만 아니라 모든 음식을 골고루 팔아야 되고 다른 음식점(상업방송)에서 이익이 남지 않는다고 팔지 않는 음식(소외계층편성)도 팔아야 하는 책무가 있는 것이다. 다시 말해 진보든 보수든 어느 한 쪽으로만 경도되어서는 안되고 모두를 포용해야 한다는 뜻이었다. 사실 KBS는 브랜드 이미지(Brand Image)보다도 스테이션 이미지(Station Image), 아니 KBS만의 고유한 이미지를 형성해야 한다는 것이다.

"KBS 1TV와 2TV가 다른데 브랜드 이미지의 상호 영향을 받느냐"는 국회의원 질의에 대한 답변
- KBS 입장에서는 1TV는 공익성이 높아 문제가 없지만

2TV는 경영상 불가피하게 광고방송을 하니 공익성이 다소 떨어지는 문제를 국민이 이해해 줄 것이라 생각하지만 유감스럽게도 시청자들은 수신료를 받는 국민의 방송 KBS가 1TV와 함께 2TV도 똑같이 공익성과 공정성 높은 공영방송이기를 기대한다. 다시 말해 2TV도 1TV 이미지의 영향을 받기 때문에 1TV의 진보적 이미지가 2TV 광고매출에 영향을 미치는 것은 당연하다고 생각한다.

"2005년 2TV의 광고매출이 향상되고 있는 것은 어떻게 보아야 하는가"라는 질의에 대한 답변

- 2005년 들어 KBS는 2004년 야당과 일부 시청자단체의 저항과 광고스폰서들의 이탈을 거치면서 많은 변신을 시도했다고 본다.

일부 진보성 프로그램들(〈인물현대사〉, 〈한국사회를 말한다〉 등)이 폐지되고 〈미디어 포커스〉, 〈시사 투나잇(2TV)〉 등의 프로그램이 내용상 균형감각을 많이 회복했으며 뉴스도 기계적 중립이라는 평가도 있지만 형평성을 유지하는 변신을 꾀하면서 브랜드 이미지가 많이 호전되었다고 볼 수 있다.

그러나 무엇보다 MBC가 새 경영진 출범과 함께 진통을 겪으면서 그 반사 이익에 힘입어 광고매출이 향상된 것도 부인할 수 없을 것이다.

수신료 인상 왜 실패했나

정연주 사장은 취임 이후 수신료 현실화의 필요성을 누차 강조하며 강한 추진 의욕을 보였다. 2004년 12월 1일 이사회에 'KBS재원구조 공영화 기본계획'을 보고하고 12월중 이사회 의결과 2005년 2월까지 공론화를 거쳐 3월중 국회승인을 얻어내는 일정으로 수신료 현실화 계획을 추진하였다. 정 사장은 국회의 여대야소 정치구도 하에 여권의 힘을 빌려 4.30 재보선 전에 '수신료 현실화'의 국회 통과를 계산했던 것 같다.

KBS가 외부 눈치를 살피며 조심스레 "수신료 인상이 꼭 돼야 합니다"라고 운을 떼면, 한결 같이 되돌아오는 외부로부터의 주문이 있다. "방만한 KBS를 먼저 혁신하라"는 대답이 그것이다.

말하자면 불필요한 군살을 빼, KBS가 기존의 고비용 저효율 구조가 아닌 고효율 저비용 체제를 갖추는 모습을 보여야 그때 가서 수신료 인상 문제를 꺼낼 수 있다는 얘기다.

거기에다 수신료 현실화 논의를 일보 진전시키기 위해서는 전제되어야 할 가장 중요하고도 핵심적인 부분이 있다. 바로 방송의 공정성 문제다. 사실 방송의 공정성 문제야말로 수신료 문제의 알파요, 오메가 같은 존재다.

KBS의 경영이 나빠져도 프로그램의 공정성 논란에 휩싸인 상황에서는 어느 누구로부터도 도움을 받을 수 없다.

박권상 사장 시절, 적어도 정 사장이 경영권을 행사하고 있는 지금처럼 방송의 공정성 시비에 휩싸이지 않을 수 있었던 것도 '기계적 중립주의'라는 나름대로의 기준과 잣대가 있었기 때문이었다.

정연주 사장 취임 후 KBS가 그동안 보여 왔던 행보는 방송의 공정성 논란에서 한시도 벗어나 본 적이 없다. 정 사장이 들어서자마자 KBS 프로그램에는 일대 변혁이 불어 닥쳤다. KBS가 과거에는 좀처럼 다루지 않았던 예민한 주제의 프로그램을 개혁이라는 이름 하에 대거 편성한 것이다.

〈한국사회를 말한다〉, 〈인물현대사〉, 〈미디어 포커스〉, 〈시사 투나잇〉 등은 정 사장이 들어선 후 방송된 대표적 프로그램이다. 이들 프로그램은 정 사장의 본질과 색깔을 가장 극명하고도 분명히 보여주는 대표 프로그램이라 해도 크게 틀리지 않을 것이다.

송두율 논란을 촉발시킨 〈한국사회를 말한다〉에서부터 좌편향 의혹을 불러들인 〈인물현대사〉, 야당과 조·중·동 때리기 도구라는 시비에 휩싸인 〈미디어 포커스〉, 〈시사 투나잇〉에 이르기까지 이들 프로그램들은 방송 당시 늘 대립과 논쟁의 중심점에 섰다. 이들 프로그램들이 방송된 이후 KBS가 겪게 된 상황은 과연 어떤가.

이념을 부추기고 색깔 논쟁을 초래한 이들 프로그램들이 KBS가 처음 표방한대로 우리 국민들의 인식 수준을 한 단계 업그레이드시키는 역할을 했던가. 그래서 시청자들로 하여금 "역시 공영방송 KBS가 만드는 프로그램은 뭔가 달라도 다르다"는 인정을 이끌어내 KBS수신료가 아깝지 않다는 긍정적 평가를 얻었는가.

대답은 단연코 'NO'다. 이들 프로그램들이 초래한 정치권과 다수 국민들의 KBS에 대한 부정적 이미지와 그 여파는 오랜 기간 KBS를 옥죄는 원죄로, 부메랑으로 KBS 주변을 맴돌며 수신료 현실화 논의를 가로막는 걸림돌이 되었다.

거기다 엎친 데 덮친 격으로 논란이 된 이들 프로그램 말고도 대통령 탄핵방송을 둘러싸고 KBS가 일방적인 정권 편들기를 해 주요 언론과 시청자들이 갖게 된 불신도 무시할 수 없는 크기로 자리 잡았다.

수신료 문제와 관련된, 그냥 웃어넘길 수 없는 에피소드가 하나 있다. 2005년 6월 1일 정연주 사장이 경영혁신안에서 이런저런 개혁안을 언급하면서 1981년 이후 한 푼도 오르지 않은 수신료가 물가상승률을 감안하면 7,500원 쯤 된다고 말하자, 대뜸 조선일보가 사설을 동원해 KBS가 수신료를 올리려 한다는 오보를 냈던 게 그것이다. 조선이 그런 기사를 쓰게 된 데는 팩트를 잘못 이해했든지, 의도적인 흠집 내기이든지 둘 중 하나일 것이다.

그러나 정작 조선일보가 이런 식의 오보를 내도 독자들이나 시청자들은 진실에는 관심이 없었다. 중요한 것은 수신료 인상은 안 되고 관심도 없는 사항이니 조선일보가 KBS에 대고 그런 무지막지한 공격을 해대도 상관없다는 것이다.

이 같은 현실은 무엇을 말하는가. KBS에 대한 수신료의 안정적이고 독점적인 재원 공급구조의 근거는 사회통합기능을 가진 국가기간방송 KBS는 결코 '좌' 든 '우' 든, 실세 정파든 아니든 일방적인 편들기에 의존해서는 안 된다는 것을 웅변하고 있다. 수신료로 운용되는 KBS의 경우 공영방송에 대한 어떠한 사소한 불만도 곧바로 수신료에 대한 문제제기로 이어진다.

1980년대 중반에 시작해 9년 동안 계속된 'KBS 시청료 거부운동'은 KBS보도의 공정성에 대한 시청자들의 분노가 폭발했던 좋은 예가 될 것이다.

KBS가 추진한 수신료 현실화 프로그램을 두고 사내에 유포되고 있는 논란이 또 하나 있다. 2004년 638억 원의 경영적자는 수신료 현실화 여론을 조성하기 위해 고의적으로 기획됐다는 '설'이 바로 그것이다.

사실 2004년 KBS 경영을 두고 적자가 예상된다는 경고 메시지는 꾸준히 정 사장에게 보내졌다. KBS이사회로부터 대하드라마 중복 편성과 광고수입액을 과다하게 잡은 데 대한 오류가 지적되고 제작비에 대한 예산절감 등 특단의 대책이 마련되지 않으면 적자는 피할 수 없다는 지적이 잇달았던 것이다.

그러나 어찌된 일인지 이런 경고에도 불구하고 정 사장은 2004년 임금협상 때 4.3% 삭감안에서 4.5% 인상안에 합의하는 등 적자가 초래되는 상황을 방관하는 사태를 곳곳에서 노출했다.

정 사장으로서는 노조의 과도한 임금인상요구가 적자발생의 중요한 한 요인이었다는 책임전가의 핑계로 삼을 수 있었다. 전임 사장들 그 누구도 관철시키지 못한 지역국 구조조정을 일궈내고 팀제 도입을 통해 조직을 대변혁 시키는 성과를 이뤄냈으니 지난해 적자 경영이 문제가 아니라 오히려 긍정적 평가와 두둔을 받는 치적으로 받아들여질 것이라는 착각을 했는지도 모른다.

그러나 정 사장의 인식이 여기에 이르렀다면 대단한 오판이요, 불행이다.

지역국 구조조정 이후 인력과 장비의 재배치는 이루어지지 않고 오히려 비능률과 방만함은 그대로 방치한 채 지역국과 지역민의 불만만 가중시켰다. 또한 팀제실시로 중간 점검기능의 약화와, 팀장에 대한 노조의 상향평가 도입으로 팀장의 소신감 상실이라는 결과를 초래했다. 결국 조직통제기능의 약화로 이어져 예산통제가 제대로 작동되지 않았다는 것도 적자의 한 요인이 되었다.

2005년에 정 사장은 적자경영에 대한 최소한의 책임의식도 없이 사원들의 임금삭감을 경영난 해소의 타개책으로 제시하였다. 여기다 KBS 공영성과 배치되는 간접광고, 중간광고 등 부정적 평가를 받아 왔던 내용들을 대안으로 제시하여 주변의 비웃음을 샀다. 전문성도 없는 토탈리뷰 T/F(Task Force)에서는 공영방송의 최소한 장치인 '시청자 모니터제'까지 폐지하는 미봉책으로 적자를 모면해 보려 했다. 이 같은 아마추어적인 발상에 그저 할 말을 잃을 뿐이다.

정연주 사장이 취임 이후 공·사석에서 자신있게 추진하겠다고 언급했던 수신료 인상 문제는 지금 물 건너갔다. 수신료 인상은커녕 수입 규모가 줄어들지 않으면 다행이라 할 정도로 수신료의 위상은 위축돼 버렸다.

어떤 면에서 볼때 수신료 인상문제는 국가보안법 존폐보다도 더욱 해결하기 어려운 난제인지도 모른다. 국가보안법은 일반 국민들의 실생활과는 직접 관련이 없고 소수 오피니언 리더들의 관심사지만, 수신료는 준조세의 성격을 띤 모든 사람들의 일상경제생활에 관계된 문제이기 때문에 절대 다수의 동의 없이 일방적으로 추진하는 경우 제2의 '시청료거부운동'에 직면할 가능성이 있는 것이다.

사려 깊은 이해 없이 여당 단독의 힘으로 통과시키려 했던 무모함이 어떤 위기를 초래했었는지 KBS인들은 1985년 시청료거부운동을 하나의 뼈아픈 교훈으로 기억해야 할 것이다.

초점 잘못 맞춘 〈미디어 포커스〉

〈미디어 포커스〉 프로그램을 보면서 '중용의 도'가 소중함을 깨달았다. 어느 한편으로도 치우치지 않고 꼭 알맞은 것이 '중'이며, 언제나 변함없이 일정하고 바른 것이 '용'이라 할 수 있겠다. 정연주 사장은 취임 이후 개혁적 조치의 일환으로 방송, 신문 등에 대하여 어느 한편으로도 치우치지 않는 매체 비평을 해보자는 취지로 〈미디어 포커스〉 프로그램을 신설한 것으로 생각된다.

그러나 〈미디어 포커스〉는 '대한민국은 민주공화국이다'란 헌법 제1조가 규정한 국체를 부정하듯 북한 군가를 버젓이 방송해 KBS에 돌이킬 수 없는 큰 상처를 입히는 사건이 발생했고, 2003년 6월 28일 방송이 시작된 이후 KBS 프로그램과 다른 방송사 프로그램의 흠은 묻어둔 채 계속해서 특정 신문의 흠만을 들춰내며 공격해 회사 안팎으로부터 편향성 시비가 끊임없이 제기됐다.

2004년 8월 14일 〈미디어 포커스〉는 애니메이션 풍자 코너 '조남준의 시사 플래시'에서 배경음악으로 북한군가 '적기가'를 40초 가량 방송하는 사고를 냈다. 정연주 사장은 그 해 9월 7일 국회 문화관광위원회 결산심사장에서 이 '적기가' 방송에 대해 "제작이후에도 그 음악이 적기가인 것을 몰랐고, 이 사실을 알고 난 뒤 사과문을 게재했습니다", "죄송스럽게 생각하고 인사위원회를 열어 제작진 징계절차를 밟고 있습니다", "공사의 심의기능을 강화하겠습니다"라고 궁색하게 답변을 겸한 사과를 했다.

KBS 감사실은 이 사건에 대한 감사를 벌여 외부 제작진의 과실과 내부직원의 관리소홀, 내부관리 시스템의 허술한 통제기능 등의 문제점을 지적하고, 시사보도팀장 K씨, 프로듀서 L씨, 담당기자 L씨 등 3인에 대해 징계처분을 요구했으며, 회사는 특별인사위원회를 열어 팀장 K씨의 책임이 무거움을 인정하고 '견책' 처분을 내렸다.

공영방송의 존재의 이유는 말 그대로 공영성에 있다. 특정 이익이나 정파를 대변하는 방송이 아닌 공공의 이익을 보호하고, 공공의 입장을 담은 프로그램과 뉴스를 제작해 방송해야 한다는 명제에 충실해야 한다는 것이다.

방송은 접근성이나 영향력 측면에서 또 다른 언론의 축인 신문에 비교우위를 차지하고 있는 것이 엄연한 현실이다. 이 같은 사실은 여론조사 결과가 잘 말해주고 있다. 특히 「시사저널」에 따르면 지난 2001년부터 KBS가 영향력 1위 언론매체로 계속해 선정되고 있다. 이는 2개의 TV 채널과 2개의 위성 채널, 7개의 라디오 채널을 보유하고 있는 KBS로서는 당연한 결과라고 할 수도 있겠지만, 또 한편으로는 KBS를 바라보는 국민들의 기대가 그만큼 크다는 말이 된다. 이처럼 영향력 1위의 공영방송이 한쪽 시각으로 편향된 프로그램을 내보내게 되면 어떻게 될까.

〈미디어 포커스〉 제작진은 2005년 7월 23일 100회 특집방송을 위해 시청자, 언론학 교수 및 미디어 전문가, 신문·방송·인터넷 기자를 대상으로 '미디어 포커스에 대한 수용자 인식조사'를 실시했다. 조사 결과, 언론학자들의 32%는 〈미디어 포커스〉의 가장 큰 문제점으로 '정치적·이념적 편향'을 꼽았고, 25.8%는 '신문 위주의 비판', 15.6%는 '자사(KBS) 비판 부족'을 꼽아 그동안 〈미디어 포커스〉가 정치적·이념적으로 편향된 방송을 해왔으며, 자기 허물은 감추고 남의 흠만 들춰냈으며, 특히 방송보다는 특정신문만 공격해 왔다고 지적했다.

또 〈미디어 포커스〉의 '향후 중점 개선 사항'에 대해 언론학자의 52.3%, 기자의 45.6%, 시청자의 45.5%가 '공정성과 균형성의 확보'라고 응답해 그동안 공정성과 균형성이 결여된 방송을 해왔음을 비판했다.

'바른 사회를 위한 시민회의(공동대표 박효종)'는 2005년 6월 27일부터 7월 10일까지 기자, 언론학 교수, 타 전공 교수 등 441명을 대상으로 설문조사를 실시했다. 여기서 응답자의 57.3%가 '시사보도 프로그램의 편파성이 KBS의 가장 큰 문제점'으로 지적했고, '방송의 공영성 부족(20.1%)'이 그 뒤를 이었다. 또 KBS가 2004년도에 638억 원의 적자를 낸 가장 큰 이유로 '정연주 사장 등 경영진의 미숙한 경영이 적자의 가장 큰 이유'라는 대답이 85.2%로 나타났다.

이 설문조사 결과도 〈미디어 포커스〉가 그동안 얼마나 특정 신문 언론을 '편파적'으로 공격해 왔는지를 잘 말해주고 있다.

〈미디어 포커스〉는 2005년 4월 23일 '유료방송 10년' 편에서 "위성·케이블TV의 가입자 수는 늘었지만, 프로그램의 질이 떨어진다"고 방송했다. 특히 이 프로그램에서는 "케이블TV 가입자의 42%가 '지상파 TV가 안 나와' 가입했으며, '다양한 채널을 보기 위해' 가입한 경우는 33.6%에 불과하다"고 덧붙였다. 이에 대해 모 일간신문은 시청자의 말을 인용해 "균형을 잃은 보도"라고 지적하면서, 케이블TV 출범 이후 지난 10년간 KBS가 '난시청 해소'를 위해 무엇을 했는지에 대해서 언급하지 않은 것은 '경쟁 매체 깎아내리기 아니냐'고 비판했다.

공영방송의 가치는 아무리 강조해도 지나치지 않다. 특히 요즘처럼 언론매체가 난무하고, 미처 수용하지 못할 정도로 정보가 넘쳐나는 정보과잉 시대에 공영방송이 중심을 잡아주는 역할을 해야만 하는 이유는 명백하다. 정치적으로는 중립적이어야 하고 이념적으로는 중도적이어야 한다. 이런 기반 위에서 공영방송은 가치 있는 정보, 옥석이 가려진 정보만을 전달하는 역할을 해야 하는 것이다.

공영방송의 정체성 흔든 〈생방송 시사 투나잇〉

우리가 흔히 생각이나 행동 따위가 한쪽으로 기울거나 치우쳐 공평하지 못할 때 '편향적이다'라고 말한다. 〈생방송 시사 투나잇〉은 정연주 씨가 KBS사장으로 취임한 이후 〈한국사회를 말한다〉, 〈인물 현대사〉, 〈미디어 포커스〉 등과 함께 역점을 두고 신설한 프로그램이다. 이른바 개혁프로그램으로 불린 이들 프로그램들과 마찬가지로 〈시사 투나잇〉도 공정성이 결여된 내용의 방송이 계속되면서 커다란 이념적, 사회적 논란을 가져왔고 정치권 일각 등 내·외부로부터 편향·편파 시비로 바람 잘 날이 없다.

〈생방송 시사 투나잇〉 제작진은 2006년 3월 7일 방송에서 '서울시장 후보공천 강금실 변수'를 내보냈다. 다음날 한나라당은 방송위원회에 시청자 불만사항을 접수시켰고, 자료를 요구하는 등 거세게 항의했다. 이 프로그램은 '서울시장 후보공천 강금실 변수'라는 제목에서 알 수 있듯이 특정인의 실명을 사용했고, 그 자체만으로도 시청자뿐만 아니라 유권자들에게 야당의 여타 후보보다 강 전장관이 절대적 우위에 있다는 인식을 심어줄 우려가 있었기 때문이었다. 또한 사내에서도 진행자의 멘트가 '여당의 서울시장 후보 1순위', '여당뿐만 아니라 야당에도 커다란 변수'란 표현은 진행자의 주관이 개입된 것으로 프로그램의 공정성, 객관성, 균형성 등을 상실했으며, KBS 선거방송준칙 및 선거방송 심의에 관한 특별 규정을 명백히 위반한 것이었다는 지적이 많았다.

그러나 KBS 심의팀은 이 같은 규정과 준칙 위반행위에 대해 즉각적인 조치를 취하지 않은 채 어물쩍 넘어가려는 태도를 보였다. 심의팀의 이런 미적지근한 대응은 정 사장 취임 이후의 편향·편파적 방송내용에 대해 의례적·형식적인 심의와 솜방망이 처벌에 그쳐 심의팀의 지적에 권위가 실리지 않은 때문이기도 하지만 경영진이 심의팀에 힘을 실어주지도 않았고, 또 심의팀이 CEO의 의중을 헤아려 묵인한 결과이기도 하다.

결국 〈시사 투나잇〉의 '강금실 사건'은 사태의 심각성을 깨달은 경영진이 책임을 지고 처리하는 것으로 마무리되었지만 5.31 지방선거를 앞두고 있는 민감한 시기에 공정성을 지키기 위한 노력이

어떻게 전개될 것인지 관심을 모았다

2005년 2월 3일 한나라당이 충북 제천 청풍리조트에서 연찬회를 열었는데, 〈시사 투나잇〉의 L PD가 한나라당으로부터 취재거부를 당하는 사건이 발생했다. 〈시사 투나잇〉은 연찬회 취재를 거부당하자 이에 항의해 당일 밤 방송에서 5분 정도 이날 한나라당 취재 중 있었던 일을 찍은 장면과 지난 5개월 동안 한나라당의 취재를 거부당했던 장면을 다뤘고, 〈시사 투나잇〉 뿐만 아니라 일부 인터넷 매체에 대한 취재거부 문제도 방송해 정치권과의 마찰을 빚기도 했다.

또 2005년 3월 15일 〈시사 투나잇〉 '헤딩라인 뉴스' 코너에서는 박세일, 전재희 의원에 대한 누드 패러디를 방송했다. 한나라당은 이에 격분하여 정연주 KBS사장을 항의 방문했는데, 이 자리에서 정 사장은 "표현방식이 명화를 빌린 패러디라고 하지만 내용이 여성비하와 성적모욕을 느낄 수 있는 것이었고, 특히 13일간 단식한 전재희 의원을 주제로 했다는 부분에 대하여서는 변명의 여지가 없어 공식적으로 사과드린다"고 말했다.

패러디 파문사건 이후 KBS는 '헤딩라인 뉴스' 코너를 폐지하고, '쾌도난타' 코너로 대체했다. 정 사장은 2005년 5월 2일에 있었던 취임 2주년 기자 간담회에서 '헤딩라인 뉴스' 폐지 지시에 대해 "사장 취임 후 가장 슬픈 경험이었다"고 술회했다. 방송위원회는 2005년 4월 7일 전체회의를 열어 KBS 2TV 〈시사 투나잇〉 프로그램에서 한나라당 박세일, 전재희 의원의 누드 패러디를 방송한데 대한 징계를 논의하면서 이미 사과방송을 내보냈고 '헤딩라인 뉴스' 코너를 폐지하는 등 자체 조치가 이뤄진 점을 감안해 '권고'를 결정했다. 방송위원회 또한 솜방망이 처벌에 그친 것이었다.

그러나 2005년 5월 11일 방송된 '쾌도난타' 코너에서 이와 비슷한 유형의 '사고'가 또다시 발생했다. 철도공사 유전개발 비리 의혹에 연루된 정치권을 풍자하는 '모르쇠 원정대'가 방송됐는데, 유전사업에 대해 "모르겠다"고만 일관하는 노무현 대통령과 이광재 의원 등의 얼굴을 영화 '반지의 제왕' 포스터와 합성해 풍자한 내용으로, 누드 패러디 방송 파문으로 인해 폐지된 '헤딩라인 뉴스'와 똑같은 합성 사진 패러디를 방송한 것이다. 정 사장은 신문기사를 보고 '뉴스를 경박화하고 희화화하고 있다'고 화를 냈다는 후문이며, TV제작본부장에게 '이렇게 중요하고 민감한 코너를 어떻게 외주를 주느냐', '부적절하다'면서 보완지시를 했다는 것이다.

〈시사 투나잇〉이 2003년 11월 3일 방송을 시작한 이후 지금까지 160여 차례에 걸쳐 KBS 심의팀으로부터 프로그램 내용의 편향·편파성 문제를 지적받았다. 대표적인 사례는, 2003년 2월 4일 '안상영 부산시장 자살과 정가'라는 아이템을 다루면서 안 시장의 죽음을 둘러싸고 한나라당 공천갈등, 분열 등을 지나치게 강조했고, 대구 공천심사 과정에서의 한나라당 내분을 집중 보도했다.

또 같은 해 2월 23일에는 '한나라당과 민주당 내부갈등 심화'라는 아이템을 다루면서 한나라당 내분과 관련한 내용이 전체 기사의 대부분이어서 특정정당의 이미지를 훼손했다는 지적을 받기도 하는 등 이와 유사한 내용의 편향·편파방송으로 KBS의 정체성을 뿌리째 흔든 사례는 이루 헤아릴 수 없을 만큼 많다.

〈시사 투나잇〉은 2005년 3월 22일 '독도 영유권 문제와 한·일 어업협정'에 대한 방송을 내보면서 '동해'가 아닌 '일본해'로 표기된 지도를 사용해 시청자들로부터 "정말 한심하기 짝이 없다"는 등의 빗발치는 항의를 받기도 했다.

2005년 3월 7일 일부 언론은 '공영방송이 친여 인터넷 매체 확성기?'라는 기사를 통해 〈시사 투나잇〉은 국보법 폐지를 주장하는 시민운동단체와 열린우리당 내 폐지론자들의 주장만 집중 소개한다든지 민감한 사안을 '헤딩라인 뉴스' 코너에서 고스란히 방송, 확대 재생산한다고 〈시사 투나잇〉의 편향성을 강하게 지적했다. 또한 〈시사 투나잇〉이 이처럼 다른 〈뉴스〉들과 차이를 보이는 것은 "이 프로그램을 만드는 주축이 현장 취재를 바탕으로 하는 기자들이 아닌, PD들이란 점과도 관계가 있다고 전문가들은 말한다"라고 밝혔다.

전문가들의 이 같은 지적은 'PD들이 만드는 시사·보도 프로그램'의 근본적인 문제점, 즉 뉴스 아이템을 다루는 기자와 PD의 '생각의 차이'와 '접근 방법의 차이'에 대한 적절한 언급이라는 점에서 시사하는 바가 크다.

공영방송 KBS가 정치적으로나 이념적으로 중립을 지켜야 한다는 것은 아무리 강조해도 지나치지 않다. KBS가 특정 정파를 지지하거나 특정 이념, 특정 가치관에 경도된 프로그램이나 뉴스 등을 내보낼 경우 이는 KBS의 존립 근거를 뒤흔드는 행위가 되기 때문이다.

탄핵방송 올인 – 17대 총선의 공신들

2004년 3월 12일.

국회는 노무현 대통령 탄핵소추안을 가결시켰다. 우리 헌정사에 초유의 일이 벌어졌다. 이 같은 큰 사건에 대한 보도의 공정성과 객관성 그리고 정치적 독립성에 입각하여 〈KBS 뉴스〉는 어떤 역할을 했는가.

대통령 탄핵과 같은 초미의 관심사인 정치적 현상과 관련된 국민여론에 대한 뉴스보도의 자세는 막중하다 못해 치명적이기까지 하다. 자칫 잘못하면 국민여론을 호도하고 정치권에 악용될 소지가 다분하기 때문이다.

노무현 대통령에 대한 탄핵소추안 발의와 국회가결에 따른 국민여론에 대한 뉴스보도가 어떻게 전개되었는지? 공영방송의 역할을 올바로 수행했는지에 대해서 KBS는 과연 자유로울 수 있는지 되짚어 볼 일이다.

국회의 노무현 대통령에 대한 탄핵발의의 계기가 된 것은 2004년 3월, 중앙선거관리위원회가 노 대통령이 대통령 취임 1주년 특별회견에서 한 발언에 대해 선거법 제9조 '공무원의 선거중립' 조항 위반사실을 인정하고 선거중립을 강력히 요청하기로 결정한 데 따른 것이었다.

대통령의 선거법 위반 결정은 헌정사상 최초였다. 노 대통령은 대통령 취임 1주년 특별회견에서 "선거에 대해 관심이 많습니다. 그리고 대통령이 뭘 잘해서 열린우리당에 표를 줄 수 있는 일이 있으면 정말 합법적인 모든 것을 다하고 싶습니다"라고 한 발언이었다.

대통령 발언에 대한 중앙선거관리위원회의 이 같은 결정에 대해 한나라당과 민주당 등 야당이 대통령 탄핵 발의를 추진하는 등 초강 경 대처가 시작됨에 따라 40여일 앞으로 다가온 2004년 4월 15일 제17대 국회의원 선거에 영향을 미칠 A급 태풍의 핵으로 떠올랐다.

이 태풍의 중심부에 KBS가 있었다. KBS는 처음에는 냉정을 잃지 않고 객관적인 사실보도만을 했다. 청와대와 여야 정치권 등 직접 적인 이해 당사자들의 입장과 대처방안 등을 중심으로 사실보도에 충실하려고 노력한 것이다.

이와 관련한 국민들의 여론 동향 보도가 처음 〈KBS뉴스〉에 등장 한 것은, 야권에서 탄핵을 발의한 바로 그날 2004년 3월 9일이었다.

이때의 국민 여론 보도는 '미디어리서치'가 전국의 성인남녀 1,000명을 대상으로 실시한 여론 조사 결과였다.

여론조사의 주요 내용은 '탄핵추진반대가 65.2%, 찬성 30.9%, 중 앙선거관리위원회가 노 대통령의 선거 중립의무를 위반했다고 내 린 결정은 적절했다는 의견이 많았고, 노 대통령이 국민에게 사과 하고 재발 방지를 약속해야 한다는 응답이 60%를 넘었다' 등으로 요약되었다.

국민 개개인을 대상으로 자의적으로 선택해 인터뷰를 한 여론몰 이식의 보도가 아니라 전체 국민여론을 총괄적으로 조사한 결과를 보도한 것으로 여기까지 KBS보도 태도는 공정성과 객관성, 정치적 독립성을 잃지 않은 것으로 볼 수 있다.

그러나 야권의 노 대통령에 대한 탄핵발의가 있었던 다음날인

2004년 3월 10일부터 〈KBS 9 뉴스〉에는 '시민단체, 탄핵추진 반대움직임 확산'이란 아이템으로 국민여론 동향 보도가 등장하기 시작했다.

17대 국회의원 선거를 36일 앞둔 시점이었다.

뉴스의 내용은, 통계학적 의미가 있는 여론조사 결과를 대상으로 한 보도가 아니었다. 그것은 탄핵을 반대하는 시민단체의 주장을 자의적으로 선택해 인터뷰한 내용을 포함해 기자가 리포트로 종합해 구성한 여론추이에 대한 보도였다.

예컨대 대통령 탄핵 발의를 반대하는 '친 노무현' 성격의 '참여연대'와 '한국여성민우회' 등 16개 시민단체와 이에 맞서 탄핵의 필요성을 주장하는 시민단체들의 반응을 종합한 것이었다.

그러나 초점과 비중에 문제가 있었다. 주된 내용은 탄핵반대 움직임이 확산되고 있다는 내용이었으며, 특히 탄핵을 반대하는 주장은 인터뷰로 방송하고 탄핵을 옹호하는 측의 주장은 기자가 요약해 한두 마디로 축소하여 동향을 보도했던 것이다. 이른바 탄핵찬성론에 대해서는 구색만 맞추려고 했던 셈이다.

이 아이템의 후반부에서는 사회원로와 '전국경제인연합회' 등 경제 5단체의 반응도 있었다. 역시 탄핵반대 입장을 표명했다는 내용이다. 뉴스를 시청하는 시청자들에게 '전체적으로 탄핵 반대 움직임이 확산되고 있다'는 인식을 심어주기에 충분했다.

이후 〈KBS 뉴스〉의 내용은 더욱 편파적으로 기울게 된다.

탄핵보도의 첫날엔 한 개의 아이템이었던 것이, 둘째 날에는 3건, 대통령 탄핵소추안이 가결된 날에는 무려 19건에 이르렀고 경제계 등의 동향까지 합하면 20여건을 훌쩍 넘었다.

양적 팽창보다 더 우려되었던 것은 말 그대로 일방적으로 대통령 탄핵을 규탄하는 내용 일색으로 뉴스가 진행되었다는 사실이다.

예) 2004년 3월 10일부터 12일까지 방영된 관련 뉴스 아이템

2004년 3월 10일
노 대통령, 내일 입장표명
내일 탄핵표결 각 당 총력 대비
탄핵안 가결 가능한가
시민단체, 탄핵반대 움직임 확산

2004년 3월 11일
탄핵안 처리 대치 끝 내일로 미뤄
3당 의원들 밤샘 농성시비
내일 처리시한 가결이냐 폐기냐
노 대통령 '탄핵 모면용 사과 못해'
총선결과 따라 진퇴 결단
노사모 추정남자 분신, 찬반집회 잇따라
각계 반응, 경제회복 걸림돌 우려
외국 언론도 여의도에 촉각

2004년 3월 12일
헤드라인
노 대통령 '헌재판단 다를 것 기대'
직무정지 등 가결 이후 일정
고건 총리 권한 대행의 변

고건 총리 국무회의 등 주재
대통령 거취와 권한대행 어떻게
긴급 NSC 상임위, 전국 경계태세 강화
소요사태 엄정 대처키로
여론조사, 대통령 탄핵소추 잘못 70%
국민들 경악 속 정치 실종 개탄
노사모 격렬 반발, 들끓는 네티즌
이 시각 국회 앞
국론 분열의 현장 여의도
차량 몰고 국회돌진
시민 사회 단체 반응
전직 대통령 반응
권양숙 여사 소감 피력
부산 시민들의 반응
광주,전남 도민들의 반응
대전 시민들 반응
춘천지역 반응
청주,충북 도민들도 충격
전주 지역 반응
제주도민들 반응
김해 노 대통령 고향, 충격, 허탈
해외교포도 안타까움
여론조사 대통령 탄핵소추 잘못 70%

– 이하 생략 –

특히 2004년 3월 12일 〈KBS 9 뉴스〉는 국회의 대통령 탄핵 소추
안 가결로 2시간 30분짜리 특집으로 편성 방송됐다.

평소 〈KBS 9 뉴스〉가 1시간 정도 방송된 것에 비하면 이날은 2.5배 정도 길게 편성된 것이다. 대통령 탄핵은 헌정사상 초유의 일이기 때문에 뉴스시간이 길게 편성된 것은 당연한 일일 수도 있다. 문제는 방송의 형식과 내용에 있다.

공영방송인 〈KBS 뉴스〉의 생명은 공정성과 객관성, 정치적 독립성이다. 어느 특정 정권이나 특정정파의 이익을 일방적으로 대변해서는 안 된다.

그러나 2004년 3월 12일 〈KBS 9 뉴스〉의 대통령 탄핵에 대한 국민여론 보도를 보면 전반적으로 대통령 탄핵 소추안 가결의 부당성만 일방적으로 부각시켰다는 지적을 면하기 어렵다.

대통령 탄핵소추안 가결에 대해 통계학적으로 의미 있는 여론 조사에 의한 동향을 다룬 것은 단 1건에 불과했다는 사실은 시사하는 바가 크다.

이 리포트의 골자는 '대통령 탄핵소추가 잘못됐다는 응답이 70%였으며 탄핵안 통과로 국정운영과 경제에 악영향을 미칠 것이라는 응답이 80%, 열린우리당 지지도가 34%를 넘어서 사흘 전보다 10% 정도가 더 올랐다' 는 것이었다.

여론조사가 이렇게 나왔다면 대통령 탄핵에 대한 반대와 찬성의 보도내용의 비율이 5대5는 아닐지라도 최소한 6대4 나 7대3 정도까지 지키는 선에서 방송하는 것은 수용할 수도 있을 것이다. 그러나 다수의 의견을 부각시키기 위해 다수의 의견만 집중적으로 강조하고 소수의 의견을 묵살하는 것은 엄연히 보도원칙에 위배되는 중대문제가 아닐 수 없다.

그것은 곧 여론에 대한 검증작업 없이 일방적으로 여론의 편만 들어주게 되고 결국 검증되지 않은 여론으로 시청자들을 유도하는 길잡이 노릇만 하는 것이 된다. 이 때문에 지난 날 많은 정권들이 여론조사를 빙자한 왜곡된 보도행태를 이용해 국민을 우롱했던 것이 아닌가.

여론조사결과에만 치중하여 보도를 한다면 방송은 무엇을 하게 되는 것인가. 극단적인 예로 대통령 탄핵을 반대하는 여론이 99%였다고 보자. 그렇다면 〈KBS뉴스〉에서 반대론을 주장하는 의견은 단 하나도 방송되지 못하는 기현상을 연출할 수 있는 것이다.

이처럼 위험한 결과를 낳을 수 있는 것이 방송, 특히나 뉴스보도이기에 해당 기자들은 보도에 있어 최소한의 균형을 이룰 수 있도록 심사숙고해야 마땅한 것이다.

대통령 탄핵에 대한 여론 동향을 기자가 리포트로 사전에 제작, 방송한 아이템은 상기 표에서 보듯이 10여개가 넘는다. 영부인 권양숙 여사의 소감 피력이라는 리포트까지 방송됐다. 국내반응은 물론 해외교포들의 반응 리포트도 추가됐다. 이 가운데 영부인 권양숙 여사의 소감을 단독 아이템으로 구성한 것이 과연 공정성과 객관성을 지킨 뉴스였는지에 대해 의혹을 갖지 않을 수 없다.

게다가 〈KBS 뉴스〉는 뉴스진행 중에 중계차를 연결해 전국 주요 지역의 반응을 생방송으로 방송했다. 사전제작이 아닌 중계차를 이용해 생방송으로 현장에서 시민인터뷰를 내보내는 것은 지극히 위험한 방식이다. 인터뷰대상자를 선택할 경우라 하더라도 생방송으로 어떤 돌발적인 발언이나 행동이 나올수 있을지 예측하기 어렵기 때문이다. 그럼에도 불구하고 KBS는 중계차를 전국 각 지역에 동원하다 못해 대통령 고향 김해에까지 출동하는 열의를 보였다. 인터뷰 내용과 기자의 현장 리포트 내용은 대부분 국회의 대통령 탄핵소추안가결을 비난하고 규탄하는 등 천편일률적으로 편향된 내용이었다. 또한 기자 편의에 따라 일방적인 자르기도 서슴없이 자행되었다.

광주, 전남지역에서의 방송은 시민 인터뷰조차 생략하고 기자가 일방적으로 "이 지역 시민들은 대부분 대통령 탄핵을 비난하고 있다"는 식의 여론동향만 언급한 것이 그것이다. 탄핵을 찬성한다는 여론에 대해서는 일언반구 찾아볼 수가 없었다.

KBS 기자들의 편향되고 왜곡된 방송행태는 조금만 눈여겨 본 시청자들이라면 기막힌 편들기 방송임을 알 수 있게 했다.

기자가 작성해서 방송되는 리포트는 보다 신중하고 객관적이어야 한다. 그만큼 시청자들에게 막강한 영향력을 미치기 때문이다. 또한 기자는 정권과 밀착되는 일이 허다하다. 보도내용에 따라 상벌이 뒤따르는 관례에서 벗어나기가 쉽지 않기 때문이다.

대통령 탄핵방송에서 어떤 암묵적인 지시가 있었는지는 알 수 없다. 하지만 보도행태를 미루어 볼 때 KBS기자들은 또 한 번 예외없이 정권의 하수인 노릇을 자청했음이 자명해졌다.

기자들이 인용하거나 여론을 빌어 자신의 독단적인 견해로 리포트 방송한 표현들을 실례로 들어보자.

　－ 탄핵소추안이 가결되자 경악과 분노의 목소리가 터져 나옵니다.
　－ 시위 현장이 눈물바다로 변합니다.

– 탄핵안 가결은 의회 쿠데타이자 폭거라고 주장했습니다.

– 수구 부패정치를 척결하기위해 내일부터 시민들이 참여하는 촛불집회를 광화문에서 열기로 했습니다.

– 탄핵을 반대하는 쪽에서는 울음이 터져 나오고 실신까지 했습니다.

– 야당 해체를 주장했습니다. 국회장례식까지 치렀던 시민, 사회단체 연대회의는 국회를 맹비난했습니다.

– 시민들이 매우 충격적이고 착잡하다는 반응을 보이고 있습니다.

– 시민들은 대통령이 과연 무엇을 잘못했느냐며 반발하거나 눈시울을 붉히기도 했습니다.

– 시민, 사회단체들은 선거를 통해 정치권 물갈이를 하겠다고 다짐했습니다.

– 도민들도 충격에서 좀처럼 벗어나지 못하고 있습니다.

– 탄핵소추안 가결에 반대하며 30분 동안 분신소동을 벌였다.

– 도민 대부분은 국회, 특히 야당에 대한 실망과 분노를 삭이지 못하고 있습니다.

– 지난 대선 때 노 대통령에게 90%가 넘는 압도적인 지지를 보냈던 곳으로 실망과 분노의 목소리가 잇따르고 있습니다.

– 참가자들은 이번 총선으로 야당을 심판하자고 결의했습니다.

– 민주당 조순형 대표와 한나라당 최병렬 대표, 박관용 국회의장의 화형식도 가졌습니다.

과열된 기자들의 언동과 기사내용으로 시청자들은 이성이 마비되지 않을 수 없었고 전국을 흥분의 도가니로 이끌기에 충분했다.

무엇보다도 정치·사회적으로 독립성을 염두에 두어야 하는 기자들이 표현한 방식은 균형감각을 논하기 이전에 시민단체 등의 분위기에 편승해 기자의 감정을 고스란히 전달하기에 급급했던 것으로 밖에 보이지 않는다.

상식을 초월한 보도에서 KBS의 간판앵커들은 더욱 고단수였다.

앵커는 이날 국민들 반응을 집중적으로 알아보는 첫 번째 아이템에서 '탄핵 찬반을 떠나 국민을 무시한 정치권에 개탄을 금치 못하고 있습니다' 라는 멘트로 시작했다.

비록 야당만으로 탄핵안이 가결되기는 했지만, 형식과 절차상으로는 적법한 의정활동에 대해 앵커가 국민의 입을 빌어 한마디로 정치권을 매도하는 듯한 '개탄' 운운하는 표현이 과연 공영방송의 앵커로서 적절했는지 의문이다. 특히 앵커는 대통령 탄핵에 대해 먼저 열에 들떠서 시청자의 감정을 부추기고 규탄을 유도하는 듯한 질문을 빈번하게 하여 비난을 샀다.

춘천지역 반응을 알아보는 순서에서 앵커는 기자에게 "강원도민들도 많이 불안해하고 있지요?" 라는 질문을 하는가 하면 제주도민의 반응에 대한 순서에서는 "분노의 목소리가 높다구요?" 라고 물었다. 그런가 하면 대통령 고향 김해를 연결할 때는 "그 어느 곳보다도 충격이 컸을텐데요. 어떻습니까?"라는 등 납득하기 어려운 일방적인 유도질문을 하였다.

누가 봐도 사전에 이미 준비된 답변을 토대로 질문을 한 것이며, 이미 대통령의 탄핵을 규탄하는 내용이 포함되어 있었다. 질문 자체에서 이미 공정성과 객관성을 잃었던 것이었다.

시간이 흐르고 흥분이 가시면서 대통령 탄핵이라는 사상 초유의 사태에 대한 KBS의 편향보도 태도는 방송학계에서 세기의 불공정 사례로 비판받는 혹독한 대가를 치르게 되었다.

문제의 핵심은 〈KBS 뉴스〉의 공정성, 객관성, 정치적 독립성의 문제이다. 이에 대한 답은 방송 심의에 대한 규정으로 대신할 수 있겠다.

[방송심의에 관한 규정]
제9조 (공공성)
1) 방송은 진실을 왜곡하지 아니하고 객관적으로 다루어야 한다.
2) 방송은 사회적 쟁점이나 이해관계가 첨예하게 대립된 사안을 다룰 때에는 공정성과 균형성을 유지하여야 하고 관련 당사자의 의견을 균형있게 반영하여야 한다.
3) 방송은 제작기술 또는 편집기술 등을 이용하는 방법으로 대립되고 있는 사안에 대해 특정인이나 특정단체에 유리하게 하거나 사실을 오인하게 하여서는 안 된다.
제16조 (통계 및 여론조사)
1) 방송은 통계조사 및 여론조사 결과를 인용보도할 때에는 의뢰기관, 조사기관, 조사방법, 조사기간 및 오차한계 등을 밝혀야 한다. 다만 여론의 형성과 직접적인 관련이 없는 경우에는 예외로 한다.
2) 사회적인 쟁점이나 이해관계가 대립된 사안에 대해 시청자의 의견을 조사할 때에도 제1항의 요건을 갖추어야 한다.

KBS가 대통령 탄핵과 관련된 방송에서 과연 상기의 규정들을 엄수하였다고 당당하게 주장할 수 있을까. 아무리 여론조사에서 대통령 탄핵에 반대하는 응답이 70%를 넘었다고 하더라도 탄핵소추안을 가결시킨 국회의 결정을 일방적으로 규탄하고 정치권을 매도해도 된다는 권리를 누가 주었단 말인가.

미우나 고우나 국회는 국민들이 직접 뽑은 국회의원들이 국민을 대신해 입법 활동을 하는 국민의 대표기관이다. 비록 여당이 불참한 가운데 결정된 사안이라 할지라도 다수결원칙에 따른 국회의 결정이라고 인정할 것은 인정해야 한다. 불만은 많지만 번복할 수는 없는 엄연한 현실이다.

그럼에도 불구하고 이러한 결정에 대해 특정 시민단체의 주장을 등에 업고 전체 국민의 여론인 것처럼 규탄하고 정치권 전체를 개혁의 대상으로 몰아붙이는 일방적인 보도행태는 KBS가 취해야할 자세는 아닌 것이다.

시대가 달라졌다. 지금은 땡전뉴스로 회자됐던 과거 군사정권이 아니다.

식견이 있는 사람이면, 아니 국민이면 누구나 여론조작의 실태를 한눈에 파악할 수가 있다. 그러나 마치 무엇에 홀리기나 한 듯이 KBS는 대통령 탄핵보도에 있어서는 정권을 일방적으로 편들고 홍보하고 유리하게 여론을 조작하는데 유용한 도구로 이용되었음을 부인할 수 없게 되었다.

영국의 BBC나 미국의 CNN 그리고 일본의 NHK 등 선진방송들은 객관적이고 엄격하게 조사한 통계적으로 의미 있는 방법에 의한 여론조사 결과가 아니면 여론보도를 극히 자제하고 있다. 특히나 정치사회적으로 민감한 현안에 대해서는 자의적으로 선택한 시민이나 단체 등 인터뷰구성을 중심으로 하는 여론몰이식 보도는 찾아볼 수가 없다.

점입가경이라고나 할까. 보다 더 큰 문제는 바로 이러한 〈KBS 뉴스〉가 17대 국회의원 총선거를 눈앞에 둔 시점까지 계속됐다는 점이다.

〈KBS 뉴스〉는 대통령 탄핵 소추안 가결 시점에 그치지 않고 무려 15일 이상을 대통령 탄핵을 규탄하는 촛불집회 등을 별다른 여과 없이 매일 중계방송하였다.

총선이 임박한 시점에서 이러한 보도행태는 총선여론 형성에 상당한 영향을 미칠 우려가 있어 더욱 신중해야 함에도 불구하고 그리하였다.

그 표현들을 보면 실로 극단적이다.

- 탄핵안 가결이 의회 쿠데타라며 국회해산을 촉구했다
- 탄핵안을 가결한 국회를 탄핵해야 한다
- 탄핵소추안 가결을 민주주의에 도전한 의회의 쿠데타라고 규정하는 시국 선언문도 채택
- 야당의 횡포로 얼룩진 국회를 당장 해산하라고 촉구했다
- 시민들은 탄핵안을 즉각 무효화하라며 한나라당과 민주당을 규탄했다
- 탄핵을 거론할 자격이 없는 야당이 국가를 혼란에 빠트렸다

여기에 그치지 않고 〈KBS 뉴스〉는 더욱 적극적으로 나섰다. KBS 자체적으로 여론조사를 실시하였고 결과는 '열린우리당의 지

지율이 일약 39.6%로 올라 정체에 빠진 한나라당과의 격차가 두 배 이상 벌어졌고 민주당은 하락세' 라는 내용의 뉴스보도를 덧붙이기도 했다.

또한 국회의원 총선거 3일을 앞둔 시점에서는 '대통령 탄핵소추 한달' 과 '대통령 권한 정지' 라는 특집 아이템으로 결정타를 날렸다.

그로부터 사흘 뒤인 4월 15일, 제17대 국회의원 총선거가 실시됐다. 결과는 예상대로 열린우리당이 국회의석의 과반수를 확보하는 압승을 거두고, 두 야당은 참패했다.

결과적으로 대통령 탄핵 소추안은 총선용 도구로 전락했다. 사건은 노 대통령의 경솔한 발언이 선거법 제9조를 위반한 데서 비롯되었는데, 결과는 엉뚱한 곳에서 매듭지어진 것이다.

대통령 탄핵을 망국적 분위기로 호도하고 시민의식을 마비시키는 동시에 한편으로 사건을 부풀리면서 여론을 조장했던 일방적인 편들기 방송이 일조한 성과였다.

여기서 KBS는 최고의 수훈갑이었다. 종횡무진 여론을 조성하는 행동대원으로, 정권입장을 옹호하는 스피커로써 커다란 공적을 세운 셈이다.

KBS 대통령 탄핵관련 내용에 대한 편파시비 논란은 아직 끝나지 않았다. 여전히 그 숨은 의도가 무엇이었는지, 어떠한 압력이나 사주는 없었는지에 대한 의혹의 불씨가 남아있기 때문이다.

그러나 공영방송 KBS가 어떤 사실보도에 대해 공정성 시비에 휘말리는 것만으로도 그 이미지가 추락하고도 남음이 있다.

더욱 기막힌 사실은, 이처럼 외부의 논란과 비난에도 불구하고 자체적으로는 탄핵방송이 적절하고 타당했다는 자화자찬을 했다는 것이다.

시청자위원회도 '국민들의 의사를 잘 반영한 보도' 였다며 '앞으로도 외부의 압력에는 언론자유의 이름으로 맞서고 사실과 진실보도를 위해 힘써 달라' 는 당부까지 남겼다.

방송사에 남을 KBS 탄핵방송의 편파성

"아무리 느슨한 기준을 적용해도 공정했다고 말하기 어렵다."

한국언론학회(회장 박명진)가 방송위원회의 의뢰로 지상파방송 3사의 탄핵 관련 보도를 분석한 보고서 '대통령 탄핵 관련 TV방송 내용 분석' 의 머리말에서 탄핵방송의 편파성을 단적으로 지적한 표현이다.

2004년 3월 12일 대한민국 57년 헌정사상 초유의 '대통령 탄핵소추안' 이 국회에서 가결되었다. 정치적 견해에 따라 찬반이 나누어졌겠지만 충격적인 사건임에는 틀림없었다. 온 나라가 들끓었다. 세계의 언론들도 연일 높은 관심을 표명함으로써 대한민국에 또다시 세계의 이목이 집중됐다.

국내 TV방송에서는 탄핵안 가결 전후의 국회 본회의장 풍경을 일방적이며 반복적으로 방영하였다.

각 언론사와 단체에서는 경쟁적으로 탄핵안 가결에 대한 찬반을 묻는 여론조사를 실시했다. 수시로 여론조사 결과가 미디어를 통해 발표되었는데 찬성과 반대 평균치는 3대7로 반대여론이 많았다.

한편 대통령 탄핵안이 가결된 후 지상파방송 3사의 뉴스와 시사 프로그램들이 편파적이라는 여론도 언론사에 빗발쳤다.

비등하는 비판적 여론을 의식한 방송위원회(위원장 노성대)는 3월 26일 "탄핵 관련 방송이 중요한 역사적 사실임을 감안해 좀더 정확한 분석이 필요하다고 본다"며 한국언론학회에 프로그램 분석을 의뢰하기에 이르렀다. 이어 3월 31일 보도교양 제1심의위원회(위원장 남승자)에서는 우선 지상파 3사의 탄핵 관련 프로그램에 대해 '더 신중하고 공정하게 방송하라' 는 애걸 수준의 '권고 조치'를 내렸다. 이것은 사실상 방송위원회가 방송 3사의 탄핵 관련 프로그램들이 공정성에 문제가 있다는 것을 인정한 것이라고 보아야 할 것이다.

방송위원회의 이러한 태도는 17대 국회의원 선거를 앞둔 민감한 국면에서 책임을 회피하고 정권의 눈치를 살피는 저급한 행위로 비판받았다.

공정성에 문제가 있다는 지적을 받으면서도 탄핵관련 방송은 '4.15 총선' 분위기 속에서 간단없이 계속되었다. 총선은 결국 탄핵 반대 정당인 열린우리당과 민주노동당의 대승으로 끝났다. 그 후 5월 14일 57년 헌정사상 초유의 사건인 대통령탄핵심판은 헌재의 '기각'으로 마무리되었다.

한국언론학회의 지상파방송 3사의 탄핵방송 분석 보고서가 6월 10일 공개되자 찬반 진영을 막론하고 각계의 반응은 한결같이 놀라움이었다. 초미의 정치적 상황이 탄핵반대 진영의 승리로 끝난 시점인데도 편향성을 주장하는 학자들의 용기에 대한 찬사와, 정황에 부응하지 않는 교수들의 고집(?)에 대한 답답함의 표출이었으리라 생각한다.

언론학회의 분석 연구팀에는 이민웅(한양대) 교수와 윤영철(연세대) 교수가 책임연구원으로, 윤태진(연세대), 최영재(한림대), 김경모(연세대), 이준웅(서울대) 교수 등 소위 386세대 교수 4명이 연구원으로 참여하였다. 이들은 3월 12일부터 3월 20일까지 모두 96시간 분량의 보도내용을 대상으로 앵커 멘트, 자막, 인터뷰, 화면구성 등으로 분류하여 낱낱이 분석하고 구체적인 수치를 통해 편파 여부를 가려내는 작업을 했다.

한국언론학회는 한 마디로 'TV탄핵방송은 편파적'이라는 분석 결과를 발표했다. 그러나 일부 학계와 시민단체는 물론 방송위원회까지도 '편파적'이라는 결론을 인정하지 않았다.

그런데 방송위원회의 이런 태도는 '4.15총선'과 '탄핵심판' 전에는 TV탄핵방송의 공정성 평가 책임을 한국언론학회에 떠넘겼다가 민감한 정치적 상황이 끝난 후에는 언론학회의 '편파적'이라는 분석 결과를 무시하려는 비겁한 작태로 평가할 수밖에 없다.

방송위원회 보도교양 제1심의위원회에서는 언론학회 보고서가 나올 때까지 유보했던 방송 3사 TV탄핵방송 공정성 심의 문제에 대해 6월 30일과 7월 1일 잇달아 전체회의를 열고 격론을 벌였으나 '방송위원회 권능 밖'이라며 심의를 각하했다. 방송위원회는 각하 이유로 "개별 프로그램에 대한 구체적인 내용을 심의하지 않은 채

다수 프로그램을 대상으로 포괄적 심의를 하는 일은 불가능하다"는 어정쩡한 표현을 들며 징계심의 자체를 회피하였다.

이러한 방송위원회의 기회주의적 처신과 현실 왜곡에 대해 이창근 심의위원(광운대 교수)과 남승자 위원장은 강한 유감을 표하며 7월 4일 사퇴하기에 이르렀다.

이창근 위원은 방송위원회에 남아 심의결정을 하는 일 자체가 무의미하다고 느끼고 "탄핵방송이 방송위원회의 심의대상이 되었다는 사실에 흥분하는 제작자들은 여러 가지 복잡한 변화의 과정에 있는 이 사회에서 방송의 역할이 무엇인지 진지하게 생각해 주길 바란다"고 제작자들의 양심에 호소하는 말을 남기며 사퇴했다.

남승자 위원장도 사퇴하면서 "방송심의규정에는 분명 같은 주제의 프로그램을 포괄적으로 심의할 수 있다고 되어있다. 방송위원회 사무처에서도 심의할만한 안건이라고 판단했다. 방송에 중대한 책임이 있다"며 방송위원회의 '심의 각하' 이유를 근본적으로 부정하였다.

이와 같은 방송위원회의 내부 반발은 지상파 TV 3사의 탄핵관련 프로그램의 공정성에 대한 심의가 중징계 사안이어서 심의위원들만의 회의가 아니라 방송위원회 이사들도 참석하는 전체회의로 진행되었고 이 자리에서 일부 이사의 견해가 회의 결과에 영향을 주었기 때문에 촉발된 것으로 알려졌다.

한편 다른 학회의 교수들은 한국언론학회의 탄핵방송 분석보고서를 '정치으로 편향된 보고서'라고 비난하고 나섰다. 결국 7월 21일

프레스센터에서 있은 한국언론학회 학술대회에서 '탄핵 관련 방송 내용 분석'에 참여한 교수들의 발제 후에 토론자로 나선 타 학회의 교수들은 연구를 폄훼하는 견해를 주장하였다. 그동안 방송이나 지면을 통해 일방적으로 반대 의견을 제시하던 교수들이 분석연구에 참여한 교수들과 얼굴을 맞대고 학문적 견해를 주고받는 논쟁의 장이었다고 볼 수 있다.

토론내용을 보면 그동안 비판적이던 교수들의 주장은 학문적이라기보다는 정치적이며 비평적으로 보였다. 그리고 무엇보다 중요한 '분석의 틀'에 대한 비판적 의견은 향후 어떤 교수로부터도 들을 수가 없었다. 결국 한국언론학회 분석연구팀의 TKO승과 같았다.

분석연구팀은 편파 방송의 구도를 '탄핵찬성 세력 = 부당한 강자', '탄핵반대 세력 = 억울한 약자'로 나누고 '억울한 약자'인 탄핵반대 세력을 두둔하는 프레임이었다고 지적했다. 수치로 나타낸 구체적 분석 결과의 일면을 보면 방송 3사 정규뉴스의 시민 인터뷰의 경우 탄핵 찬성과 반대의 비율은 1대4였고 시사·교양프로그램의 앵커 멘트는 찬성과 반대 비율이 1대27이었다. 이처럼 방송 3사가 조직적으로 탄핵찬성 세력을 음해하며 국민을 호도하는 방송을 일삼았는데도 '편파'로 볼 수 없다고 억지 주장을 내세우는 일부 방송학자들의 태도는 이해할 수 없는 일이라 생각한다.

한편 '언론인 포럼(회장 윤명중)'에서는 회원을 대상으로 2004년 3월 9일부터 5월 14일까지의 방송 3사 탄핵 관련 프로그램에 대한 공정성 평가 조사를 했다. 방송사와 신문사의 전직 보도·편집국장, 해설 · 논설위원장, 앵커, 특파원 출신 언론인들로 구성된 '언론인 포럼'의 조사는 '방송의 96%가 편향적'이라고 결론지었다.

지상파방송 3사, 특히 국민의 방송 KBS의 탄핵 관련 프로그램이 공정성을 망각하고 편파 일변도로 치닫게 된 배경에는 KBS 경영진의 치기어린 논리가 도사리고 있었기에 더욱 부끄러울 뿐이다.

탄핵관련 프로그램의 공정성 여부에 대해 외부에서 갑론을박하는 것은 탄핵관련 프로그램을 '방송사 수뇌부에서 편파적으로 조작하였다'는 사실과 그 과정을 알고 나면 무의미하고 허탈한 일이 될 것이다.

정연주 사장에게 충성하는 KBS의 신 기득권 상층부가 탄핵관련 프로그램을 편파적으로 유도한 수법은 어지간한 방송경력이 있는 사람들이면 누구나 쉽게 그 저의를 읽을 수 있는 저급한 수법이었다.

우선, 편성을 통해 신 기득권층이 준동하게 하는 분위기를 조성하였다. 대통령 탄핵소추안 가결 당일인 3월 12일에는 1TV 방송 중 14시간 30분, 13일에는 7시간 55분, 2TV는 12일 3시간 50분을 생방송으로 진행해야 하는 파격적인 편성을 실시했다.

사안의 중대성을 감안할 때 수긍할 수 있는 부분이 없지는 않지만 탄핵소추안이 가결될 경우의 수를 고려하고 구체적으로 사전 준비를 해야 하는 경영진의 의무는 다하지 않은 채 파격적인 편성을 한 것이다. 따라서 프로그램이 조악하게 제작되는 것은 당연하다 할 것이다.

준비가 안된 상태에서 14시간 30분을 생방송으로 진행하려면 담당자는 시간을 채우기에 급급해진다. 이때 가장 손쉬운 영상이 탄핵안 가결 전후의 국회 본회의장 상황이여서 이 영상을 수없이 반복하여 방송할 수밖에 없게 된다.

이 영상은 전이효과가 매우 커서 시청자들은 자연스럽게 위기의식을 갖게 된다. 따라서 탄핵안 가결에 대한 찬반 의견을 묻는 인터뷰에서는 위기상황에 대한 거부반응인 반대 의견을 내게 된다.

이러한 일련의 과정은 예견된 것으로 사전 계획에 의해 유도되었다고 하면 지나친 해석이 될지는 모르겠다. 그러나 탄핵안 가결 순간의 영상을 일방적, 반복적, 집중적으로 방송하면 탄핵주체 세력에 대한 반감이 일게 되는 것은 자명한 일이다. 결국 KBS의 탄핵 관련 프로그램은 탄핵주체 세력을 음해하며 국민을 호도하여 국민의 70%가 탄핵에 반대한다는 여론조사 결과를 얻게 한 것이다. 이러한 흐름을 조성한 것은 편성책임자의 음모라고 볼 수 있다.

편성책임자의 전횡은 KBS 2TV 편성에서도 나타났다. 2TV는 보통 낮 12시에 방송이 종료되고 오후 4시에 다시 방송을 개시한다. 방송이 없는 낮 4시간을 방송사에서는 정파시간이라고 부르는데 이 시간에 방송을 하려면 사전에 문화부장관의 승인을 받아야 한다. 이것은 위기상황인 경우를 제외하고 반드시 사전에 이루어져야 하는 법 절차이다. 3월 12일 국회에서 대통령 탄핵소추안 표결은 예정되어 있는 일정이여서 낮 정파 시간에 방송을 하려면 사전에 법 절차를 밟았어야 했다. 그러나 사전 승인도 받지 않은 상태에서 편성책임자는 1TV 방송 내용을 그대로 2TV 낮 정파시간에 중계하게 하는 편성을 지시했다. 결국 국민을 호도하는 프로그램이 시청자에게 노출되는 기회를 확대한 것이다. 이것은 만행이라고 볼 수밖에 없는 편성책임자의 전횡이었다.

당시 L편성본부장은 2004년 4월 30일에 있었던 필자와의 면담에서 "당시 사장이 병원에 입원 중이었기 때문에 사장에게는 사전에 보고나 의논을 하지 않았고 통화조차 할 수 없었다"며, "편성권의 당연한 행사"라고 강변하였다. 또 탄핵관련 프로그램을 만들어 내느라 혼쭐이 났던 K보도본부장은 〈뉴스특보－탄핵안 가결〉의 편성 경위에 대해 "탄핵안이 가결된 후 편성본부장과 협의해 부사장에게 보고하였고 승인을 받았다"며 "탄핵 관련 방송을 긴급 편성하게 된 근거는 재난방송에 준해서 편성본부에 요청하였다"라고 편성본부장과는 엇갈린 주장을 하였다. 이처럼 중차대한 일을 사장과 사전에 협의하지 않고 편성본부장 혼자서 결정했다는 말을 누가 믿겠는가. 이런 일은 있을 수도 없고 있어서도 안 되는 일이다. 물론 편성권은 정치권력과 경제권력 및 사업주로부터도 보호되어야 하는 불가침의 권한임에는 틀림없다. 그러나 그 권한의 보호는 법 절차를 준수할 때에만 보장되는 것이다.

어떠한 형태의 권력이라도 법의 테두리를 벗어나 절차를 무시하고 행사된다면 보호받을 수 없는 것은 당연한 이치이다. 과거 군사정권 시대에 법 절차를 무시하고 행사된 그들의 권력을 우리가 지금 심판하며 진상을 규명하고 있지 않은가.

편성책임자의 편성권도 1인에게 온전히 부여된 것은 아니다. 권한은 주었으되 1인의 전횡을 막기 위해 KBS는 사규에서 부사장이 위원장이 되는 '편성제작위원회' 구성·운영을 규정하였다. 이것은 편성제작에 관한 최고 의결기구이다. 탄핵관련 프로그램과 같은 중차대한 프로그램은 사전에 '편성제작위원회' 의 의결을 반드시 거쳐야 한다. 부득이한 사정으로 사전 의결을 받지 못했을 경우에는 사후에라도 반드시 절차를 밟아야 한다.

그러나 1TV의 14시간 30분이라는 파격적인 편성과 1TV를 수중계하는 2TV 편성은 사전은 물론 사후에도 '편성제작위원회' 의 의결을 거치지 않았다. 편성책임자와 실무책임자는 자신들의 탈법적 행위를 설득력 없는 이유를 들며 적법이라고 강변하고 있는데 이들의 전횡이 KBS 탄핵관련 프로그램의 편파성을 유도한 것이라면 확대해석이 되는 것일까.

다음은 제작부서의 음모론적 접근이라고 볼 수 있다. 통상적으로 프로그램은 편성이 결정되면 제작부서를 지정하게 되고 제작부서의 장은 제작진을 구성하게 된다.

탄핵관련 프로그램의 제작을 맡게 된 부서의 장은 정연주 사장 체제 하에서 급부상한 신 기득권자로써 예상대로 신 기득권 PD들로 제작진을 구성하였다. 그들은 수시로 탄핵관련 시사 · 교양 프로그램을 급조하였는데 매번 사람들이 운집한 각종 행사장으로 TV중계차를 출동시켰다. 또한 지역방송국에도 제작지시를 내려 중계차를 동원하거나 사전 취재물을 활용하여 방송에 참여하도록 하였다. 구성이 탄탄한 밀도 있는 프로그램을 제작하기보다는 단순히 탄핵정국에 흥분하는 시청자들의 목소리를 담는 선동적 프로그램을 제작했다는 것이 더 적확한 표현일 수도 있다.

시청자들은 KBS와 방송위원회에 탄핵관련 프로그램이 공정성을 잃고 있다고 불만을 제기하였다.

- 왜 반대 의견만 많고 찬성 의견은 없는가?
- 왜 패널들이 탄핵 반대 진영의 사람들 위주로 구성되었나?
- 탄핵에 이르게 된 배경 설명은 왜 안하나?
- 국민 대표기관인 국회의 의결인데 왜 뒤엎으려 하나?
- 재판 때까지 조용히 기다려야 하지 않을까?
- 탄핵의 부정적 측면과 긍정적 측면에 대한 언급은 왜 없나?
- 왜 탄핵주체 세력을 적대시하는 분위기를 조장하나?

이와 같은 시청자들의 불만은 당연하다. 실제로 방송국 내부에서는 "중계차와 ENG 카메라는 반대하는 사람들이 많이 있을만한 곳으로 나가라"는 지시가 있었다고 한다.

당시 지역총국의 편성제작국장 몇몇이 "그렇게 하면 균형이 깨지고 공정성 시비가 있을 텐데"라며 우려를 표하자 "윗선의 생각이다. 여론조사가 3대7이니 찬성 3, 반대 7 비율로 하는 것이 뭐가 문제인가"라고 제작지침을 주었다고 한다.

지역국에 요구했듯이 본사의 제작진들도 중계차를 광화문이나 시청 앞 촛불시위 현장으로 보내 그곳에서 여론을 인터뷰하였으니 탄핵 반대 여론이 압도적일 수밖에 없었다. 생방송이라는 점을 활용하여 자연집단 속에서의 여론은 70%가 탄핵을 반대하고 있다는 점을 인식시키려는 발상이었다. 그러나 한국언론학회의 분석대로 실제로는 90%이상이 탄핵반대 세력인 것처럼 1대9 또는 0.5대9.5의 비율로 방송하였다. 이 조작된 현상이 허상이라는 것은 4.15총선에서 탄핵주체 정당의 득표율이 45%였다는 점으로 알 수 있다.

이렇게 KBS 탄핵관련 프로그램들은 편파적으로 계획되고 양산되었다. 결국 학자들의 공정성 분석은 이렇지만, 필자가 33년 간 몸담아온 조직인 KBS의 권력지향적 오점이라서 덮으려는 생각을 수없이 하였다. 그러나 이것은 학문적으로나 제작실무 차원에서도 좋은 연구대상 사례로서 후학에게 도움이 될 것으로 믿어 공개하기에 이르렀다.

국회의 대통령 탄핵소추안 의결을 근본적으로 부정하고 여론조사 결과만이 진실이라는 식으로 방송한 KBS 신 기득권층의 태도는 민주주의 국가에서는 쉽게 이해할 수 없는 현상이다. 왜냐하면 그것은 국회의 국민 대표성을 인정하지 않으면서 국민적 감정에만 의존하는 말초적 접근이며 포퓰리즘의 전형이기 때문이다.

라디오 출연 인사의 편향

참여정부 출범 이후 라디오도 TV처럼 공영방송의 역할을 망각한 채 허둥대기는 마찬가지였다.

이른바 국가기간 라디오 채널이라고 하는 KBS 1라디오는 오래 전부터 주요 시간대별로 시사정보 프로그램을 편성해 소위 거점 프로그램 전략으로 방송해 오고 있었다. 즉 아침, 점심, 오후, 저녁시간대의 뉴스 와이드성 프로그램으로 〈안녕하십니까 김인영입니다 (월~금, 06:20~08:00)〉, 〈라디오정보센터 박에스더입니다 (월~금, 12:20~13:58)〉, 〈KBS 열린 토론(월~토, 19:20~21:00)〉, 〈생방송

오늘(월~금, 17:10~18:58)〉 등을 방송하면서 TV의 영향력에 크게 밀리는 힘든 상황 속에서도 라디오 매체로서의 역할을 어렵게 이어 가고 있었다.

그러나 그동안 공정성을 유지해오던 라디오는 조금씩 한쪽으로 기울기 시작하더니 2003년 7월 14일 KBS 제1라디오가 뉴스·시사 전문채널로 바뀌면서부터는 방송내용이 균형감을 상실하거나 출연 연사가 이념적으로 편향된 인물인 경우가 많아지기 시작했다.

구체적으로 예를 들어 본다면, 2003년 10월 3일에 방송된 아침시 간대의 〈안녕하십니까 강지원입니다 (06:20~08:00)〉에서는 '송두 율 교수 사태 어떻게 볼 것인가'를 다루면서 김형태 씨(송두율 교수 담당 변호사)만을 출연시켜 송교수에게 유리한 입장만 방송했는데, 타사 〈MBC 손석희의 시선집중〉은 김형태 변호사 외에 한나라당 정형근 의원의 입장을 동시에 전달해서 대조를 보였다. 이 내용은 KBS 심의팀에 심의지적된 바 있다. 이어 2003년 11월 19일엔 민주 당 당대표 경선에 전격 출마한 장성민 전 의원을 소개하면서 경선 에 나선 인물이 7~8명임에도 장 전 의원에게서만 출마의 변을 들 어 형평성을 잃었다는 지적이 있었다. 이 내용도 KBS 심의팀에 심 의지적되었다.

또한 2003년 12월 3일 '삼성에버랜드 편법상속, 검찰수사'에 대 해 언급하면서 진행자가 시민단체와 삼성의 입장을 균형 있게 들으 려고 시도는 했으나, 이미 법정에 옮겨진 사건이라는 이유로 삼성 측이 고사하는 바람에 김상조 씨(참여연대 경제개혁센터)만 출연하 게 되었다. 결국 시민단체 쪽의 주장만 듣는 상황이 되어 객관적인 입장을 들을 기회를 청취자에 제공하지 않음으로써 가치 판단에 혼돈이 올 가능성을 초래하였다. 이 역시 KBS 심의팀의 심의지적을 받았다.

진행자가 손관수 기자로 바뀐 아침시간대의 〈안녕하십니까 손관수입니다(월~금, 06:20~08:00)〉에서도 이와 같은 부적절한 사례를 수차례 살펴볼 수 있었다. 2004년 11월 19일 방송된 '파업참여, 공무원 징계논란'이란 주제를 다루면서 민주노동당 입장을 들어본다는 취지에서 민주노동당 대표의 입장을 들었으나 행정자치부 입장도 동시에 전달하는 것이 바람직했다. 또한 2004년 11월 24일 방송된 '파업가담, 공무원 징계논란'에서는 울산 동구청장의 입장을 들어본다는 취지에서 민주노총 위원장 출신의 이갑용 구청장을 통해 징계의 부당성을 전달하였으나, 행정자치부의 의견도 동시에 전달했어야만 했다. 그리고 2005년 1월 12일에는 주제인 '삼성, 노조탈퇴와 사직강요 논란'에서는 삼성의 무노조원칙 유지를 위한 노조탈퇴와 사직강요문제에 대해 단병호 민주노동당 의원의 입장을 들어보았는데, 이러한 내용을 객관적 입장에서 전할 연사가 출연하는 것이 바람직했다고 본다.

점심시간대의 프로그램 〈라디오 정보센터 박에스더입니다(월~금, 12:20~13:58)〉의 2004년 12월 13일 방송에서도 뉴스 포커스 Ⅲ 코너에서 '이철우 의원의 북한 노동당 가입 논란'을 다루면서 상반된 입장의 출연자도 출연시켜 쟁점에 대해 청취자가 바르게 이해하도록 해야함에도 한쪽 당사자인 양홍관 전민족해방애국전선 중앙위원만 출연시켜 이철우 의원 입장만 전달하는 꼴이 되어 형평성을 잃었다. 이러한 내용은 KBS 심의팀의 심의지적을 받았다.

이와 유사한 사례로, 2004년 11월 16일 '위기의 노사관계, 해법은 없는가?'를 다루면서 공무원 노조파업에 대한 민주노동당의 의견을 들었는데, 민주노동당 일방의 의견만 전달되고 정부나 경영자의 입장이 전달되지 못했다.

오후 시간대의 〈생방송 오늘 (월~금, 17:10~18:58)〉의 2003년 10월 14일 방송도 마찬가지로 '뉴스확대경'이라는 코너에서 송두율 교수 사건에 즈음한 사회원로들의 견해를 들으면서 함세웅 신부(민족화해와 통일을 위한 종교인 협의회 공동대표)를 출연시켜 부정적 여론도 만만치 않을 때 송교수에 대해 관용의 입장만 전해 균형 감각을 잃었다는 심의지적을 KBS 심의팀으로부터 받기도 했다.

그러나 반복되는 심의 지적에도 불구하고 라디오 프로그램의 편향성은 시정되지 않았다. 의례적·형식적인 심의와 솜방망이 처벌에 그쳐 심의팀의 지적에 권위가 실리지 않은 때문이기도 하지만 경영진이 심의팀에 힘을 실어주지도 않았기 때문이다. 그러나 무엇보다도 심의팀에서 방송의 공정성에 무관심한 CEO의 의중을 헤아려 스스로 '알아서 긴' 결과이기도 하다.

위의 사례는 KBS 심의팀의 심의지적에서도 나타났듯이 라디오 프로그램 제작자들이 편향된 시각에서 부적절한 연사 섭외 등을 통해 일방의 주장만을 전달함으로써 KBS의 공영성을 훼손한 것이라 할 수 있다. 특히 이념문제, 재벌문제, 노사문제 등 국가 사회적으로 주요한 이슈를 다루는 프로그램에서 이와 같은 현상이 두드러지는 것은 공영방송의 위상을 흔드는 심각한 문제라고 하겠다.

출세하려면 노조로!

KBS 사내에는 노조의 간부직을 거치기만 하면 출세의 길이 보장된다는 말이 있다.

정 사장이 취임한 후 초대에서 9대까지의 노조간부가 팀장급이상으로 중용된 인원은 전체 팀장급 179명중 33명으로 18.4%를 차지하고 있다.

팀장급 이상 간부라 함은 집행기관을 비롯해서 센터장, 팀장 등이며 기존 직급제로 보면 국장급 이상으로, 이러한 사내 주요 보직을 노조간부 출신들이 두루 차지하고 있다 해도 과언이 아닌 셈이다.

그중에는 정말 아무리 넓게 이해하고자 해도 능력이나 자질 면에서 부적격인 사람들도 많다. 이들은 30년을 근무하고도 말단으로 퇴직하는 게 대다수인 시스템에서 단지 노조간부 출신이란 간판 하나로 초고속 승진을 할 수 있었다.

물론 이전 사장들에서도 노조 간부를 중용하는 사례가 없진 않았다. 그러나 이처럼 전 KBS를 망라하여 중용된 사례는 어느 시절에도 없었다.

마치 이전의 사장들이 권력의 실세에 관련된 인물을 중용하거나, 특정인맥을 중용하던 편향적 인사와 닮아있다. 노조가 권력의 새 강자로 확실하게 자리매김한 것이다.

이쯤 되니 노조는 경영권을 쥐락펴락할 정도로 막강해졌고, 경영진은 무리수를 두어가면서도 노조의 비위를 맞추기 급급해졌다.

그 단적인 예가 바로 2004년 삭감에서 동결로, 동결에서 4.5% 인상이라는 결과로 이어진 임금협상이었다. 그 외에도 회사경영에 노조의 참견은 계속되었다. 감량경영이 절실했던 상황에도 불구하고 결국은 노조에게 무조건적인 양보를 하고 말았던 것이다.

일정부분 거리와 견제, 중립적 입장을 견지해야 되는 노사가 화합이 너무 잘 되어 대충 얼버무리며 굴러가고 있는 곳이 바로 작금의 KBS가 아닌지 의심스럽다.

반복되는 사과 – 팀제의 재앙

정연주 사장이 재임 중에 가장 치중했던 업무로는 끊임없는 '대국민사과'가 아닌가 싶다. 기억하기로는 2년여 동안 십여 차례가 된다.

누굴 탓할 수도 없는 것이 정 사장 자신이 두었던 자충수의 결과였고 자신이 놓은 덫에 스스로가 치인 격이었다.

공영방송 KBS가 제작하는 프로그램은 국민들의 의식에 큰 영향을 미친다. 그런 이유로 편향된 가치관을 담고 분별없이 방송된 몇몇 프로그램 문제와 도덕성 실종 등으로 거듭된 사과행진이 이어진 것이다. 구체적인 실례를 보면 다음과 같다.

신모 PD의 해외취재 시 가족 동반
"공영방송 임직원은 국민 여러분께서 내주신 수신료를 투명하고 효율적으로 집행할 의무가 있다. 참담한 심정으로 저희에게 주어진 사명과 의무를 다시 돌아봤다. 국민 여러분께 가슴 깊이 사죄드린다"

한국사회를 말한다 - 귀향, 돌아온 망명객들

"이 프로그램으로 인해 시청자 여러분께 혼란과 오해를 불러일으킨 점 깊이 사과드리며, 각계에서 보내주신 따끔한 질책을 겸허히 받아들여 앞으로 대립과 갈등이 첨예하고 논란을 빚는 사회적 현상을 다룰 때는 더욱 세심한 노력을 기울여 공정하고 설득력 있는 프로그램을 만들도록 최대한 노력하겠습니다"

문성근, 열린우리당 입당

"문성근 씨 파동이 프로그램 제작에 차질을 줬고, 윤리강령 정신을 위배해 시청자들께 유감스럽게 생각한다."

미디어 포커스 - 적기가 방송

"제작이후에도 그 음악이 적기가인 것을 몰랐고 이 사실을 알고 난 뒤 사과문을 게재했습니다."

부부클리닉, 사랑과 전쟁 -시아버지와 며느리 불륜내용

"죄송스럽게 생각하고 인사위원회를 열어 제작진 징계절차를 밟고있습니다."

수요기획-김일성 장군의 노래 방송

"공사의 심의기능을 강화하겠습니다."

일요일은 101% 녹화 중 성우 장정진 사망사고

"책임을 통감하며 고인의 가족과 국민에게 사죄한다."

시사 투나잇 - 박세일, 전재희 의원 패러디 방송

"표현방식이 명화를 빌린 패러디라고 하지만 내용이 여성비하와

성적모욕을 느낄 수 있는 것이었고, 특히 13일간 단식한 전의원을 주제로 했다는 부분에 대해서는 변명의 여지가 없다고 봅니다. 공식적으로 사과드립니다."

노조 중앙위원회 회의 불법 녹취
"노조회의 녹취는 실무자에 의한 우발적 사고였지만, 결과적으로 KBS의 도덕성과 명예를 실추시켰다는 점에서 뼈아프게 반성하며 죄송스럽게 생각한다."

'올드미스 다이어리' 패륜방송 관련
"프로그램에서 며느리가 애를 잘못 봤다며 시어머니 뺨을 때리고 이에 대해 아들도 어머니가 맞을 짓을 했다는 내용을 방송한 데 대해 국민에게 사과하고…."

대구총국 PD 공금유용사건
"대구총국 PD A씨가 1,600만 원의 회사공금을 사적으로 유용한 것이 확인되었으며 국민에게 백배 사죄드린다."

KBS에서 왜 이처럼 일련의 사과가 줄을 잇게 된 것일까. 그것은 바로 팀제가 불러온 재앙이다. 과거 국·부제였다면 민감한 프로그램 편성이나 방송내용일 경우, 차장 부장이 데스크역할을 했었다. 그러나 팀제가 실시되면서 이러한 게이트키핑 기능이 무너져 프로그램을 만드는 과정에서 반드시 필요한 검증기능에 커다란 구멍이 뚫린 것이다.

열정은 있으나 사회를 바라보는 안목과 경륜이 낮은 30대 초,중반의 PD가 국민들의 가치관을 흔드는 프로그램을 제작하고, 이념 편 가르기 논란을 불러일으키는 프로그램을 방송하는 과정에서 견제와 간섭을 받지 않아도 되는, 근본적인 시스템의 부재가 원인이었다.

팀제가 마치 그동안 KBS가 안고 있었던 문제점을 개선시켜줄 획기적인 방안으로 대접받을 당시만 해도 이러한 부작용은 이미 예측된 일이었다. 당시 감사팀에서는 'KBS 조직운영체제 개혁에 대한 감사의견'이란 의견서를 이사회에 제출하기도 했다.

이 의견서에서 필자는 게이트 키핑 기능상실 우려, 고위직급의 유휴 인력화 우려, 간부급 직위 폐지로 인한 노사분규발생시 사측의 대응력 약화 등 7가지 문제점에 대해 종합적인 의견을 제시했지만 정 사장은 이를 묵살했다.

이러한 우려는 불행하게도 현실로 나타났다.

얼마 전 팀제의 허상을 지켜보고 있던 보도국의 한 기자가 KBS 사내게시판에 올린 '팀제… 보도국 무너지나?'라는 제목의 글이 세간의 이목을 집중시켰다.

KBS에 팀제가 시작된 지 벌써 8개월이 넘었다.

그 실체가 무엇인지 알 수 없는 팀제의 정신을 구현한다는 미명하에 부장, 차장 등의 이름을 모두 버린 것은 물론이고 심지어 한 선배기자의 경우 보도국 최고의 자리에서 일개 팀원으로 옮겨가는 파격중의 파격까지 말없이 감내해가며 팀제라는 개혁을 지속해 가고 있다. 하지만 그 결과는 무엇인가.

책임만 있을 뿐 아무런 권한도 없는 파트장에게 팀원이 목소리를 높이며 대들고, 나이 많은 팀원이 백주대낮에 고주망태가 되어 연락이 끊기는가 하면, 자기보다 나이어린 팀장이나 파트장에게 혀가 풀린 목소리로 대낮부터 술주정을 해대는 목소리가 담을 타고 넘어온다. 개탄스럽기 짝이 없다. 이런 꼴 보자고 지금까지 KBS에 다녔단 말인가. 후배들에게 이런 모습 보이자고 한 개혁이고 팀제란 말인가.

연공서열을 파괴하고 능력제로 가는 것은 좋다. 그러나 그게 9시 뉴스 리포트 좀 한다고 선후배도 몰라보고 안하무인인 기자 몇 키우자는 것이었느냐는 말이다.

기강이 무너지고 있는 것은 KBS 내부의 문제만이 아니다. MBC와 SBS가 뉴스의 혁신을 외치며 우리 뉴스를 추격하고 있는 동안 〈KBS뉴스〉가 힘 빠진 뉴스가 되어가고 있다는 비판의 목소리가 들려온다. 위기의식을 느껴야 하지 않는가.

개혁에 반대하면 매국노라도 되듯 치부하는 작금의 세태라니… 개탄스럽기 짝이 없다.

이 글에 대한 댓글이 더 폐부를 찌른다.

팀제 전에도?
술 먹고 널브러지고 선배 몰라보고 깽판 치는 사람은 팀제 하기 전에도 그랬습니다. 다만 그때는 선배한테 술 먹고 개기면 죽도록 맞았던 데 비해 지금은 술 먹고 방송 펑크 내고 개겨도 아무도 터치하지 않는 데 차이가 있는 게 아닐까요? … 허허. 잘못을 해도 책임을 물을 수 없는 분위기가 진정 문제가 아닌가 합니다.

또 다른 날짜의 보도정보 게시판에 올라온 '어떻게 생각하십니까?' 라는 제목의 글이 있다. 보도본부장이 회의석상에서 보도본부의 심각한 위기상황을 있는 그대로 지적한 말을 옮긴 적나라한 내용이다.

- 지난주 토, 일 뉴스를 보고 보도국의 심각한 상황을 확인했다.
- '특종' 을 강조하지 않는 것이 '낙종' 해도 좋다는 소리는 아니다.
- 휴일 〈KBS 9 뉴스〉 중 '세계최대 가상현실', '한국 산맥지도', '행차도', '이세돌 바둑 '등 많은 뉴스가 누락됐다
- 휴일에 기자들 '나 몰라라' 하는 행태는 용납할 수 없음
- 집에 있더라도 일이 있으면 최소한 전화로 부탁이라도 해야 하고 큰일 터지면 보건휴가중이라도 출입처로 가는 것이 기자의 기본 도리로 본다.
- 데스크가 기능을 제대로 발휘하는지도 의문이다.
- 속담, 비속어 등이 그대로 뉴스에 나가고 KBS 뉴스의 격조를 떨어뜨리는 내용들이 다반사이다.
- 〈KBS 뉴스〉를 보면 품위가 있다, 정확하다는 인식 심어줘야 한다.
- 결론적으로 기자의 책임을 방기하면 '낙종' 사태로 이어지고 결국 〈KBS 뉴스〉의 붕괴로 가는 것이다.

이에 대해 익명의 기자가 쓴 댓글이 눈길을 끈다.

"어디선가 누수가 되고 있는 것은 분명한 사실인 것 같은데…. 이

것이 팀제의 부작용이라고 생각하지 않으십니까? 저는 자꾸 그런 생각이 듭니다."

또 다른 익명의 기자가 한해를 마무리하며 게시판에 올린 '지진 참사 보도는 예고된 팀제의 재앙' 이란 제목의 글이다.

– 이번 동남아 지진 보도를 보면서 느낀 점은 팀제로 개편된 KBS 보도본부의 앞날이 우려스럽다는 것이다.
– 전혀 전략적이지도 못했을 뿐 아니라 집중력을 보이지도 못했다.
– 한마디로 사령탑 없는 오합지졸의 우왕좌왕으로 볼 수 있다.
– 진짜 우려되는 점은 이번 참사보도 이전에도 몇 번의 조짐이 있었음에도 전혀 대비책이나 개선책이 없었다는 것이다.
– 예를 들어보면 수능부정 사건 등에서도 마찬가지의 무기력한 증상이 있었지요.
– 예고된 참사나 마찬가지입니다. 개선이 필요합니다.
– 앞으로 리포트 개수로 평가를 한다는 이른바 신 평가보상시스템에 대해서도 해가 바뀌기 전에 한마디만 하겠습니다.
그것도 점수제로 한답니다. 〈9시〉는 몇 점, 〈라인〉은 몇 점, 〈타임〉은 몇 점, 〈광장〉은 몇 점 하는 식 말이죠. 평가는 보상을 위한 것인데 말 안 생기게 하려니 이른바 계량화의 길뿐이라는 걸로 정리된 모양입니다.
연전에 모 신문사는 톱, 몇단, 글자 수까지 체크해서 돈으로 환산해 줬답니다. 문제는 부작용! 기자들은 당연히 뻥튀기, 초치기, 센세이셔널리즘에 푹 절은 기사들을 양산했죠. 왜냐면 기사가 곧

돈이고 승진이니…. 아마 제도가 시행되면 멋있는 제목을 단 리포트들이 쏟아질 겁니다. 그로 인한 KBS보도의 앞날은 어찌될 것인지는 짐작해보면 아실 겁니다.

해가 바뀌기 전에 짚어봐야 할 문제들을 되새겨봤습니다.

부질없이….

팀제 이후 직원들의 퇴근버스 이용이 많아진 것도 주목할 만한 변화다. 팀제가 시행된 이후인 2004년9월부터 2005년11월까지 기간을 살펴보면 직원들의 퇴근버스 이용자 숫자가 팀제 시행 이전인 비슷한 기간에 비해 23%나 증가했다는 사실은 의미심장하다.

조직생활에서 열심히 일을 하는 데 중요한 동기부여로 작용했던 승진욕구가 팀제로 인해 박탈된데 대한 실망감은 당연히 근무의욕이 떨어지고 성취욕도 필요가 없었던 것이다.

정작 정연주 사장은 잇따르는 대국민 사과에도, 또 사내의 비판적인 분위기에도 전혀 처절한 자기반성의 모습을 보이지 않았다.

그저 습관처럼 고개 숙이고 입버릇처럼 "진심으로 사죄드립니다"만 반복하고 있는 것처럼 보인다. 이러한 위기상황을 감지하지 못하는 것인가? 그도 아니면 안하는 것인가?

반복되는 사장의 사과와 사죄는 KBS 전 사원의 사기를 저하시키며 KBS 죽이기에 한 몫을 톡톡히 하고 있다.

열심히 일해도 보상받지 못하고, 죽어라 일해도 팀원으로 정년퇴직을 해야 하는 풍토에서 누가 고민하고 열정을 쏟을 것인가.

게다가 사장이라 해도 직원들에게 해직이나 권고사직을 강요할 수 없는 KBS의 특성으로 볼 때 게시판의 글들은 참으로 가슴을 서

늘하게 할 만큼 위협적으로 다가온다.

또 다른 실패작, 지역국 구조조정

KBS가 조직의 비대함으로 인해 비효율적 운용을 한다는 비난이 있어온 건 어제 오늘의 얘기가 아니다. 전국 각 지역에 소재하고 있는 25개 지역국의 난립도 그 대상 중의 하나였다. 과거 교통이 불편하고 통신망이 부족했던 시절에는 KBS의 많은 지역국의 활약이 빛을 보기도 했다.

전국적인 규모의 지역 네트워크를 형성해 타방송사들은 도저히 따라올 수 없는 신속, 정확, 다양한 모습의 방송이 공영방송으로서의 면모를 과시하던 시절이었다.

그러나 시대가 변하면서 각 지역국의 역할이 점점 줄어들게 되었고 급기야 존재의미가 무색해지는 곳도 속속 생겨났다.

먼저 어떻게 해서 이들 지역국들이 개국하게 되었는지 알아본다. 이들 지역국 중에는 필요에 의해서 개국한 것이 아니라, 개인의 영달을 위해 권력을 이용해 탄생한 곳도 있었고 군사정권 당시 특정 지역의 대 정부 불만 해소차원에서 개국한 곳도 있었다.

일례로 내무부장관 모씨는 인근에 대전총국이 있음에도 불구하고 공주방송국을 탄생시켰으며, 국회의원과 체신부장관을 역임한 모씨는 KBS 지역국 중 유일하게 군 단위 지역에 영월방송국을 개국하기도 했다.

그런가 하면 권모 국회의원은 시민 문화 공간 및 휴식공간을 제공한다는 명분으로 안동방송국을 개국시켰고, 사북사태로 불거진 지역민들의 불만을 무마시키기 위해 황지중계소를 태백방송국으로 승격시킨 예도 있었다. 남원방송국 또한 6·25 직후 지리산 전역에 출몰한 공비소탕작전을 위한 전략의 일환으로 개국했다.

이처럼 각 지역국들은 방송과 무관한 업무 및 필요성과 정치권력의 힘에 의해 태어난 사례가 적지 않았다.

정연주 사장이 KBS사장으로 입성할 당시, 바로 그 문제점을 지적했고 재임기간에 반드시 개혁하겠다는 의지를 보였다. 의지는 높이 살만했지만 문제는 지역국 폐지가 3년 만에 이룰 수 있는 간단한 문제가 아니었다는 사실이다.

하찮은 구멍가게를 정리하고 폐업하는 일도 쉽지가 않은데 거대 조직을 축소하고 폐지할 때는 그만한 계획과 제도적 장치마련 등 보다 복잡하고 체계적인 수순을 밟는 것이 필요한 법이다.

그러자니 지역국 폐지 작업에 착수했지만, 단순히 '불필요한 지역국을 폐지하겠다'라는 발상만으로는 원만히 해결할 수가 없었다.

결과적으로 지역국 구조조정도 팀제와 마찬가지로 도입된 과정이나 발상, 그리고 진행경로마저 비슷한 시행착오를 거치게 되었다.

전국 25개 KBS지역방송국 중 경쟁력이 떨어지는 지역국을 폐지한다는 내용은 실제로 명분이 있었다. 프로그램 제작에 소요되는 비용은 천정부지로 치솟고, 인건비 등도 날로 늘어만 가는데 반해, 이를 충당할 수 있는 재원확보는 어려워지고 있었기 때문이었다.

이렇듯 지역국 축소 문제는 현실적 당위성을 가진 사안이었다. 결국 폐지를 반대하는 움직임 등 얼마간의 진통 끝에 25개 지역국 중

공주, 군산, 남원, 여수, 속초, 영월, 태백 등 7개 지역국을 폐지하였다.

그러나 KBS 지역국 축소의 결과는 당초 기대한 것만큼의 인건비, 제작비 등의 절감효과를 가져오지 못했다. 그 이유는 지역국만 명목상 폐지되었고 인력이나 장비는 고스란히 지역만 옮겨 총국으로 이전됐기 때문이다.

구조조정은 비대해진 조직의 크기를 줄여서 조직운용비용을 절감한다는 의미다. 그런 과정에서 직원들의 숫자도 구조조정 전보다는 줄고 예산지출도 절감되는 성과가 있어야 된다. 아무런 변화가 없다면 그것을 제도개선 또는 개혁의 긍정적 효과로 인정하기는 어렵다. 또한 지역 자체 편성비율을 높여 지역방송을 활성화 시키지도 못했다.

이런 점에서 '지역국 폐지'는 후속조치가 이어지지 않아 실속 없는 속빈 강정이자 일종의 외부 '전시용'이 되고 말았다.

앵커들의 정계진출

뉴스 앵커는 원래 미국의 방송뉴스 진행시스템에서 따온 것이다. 미국에서 앵커는 뉴스 딜러, 즉 뉴스를 파는 사람으로 인식돼있다. 앵커를 뉴스딜러로 보는 것은 앵커에 따라 뉴스 시청률에 큰 차이가 있기 때문이다.

우리나라에 앵커제도가 들어온 것은 1970년대 말 경이었다. MBC의 하순봉, 이득렬, TBC의 봉두완, 구박 앵커가 제1세대 앵커이다.

본격적인 앵커시대는 언론통폐합을 겪은 직후인 1980년대 초, 컬러방송을 시작하면서 KBS 김광일, MBC 이득렬 앵커가 열었다고 볼 수 있다. 이후 KBS에는 최동호, 박성범, 이윤성, 길종섭, 박대석, 류근찬, 김종진, 홍기섭 앵커로 이어지고 있다.

대체로 KBS는 선이 굵고 박력있고 투박한, 그래서 더욱 정이 가는 스타일이라면, MBC는 지적이고 부드러운 스타일을 추구하는 모습이다.

이들 앵커들의 한결같은 공통점은 앵커에서 물러난 이후 대부분 정치권으로 진출했다는 점이다. TV매체를 통해 친근하고 익숙한 이미지로, 그리고 대중적인 신임도와 신뢰감을 얻을 수 있었으므로 정치권에서 십분 활용할 수 있는 이들에게 러브콜을 한 것은 당연한 일인지도 모른다.

앵커출신들이 자천타천으로 정계에 진출하는 모습을 두고 찬반이 엇갈리고 있지만, 근본적으로 방송의 힘으로 얻은 이미지를 지지기반 삼아 정치에 이용하는 것이 바람직한 방송인의 자세가 아닌 것만은 틀림없다.

방송과 정치는 어차피 한 배를 탄 한 식구쯤으로 인식되는 것도 바로 이들이 남긴 부정적 측면이다. 사회적 중립성과 정치적 독립성을 갖추어야 하는 방송과 그렇지 않은 정치는 만나지 못하는 평행선과도 같은 관계이다. 그런 명확한 사실을 주지하면서도 앵커를 꿈꾸는 사람들의 최종 목표가 정치인인 경우가 많다는 사실은 아이러니가 아닐 수 없다.

앵커 출신 상당수가 특파원을 역임하였고, 나아가 정치권으로 진출한 대표적인 앵커로는 MBC의 하순봉, 정동영, KBS의 박성범, 이윤성, 류근찬, SBS의 맹형규 등을 들 수 있다.

이들의 행보와 면면을 들여다본다.

한나라당 박성범 의원은 KBS 워싱턴 특파원, 유럽총국장, 파리특파원 등으로 활동하다 보도본부장, 방송 총본부장을 거치면서 〈KBS 9 뉴스〉 앵커로서 유명세를 탔다. 문민정부의 출범과 함께 KBS를 떠나 민자당 서울중구지구당 위원장을 맡고 1996년도에 신한국당 서울중구 국회의원으로 의정단상에 서게 된다. 그러나 16대에서는 민주당 정대철 의원에게 낙선하고 다시 2004년 17대 총선에 도전하여 한나라당 국회의원에 당선되었다.

KBS 마감뉴스인 〈보도본부 24시〉를 7년 동안 진행했고 1993년부터 1995년 5월까지 〈KBS 9 뉴스〉 앵커로서 남성적인 굵은 이미지와 뚝심형으로 인기를 모은 이윤성은 〈KBS 9 뉴스〉 앵커를 맡고 있던 중 당시 여당인 문민정부 민자당 후보로 영입되었다. 15대 국회의원에 당선된 이래 현재 3선 의원으로 정치권에 입지를 굳건히 하고 있다.

6년 가까이 〈KBS 9 뉴스〉를 진행하고 런던지국장을 역임했던 류근찬 앵커는 자민련후보로 출사표를 던진 후 전국에서 4명밖에 당선되지 못하는 상황에서 당선된 사례로 이 역시 앵커출신의 인기가 반영된 것으로 보인다. 현재는 국민중심당에서 활동하고 있다.

현재 한나라당 국회의원인 박찬숙은 여성 아나운서 출신으로 정계에 진출한 보기 드문 사례다. 방송국 재임 때는 음성이 맑고 발음이 정확하며 어조에 박진감이 있는 목소리로 시청자를 사로잡았으며, 여성앵커는 물론 대형 라디오프로그램 등에서 날카로운 질문과 사회비리에 대한 신랄한 비판으로 탁월한 진행자란 평을 들었다.

전여옥 한나라당 국회의원은 1981년 KBS에 입사하여 〈뉴스센터〉, 〈아침뉴스〉 앵커 등을 지낸 후 2004년 한나라당 대변인을 맡아 숱한 일화를 남기기도 했다.

이들 외에도 방송을 통해 알려진 이후 정치권으로 진입한 방송인들은 많이 있다. 이들의 행보는 마치 최종목적지를 집권세력 진입에 두고 방송은 그저 거쳐 가는 곳쯤으로 인식했던 것으로 오해받기 십상이다.

그러나 어제까지만 해도 정권을 향해 비난과 비판의 화살을 당기던 인물들이 오늘은 정치권의 대변자로 나서는 현상은 그렇게 바람직하지 않게 보는 시각이 많다.

〈PD수첩〉 사건을 통해 본 PD 저널리즘

MBC 〈PD수첩〉 사건은 온 국민에게 엄청난 충격을 안겨 주면서 아직도 많은 파장을 남기고 있다. 〈PD수첩〉 사건은 논문조작을 고발하는 진실규명에 기여했고 국제적으로 한국이 과학적이나 윤리적으로 자정능력이 있다는 것을 입증했다. 이러한 긍정적 측면에서의 평가에도 불구하고 난치병 환자를 집안에 둔 사람들이나 국가이익을 최우선시 하는 사람이 아니더라도 국제 특허 경쟁의 치열함을 전해들은 일반 국민들은 뭐라고 설명할 수 없는 아쉬움과 기대를 버리지 못하고 있는 것이 사실이다.

또한 이 사건은 MBC의 브랜드 이미지에 엄청난 타격을 주었고 시청률과 광고매출이 현저한 하락 현상을 보이면서 지금도 그 후유증에서 벗어나지 못하고 있다.

왜일까. 이 후유증을 어떻게 보아야 할까. 〈PD수첩〉이 진실규명에 성공한 공로가 있는데 말이다. 여러 원인 중 하나로, 아마도 취재윤리를 위반한 PD 저널리즘의 제작기법상의 오류가 시청자에게 던진 거부감이 될 수도 있을 것이다.

PD 저널리즘은 무엇인가. 사실 방송을 먼저 시작한 서구사회에는 없는 용어다. 한국이나 일본을 제외한 대부분 서구사회에서는 기자, PD의 구분도 없고 1분 20초짜리를 제작하는 저널리스트와 50~60분짜리 프로그램을 만드는 저널리스트가 있을 뿐이다.

그러면 우리만 있는 PD 저널리즘과 기자 저널리즘의 차이는 무엇인가. 요약하면 PD는 현장 중심적 소재를 주로 다루고 기자는 기사 중심적 소재를 주로 다룬다는 점이다.

PD의 조직문화가 창의성과 자율성이라면 기자의 조직문화는 정확성과 합리성이다. 제작공정 면에서 볼 때 PD는 그림편집 후 원고를 만들고 기자는 원고 작성 후 그림을 입히며, PD는 그림편집을 직접하고 원고는 작가가 쓰게 하지만(가끔 PD 자신이 씀) 기자는 원고는 기자가 쓰고 그림편집을 촬영기자가 하게 한다. 때문에 PD는 현장화면 위주로 콘티를 작성하고, 기자는 원고위주로 콘티를 작성한다. 그래서 PD 저널리즘은 선명성, 폭로성에 강한 감성형이고, 기자 저널리즘은 균형성, 사실성에 강한 이성형이라고 말할 수 있다.

그러면 PD 저널리즘의 문제는 무엇인가.

1980년대 초 〈추적 60분〉을 시작으로 PD들은 초기의 단순한 사회고발 프로그램에서 차츰 사회구조 및 권력 비판 문제에 관심을 갖게 되었다. 이 과정에서 PD들은 출입처 논리에 매몰돼 사실성과 균형감각이라는 명분과 제작기법으로 사회 부조리의 뇌관을 피해 가는 듯이 보이는 동료기자들을 권력에 기생하는 기회주의자와 보신주의자로 간주하기 시작했다. 즉 청와대 출입기자는 청와대 대변인처럼 행세하고 검찰 출입기자는 검찰청 대변인처럼 처신하는 것으로 생각했다.

PD들은 1987년 이후 민주화 과정 속에서 PD연합회와 노동조합을 결성해 사회운동을 강화하게 되었다. PD들은 출입처에서 정보를 공급받는 기자보다 정보를 수집하는 데 있어서 불리한 점도 있으나 오히려 이를 강점으로 살려 얽매임 없이 자유롭게 취재활동을 강화하며 성역과 금기를 깨는 프로그램을 내면서 사회변화의 한 축으로 역할을 해왔다.

특히 노동계와 시민단체가 지지기반이 된 참여 정부가 출범하면서 다른 시민단체와 연대하여 PD연합회도 정치권과 어느 정도 교감을 하게 되었고 방송이 국가권력을 감시 비판하는 입장에서 또 하나의 통제되지 않는 권력으로 등장하게 된 것이다.

처음부터 결론을 정해놓고 짜맞추기식 논리전개를 하는가 하면, 공공재인 전파를 자신들의 주장을 내보내는 수단으로 서슴없이 활용하는 등 절제되지도 겸허하지도 않은 PD권력이 방송의 주인인 국민들의 눈에는 폭력처럼 비쳐졌는지도 모른다.

이제 〈PD수첩〉 사건을 계기로 기자 저널리즘의 균형성과 사실성을 PD들이 참고하여 PD들의 제작 기법과 조화를 이루도록 하여 완성도를 더욱 높여야 할 때가 되었다고 말하면 지나친 표현일까.

연예PD의 비애

'연예계와 정치가 무슨 관계가 있을까?' 하는 의구심을 자아내긴 하지만 실상 연예계는 정치권에서 편리하게 활용할 수 있어 매 선거철마다 연예인 잡기에 고심하곤 한다.

최근에는 매스미디어의 발달로 그 중요성이 더욱 부각되고 있으며, 선거철만 되면 정치 연예인이 등장할 정도다.

이들 정치연예인은 자신이 지지하는 후보의 당선과 탈락으로 향후 연예활동에 상당한 영향을 받는 것으로 알려져 있기도 하다.

불과 얼마 전 참여정권의 노무현 후보를 공식적으로 지지한 모 가수의 경우, 무명의 세월에서 벗어나 국내최고의 가수로 인정받고 인기가 급상승 하는 등 성공한 예로 꼽히기도 한다.

이들 연예인 동향과는 별개로 새로운 정권이 출범할 때마다 곤욕을 치르는 사람들은 따로 있으니 그들이 바로 연예PD들이다.

어느 연예부서 PD가 실제로 당했던 고충을 옮겨본다.

1990년 1월 김포공항 출국 전에 회사로 전화를 하니 후배 J가 받았다. "지금 회사 분위기가 어떻게 돌아가니?" 검찰 내사가 한창 중인지라 동료들과 호흡을 함께 못하고 해외로 도피하는 것 같아 마음이 불편하던 차였다. 역시 예측한 대로 올 것이 오고야 말았다.

"K 선배가 오늘 검찰에 출두했는데 지금 분위기 말이 아냐 형! 근데 형은 미리 계획된 거니까 그냥 갔다 와야지 뭐…."하며 말문을 닫는 후배의 전화를 받고 찜찜한 기분으로 출국장으로 향했다.

사실 이번 여행은 선배와 동료 PD 몇이서 여행계를 부어 해외로 가는 날인데 분위기 때문인지 동료들이 여행을 포기해 우리 식구만 떠나게 되었다.

목적지 숙소에 도착한 후 깜짝 놀랐다. 프론트 옆에 놓여있는 일간스포츠 신문을 보니 '방송사 연예프로그램 PD K, K, E 씨 등 구속' 기사가 1면에 그것도 톱으로 대서특필되어 눈에 들어온 것이다.

사실 정치 사회적으로 좋지 않은 큰 이슈가 있을 때 여론 무마용으로 연예계 내사가 주기적 관행으로 있어온 관계로 PD들은 때가 왔다는 생각을 하고 너나 나나 내심 불안한 마음을 저버리지 못하고 있었다. 당시 연예계 비리의 타깃이 되었던 예능 PD들의 예능국 사무실은 한마디로 초상집이었다.

사실 당시 구속된 'K' PD는 가요계의 노른자 프로그램이라 일컫던 〈가요 톱10〉을 담당한 죄로 희생양이 된 것이었다. 그는 대가 곧고 대인관계도 원만하며 논리 정연한 화두로 선후배는 물론 연예인으로부터 존경과 아낌을 받아온 PD였기에 모두가 안타까워했고 그가 희생양이 된 현실에 의아해 하고 있었다.

생방송으로 한 시간 동안 카메라 6, 7대를 번갈아 보며 원 캇, 투 캇, 하다보면 한 시간이 언제 갔나 싶게 흘러가지만, 다음 프로그램으로 연결될 때까지 PD는 물론 온 스태프가 손에 땀을 쥐는 긴장의 시간이 된다. 따라서 생방송이 끝나면 전파를 날려 보낸 허망함 때문에 시원한 맥주 한잔이 그리워지게 마련이다. 그래서 스태프들은 뒷풀이를 하게 되는데 종종 매니저들이 배석하는 경우가 있다.

당시 검찰에서도 방송국 근처 모 식당을 찾아 조사를 해 갔는데 그동안 나온 금액이 몇 백만 원어치였다. 그것도 약 2년에 걸쳐 스태프들 회식에 들어간 돈이다. 2년 간 매주 회식을 했다 치면 총 104회가 되고 결국 20~30명의 스태프가 먹은 회식비는 회당 십 수만 원인 셈이다. 그것으로 인해 담당PD는 구속이 되었다.

사실 이러한 일이 있을 때마다 매니저들은 너 나 할 것 없이 관계가 없어도 잠수를 타고 연락두절이 된다. 이들이 잠수하면서 겪은 고생담이나 조서를 받고 나온 매니저들의 이야기를 들어보면 실로 상상할 수도 없는 혹독한 고생으로 당사자가 받은 스트레스는 짐작조차 할 수 없는 일인 것이다.

P매니저는 임신한 아내가 걱정되고 옷도 갈아입을 겸 집에 들렀다가 잠복하고 있던 수사관들의 눈을 피해 아파트에서 뛰어내리다 다리를 다쳐서 아내는 놀라 유산을 하게 되었다. 매니저 P씨는 검찰에 가서 내사를 받는데 진술서를 쓰라 해서 이름도 쓸 줄 모른다고 끝까지 버티다가 풀려났다. L가수 매니저는 법정에서 목발을 짚고 절규를 하면서 결백을 주장했지만 당시 바늘로 찔러도 피 한 방울 안 난다던 M검사가 입을 악물며 취조하던 모습은 10여년이 지

난 지금도 눈에 선하다고 한다.

그런데 참 우스운 일이 벌어졌다. 방에서 부원들이 전원 참석해 이 사건에 대한 대책회의를 했는데 화두는 '누가 검찰에 투서를 했느냐?' 였다.

예능국 PD 중 누군가가 "J PD를 내사하면 오염된 연예계의 비리가 낱낱이 밝혀진다"고 검찰에 투서를 한 것이었다. 한동안 침묵만 흘렀다. 아무도 자백하는 사람이 없었다. 그러던 중 한 PD가 "검찰에 투서한 내용의 복사본이 여기에 있다. 자백하지 않으면 이 복사물을 공개하겠다. 필체가 나오니까 발뺌은 못할 것이다"라고 외치자 왕고참인 'Y' PD가 일어서며 "앞으로 이러한 일이 있으면 안 되겠다 싶은 마음에 내가 투서를 했는데, 의협심에 앞선 짧았던 나의 생각이 어리석었다. 여러분 정말 죄송하다"라며 용서를 빌면서 몸 둘 바를 몰라 했다.

'남이 하면 불륜이고 내가 하면 로맨스' 라고 어찌 후배를 투서하는 어리석은 과오를 범했는지 도저히 알 수가 없다. 지금은 고인이 되었지만….

당시는 1명의 국장 밑에 음악담당부장, 오락담당부장, 클래식담당부장, 코미디담당부장 체제로 되어있었으며 매니저들이 자기의 가수를 출연시키기 위해서는 각 부장과 PD에게 맨투맨으로 로비를 해야 하는 다원화 체제였다. 하지만 이 사건 이후 언제부터인가 모 사단 한쪽 창구만 로비를 하면 모든 게 해결이 된다는 단일화 창구로 체제가 바뀌어 버렸다. 이 사건으로 인해 여러 명의 PD가 집행유예 등의 형을 받고 퇴사해 프로덕션과 기타 등지에서 열심히 활동을 하고 있지만 언론고시라 할 정도로 들어오기가 힘든 PD시험에 통과해 정말 억울하게 피해자가 되어 길을 달리 가고 있는 그들을 생각하면 안타깝기만 하다.

이처럼 연예PD들은 자신의 처신 여부에 관계없이 싸잡아서 매도되는 경우가 적지 않으며 때로 정치권력의 희생양이 되기도 한다.

무엇보다 이런 주변상황을 통해 순수하게 자기 일을 묵묵히 하던 사람들에게는 사기 저하의 큰 원인이 된다.

그래서 연예분야의 PD들일수록 정치나 권력 등에 더욱 거리감을 가지는 가하면 일면 냉소로, 무관심으로 일별하는 지도 모른다.

3,000명의 끝없는 사랑, 방송출연

우리나라에서 활동 중인 가수는 대략 3,000명이 넘는다. 이들은 기본적으로 '노래'를 사랑하고 '방송출연'을 사랑한다. 그러나 방송은 이들의 사랑 고백을 다 들어 줄 수 없다. 이들을 출연시킬 프로그램은 극히 제한적이기 때문이다. 따라서 이들의 '방송출연'에 대한 사랑은 끝없이 구애하는 사랑이다. 그런데 매일 새로운 연적들이 등장한다. 그래서 '사랑'을 받으려는 공세적 구애가 은밀하게 경쟁적으로 행해지기도 한다.

한국 음반시장이 최고의 호황을 누린 때는 아마도 1990년대 중반이었던 것 같다. 1990년대 초 서태지 신드롬을 필두로 신승훈, 김건모, 룰라, 조성모 등의 등장과 함께 장르의 큰 변화가 일면서 국내 가요계에 열풍이 불었다. 당시 최고치는 하루 CD 2.8매, 1년에

1,000매가 넘는 CD가 제작되었고 음반 매출액은 연 6,000억 원에 이르렀다. 최근 MP3와 포털 등의 영향으로 매출이 줄어 2005년에는 1,600억 원으로 감소했으나 여전히 규모가 작지 않다.

2006년 들어 KBS에 '가사 심의(새 노래는 가사 심의를 필해야 방송이 가능함)'를 신청한 새 노래는 한 주 평균 200~250곡이다. 이것을 CD로 환산하면 한 주에 11매, 1년이면 약 570매의 CD가 제작되는 것이다.

기성 가수의 후속 앨범 제작을 감안하여 총 음반의 절반을 뺀다하더라도 새로 등장하는 가수는 1년에 최소 200명에서 최고 500명에 이른다. 그런데 이들 중 살아남는 신인가수는 1년에 10여 명뿐이고 나머지는 아무도 모르게 사라지거나 묻혀버린다.

연예계 진입에는 자격증도 시험도 필요 없다. 예술성이 있으면 누구나 연예계에 진입할 수 있다. 특히 '가수'는 연예계 다른 분야와 달리 접근이 비교적 쉽다. 가수는 탤런트나 배우처럼 매일 새로운 대본을 외우며 다양한 얼굴과 성격을 만들어내지 않아도 된다.

가수 지망생은 그저 좋은 작사가와 작곡가를 만나 가사와 곡을 받고 좋은 반주에 맞춰 녹음하고 음반으로 제작하면 되는 것이다. 이렇게 음반(CD) 하나를 제작하는 데에는 5,000만 원에서 많게는 1억 원까지 든다.

앨범에 담긴 노래는 방송 전파를 타야만 그 가수가 세상에 알려지고 그의 음악성과 스타성이 평가된다. 신인가수는 어떻게 해서든 방송에 출연하여 얼굴이 알려지고 스타성을 인정받아야 성공가도를 걸을 수 있기에 가수 본인과 매니저 및 기획사에서는 방송출연을 위해 수단과 방법을 가리지 않는다. 그래서 그들의 목표는 'PD를 잡는 것'이 되기도 한다.

한편 예능PD들은 매주 자신이 담당한 프로그램에 적합한 가수를 선정하고 출연 섭외를 한다. PD들은 시청자의 접촉도를 높이기 위한 방편으로 대부분의 경우 인기가수를 출연시키려 한다. 그래서 가급적 신인보다는 기성 가수를 선호하고 있다. 그들은 신인을 무조건 경시하지는 않는다. 신인 중에는 자질이 뛰어난 예비 스타가 끼어 있을 수도 있기 때문이다. 이러한 PD의 제작과정에서 PD의 눈에 띄게 하는 것이 가수 진영의 최대 관심사이다.

가수와 매니저 및 기획사들의 방송 출연 경쟁은 전쟁을 방불케 한다. 그들은 소속가수를 하루빨리 스타로 만들어 상품화해야 한다. 그래야 앨범 제작에 투입한 자본(최하 5,000만 원)을 빨리 회수하고 이익을 발생시킬 수 있기 때문이다. 음악 프로그램에 소속 가수를 최대한 많이 출연시킬 수 있는 첫째 조건은 가수의 음악성이겠고 다음이 매니저나 기획사의 PR능력이다. PR이란 기본적으로 비용이 뒷받침되어야 하는 것인데, 신인가수 한 사람이 일반인에게 인지될 때까지 소요되는 PR비용은 평균 5,000만 원 선으로 알려져 있다. 결국 1억원 이상 투입된 사업에서 소속 가수의 방송출연은 이익을 창출하는 최우선 수단인 것이다.

신인가수가 스타로 성장하고, 기획사가 큰 이윤을 거두는데 결정적 역할을 하는 사람은 예능PD라고 해도 지나친 말이 아닐 것이다. 그들에게 는 PD가 막강한 권력자일 수 있다. 그러나 PD 한 사람이 모든 결정권을 갖는 것이 아니다. PD 부장 국장으로 이어지는 결재라인(현재는 PD 팀장)에서 PD의 결정이 바뀌기도 한다.

유능한 가수나 매니저 및 기획사는 이 과정에서의 맥이 어디인가를 빨리 파악한다. 그리고 그 맥을 중심으로 지연, 학연, 혈연은 물론 정치권력과 금권까지 동원하기도 한다. 이런 노력이 성공하면 그 다음부터는 비교적 일이 잘 풀리게 된다. 이들은 지상과제인 방송출연을 위해 이렇게 상업적 일탈주의에 빠지기도 하는 것이다. 그들의 일탈적 행위를 감지한 검찰은 가수의 방송출연을 둘러싼 메커니즘을 수사하기도 한다. 이것이 1990년, 1994년, 2000년 등 3차례 '연예 PD 비리 사건'이다. 이 과정에서 일부 PD와 가수, 매니저, 기획사 대표 등이 큰 고초를 겪었다.

정치권력과 인기인의 부침

정치권력 주변에 있는 연예인이 방송사에서 혜택을 받은 것이 언제부터인지를 정확히 가늠하기는 쉽지 않다. 동서고금을 막론하고 권력의 중심부에서 여흥을 위해 연예인과 자리를 함께 하는 일이 비일비재하였다.

군사정권 시절 청와대의 유흥을 위해 불려갔던 연예인들이 권력자와의 친분을 과시하는 경우도 있었고 눈치 빠른 일부 정치성향의 PD들이 알아서 모시기도 했다.

일례로 박정희 대통령의 호감을 샀던 모 가수의 경우는 그야말로 정치PD들에 의해 그의 노래가 각 방송사에서 많이 방송되었고 그는 일약 A급 가수로 급성장하기도 했다.

전두환 정권 시절에는 정치권력으로부터 남자가수 L과 여자가수 J를 많이 방송해 달라는 요구가 있었고 방송사에서는 충실하게 따랐다. 그러나 이것은 권력의 실세가 그들의 노래를 우연히 듣고 '아주 좋아' 라고 하자 청와대와 방송사 간부들이 알아서 충성하려는 의도였다고 한다.

정치권력의 실세들이 방송사 고위직에게 연예인들의 출연을 부탁하는 행위는 DJ정권 시절에 본격화 되었다.

김대중 정권 시절에는 많은 호남출신 가수들이 친분이 있는 동향의 정치인들을 동원하여 방송사에 노골적으로 출연을 부탁하는 경우가 많았다. 이에 일부 고위 간부와 PD들이 적극 호응하여 정치인, 방송사 간부와 PD, 그리고 가수 등 3자가 같이 어울리며 저마다 개인의 목적을 달성하기도 했다.

당시 정권의 실세였던 P장관과 C의원 등은 담당 국장이나 본부장에게 빈번히 전화를 하였다. 이에 힘입어 그들과 가까웠던 모, 모 가수 등이 인기 있는 모든 음악 프로그램에 필요에 따라 마음대로 출연하며 톱 가수로 성장하기도 했다.

노무현 정권 시대에 와서는 대통령 선거 때 선거 캠프에 몸담고 선거운동에 적극 참여한 몇몇 연예인들이 눈에 띄게 방송과 연예계에서 영화를 누리고 있다. 영화배우 모 씨와, 가수 모 씨가 대표적인 인물임은 주지의 사실이다.

정권에 비우호적인 연예인이 철저히 방송계에서 홀대받는 경우는 노무현 정권 시절에 극명하게 나타났다.

과거 전두환 정권 시절에는 대통령과 모습이 닮은 탤런트가 방송사 사장에 의해 방송금지를 당한 경우가 있었다. 그러나 이것은 정권의 뜻과는 무관하게 대통령의 심기를 불편하게 할까 걱정하는 방송사 사장의 충성의 발로였다.

그러나 노무현 정권에 들어와서는 그 성격이 달라졌다. 즉 정권의 코드 구현에 부적합하다고 생각되는 사람들은 철저히 배제하는 현상이 나타났다. 노무현 정권의 낙점을 받아 KBS에 취임한 정연주 사장은 중견방송인으로 명성을 날리던 전문 방송인들을 대거 잘라버렸다. 김동건, 이계진, 박찬숙 등 프리랜서 MC가 주요 프로그램에서 잘려 하루아침에 실업자 신세가 되기도 했다.

또한 대통령 선거 때 이회창 후보의 선거 캠페인에 참여했던 모 탤런트는 2년이 넘도록 드라마에 출연을 하지 못하는 불행을 겪었다.

과거 정권에서는 정권이 선호하는 연예인이 정권의 혜택을 입었으나 노무현 정권에서는 코드가 안 맞는 연예인이 불이익을 받는 사례가 대두되었다.

연예인의 부침이 정치권력에 의해 좌우되는 것은 연예인 개개인에게만 국한된 사소한 문제가 결코 아니다. 이것은 시청자의 권리를 무시하고 침탈하는 전횡이기도 하다.

방송심의와 권력

방송심의는 방송에서 여과기능과 품질평가라는 기능을 담당한다. 따라서 방송심의는 방송에서 중요한 게이트 키핑(gate keeping)이다.

특히 사전심의 기능은 프로그램이 방송되기 전에 실시되는 여과 장치로, 좋지 못하거나 잘못된 프로그램이 방송이 되지 않게 하는 것은, 좋은 방송을 내 보내는 것 못지않게 중요한 것이다.

우리 방송사에서 '방송심의'라는 용어가 처음 등장한 것은 1934년 7월 31일이었다. 조선방송협회의 외곽기구로 방송심의회가 발족된 것을 기원으로 삼을 수 있다. 방송심의는 일제 총독부의 정책을 홍보하는 정치권력의 하수인 역할로 출발했다.

특히 군사독재정권 시절 방송심의는 '심의라는 미명으로 실시된 검열'이라는 치욕적 역할을 담당해 왔음이 주지의 사실이다.

1987년 6 · 29선언을 기점으로 각 방송사에 노조가 결성되기 시작하면서, 언론규제법으로 비판받아오던 '언론기본법'이 1987년 11월 10일에 폐지되고 새 방송법이 그 해 11월 28일부터 시행됨으로써 새로운 방송환경을 맞이했다.

방송심의의 경우도 그동안 방송심의위원회의 권한으로 되어있던 프로그램 심의와 제재권을 새로 구성되는 방송위원회로 이관시켜 방송위원회는 법적구속력을 갖는 명실상부한 위치를 확보하게 되었다.

방송이 민주화 이후에도 이렇게 비난과 지탄의 대상이 된 것은 민주화된 이후에도 방송심의가 제대로 중심을 잡지 못했기 때문으로 분석할 수 있다.

사전심의를 담당하는 각 방송사의 심의기능은 정권과 코드를 같이 하는 각 방송사 사장들이 임명됨에 따라 경영진의 눈치와 함께 정치권의 눈치를 보지 않을 수 없게 되었다.

이런 사실은 참여정부 들어서도 그 사례를 쉽게 찾을 수 있다.

방송심의를 맡고 있는 주체인 방송위원회가 탄핵방송의 편향성문제를 언론학회로 판단을 넘겨 책임회피 논란을 초래한 데다, 방송이 편파적이었다는 언론학회의 결론에 반발하는 방송사와 시민사회들의 반응으로 '중심을 잃은 방송과 중심을 잃은 방송심의' 논란이 거세게 대두되기도 했다.

방송에서의 '게이트 키퍼'인 방송심의가 중심을 잡고 있었다면 오욕의 역사는 덜했을 것이다. 방송에서의 여과기능이라는 방송심의가 오히려 옥은 걸러내고 돌만 전하지는 않았는지 돌이켜 볼 일이다.

그리고…

세상에 이런 일도

무지개를 좇는 여인

'상소문'이 된 편지 한 토막

1기 선배가 30년 후배에게 보내는 글

KBS개혁의 성공을 위한 일곱 가지 조건

제7장

그리고…

세상에 이런 일도

이상한 제목을 달 수 밖에 없는 이유가 있다. 필자가 KBS 감사가된 과정은 딱히 적절한 표현이 없을 정도로, 아무도 예상하지 못했던 해프닝이었기 때문이다.

전말은 이렇다. 2003년 4월 정연주 KBS 사장은 취임 다음날 시청자센터장인 필자의 방으로 찾아와 그동안 수고했다는 말로 해임통보의 예를 갖추었다. 필자는 이미 각오하고 있던 터라 담담히 수용하면서 몇 가지 경영상 도움이 되는 조언과 함께 정 사장 취임사내용 중 점령군처럼 위압적인 분위기로 KBS를 범죄 집단 시 하는듯한 몇 가지 거친 내용과 표현에 대해서 다소 격앙된 어조로 유감의 뜻을 표하면서 앞으로 지내보면 다른 회사보다 오히려 깨끗한

면도 있다는 것을 알게 될 것이라고 말해주었다.

정 사장은 한동안 굳은 표정으로 경청한 뒤 앞으로 어려운 일이 있으면 연락하라고 하는 강자의 입장에서나 할 수 있는 말을 하면서 얘기를 끝냈다. 순간 필자는 30년 넘게 KBS를 지킨 사람으로서 약간 불쾌한 감정을 느끼면서 정년까지 다녔으니 이제 그만 쉬기로 했다며 부탁하는 일은 없을 것이라고 정중히 사양한 후 어색한 만남을 끝냈다.

그 후 필자는 심의실로 발령이나 프로그램 심의업무를 시작하면서 새로운 환경에 적응했다.

7월 들어 정년 6개월을 앞두고 무보직 상태가 되는 제도에 따라 심의위원에서 평직원으로 되면서 업무추진비용 법인카드와 회사핸드폰을 반납했고 물론 보직이 새겨진 명함도 못쓰게 되었다. 어느 날 회사로부터 계열사 이사로 근무할 의사가 있는지 타진해 왔으나 생각이 없다고 답했는데 며칠 후 재차 전화로 "회사가 논의 끝에 특별히 배려한 것인데 받아주었으면 좋겠다"고 하는 바람에, 순간 흥분한 나머지 얼떨결에 동료직원들 앞에서 "다시 그 따위 얘기 꺼내지 말라"고 소리 지른 후 전화를 끊었다.

사실 이런 제의가 있을지도 모른다는 생각에서 새 경영진이 들어오기 전에 미리 집사람과 얘기를 해놓았기에 벌어놓은 것도 없는 월급쟁이가 망설임 없이 자존심을 지킬 수 있었지 않았는가 하는 생각이 든다.

당시 불편한 것 중에는 새 핸드폰을 구입하는 일과 30여년 가지고 다니며 사람들을 만날 때 습관처럼 교환하던 명함이 없는 것이었다. 생각다 못해 문방구에서 명함크기만한 딱딱한 종이를 구입해 그때그때 핸드폰 번호를 직접 써 주기로 했다. 한편으로는 해방감을 느끼며 그동안 바쁘다는 이유로 한 번도 못 간 3주 장기근속 휴가를 신청하는 절차를 밟으면서 여행갈 꿈에 부풀어 있었다.

휴가를 떠나기 전에 30여년 직장 생활하는 동안 가깝게 지냈던 사람들과 하나 둘 만나는 계획을 세웠다. 어느 목요일 저녁에 오래 전 약속해놓은 R이사를 만났다. 이날 R이사는 식사 중 필자에게 "다음 주 화, 수 이틀간 감사제청을 위한 이사회가 열리는데 좋은 사람 있으면 추천하라"고 말했다. 필자가 "이미 오래전부터 준비해온 세 사람이 있지 않느냐"고 반문하니, R이사는 그 세 사람이 전임 박 사장과 공교롭게 동향이라서 몇몇 이사들이 탐탁지 않게 여기는 까닭에 다른 후보를 찾고 있다고 대답했다.

한동안 이런저런 얘기 후 R이사는 감사를 본인이 해 볼 의사가 없느냐고 필자에게 물어, 무슨 농담을 하느냐고 웃어 넘겼다. 그러나 거듭 권하기에 그 이유를 물으니 일부 이사들이 이사회의 독립적인 위상을 위하여 새 사람을 찾다보니 필자가 생각나 권하는 것이라고 말했다. 그러면서 다음날까지 이력서와 자기소개서 및 전임 박 사장 재임 시 필자가 올린 '상소문'도 첨부해 보내라고 덧붙였다.

황당하고 장난 같은 기분이 들었지만 이사가 강권하는 바람에 "나도 모르겠다. 이사가 알아서 하라"고 한 후 밤늦게 귀가했다. 아무 생각 없이 그대로 지냈는데 다음날 금요일 이사로부터 독촉전화를 받고나서야 준비를 시작했다. 한글워드가 독수리 타법으로 능률이 나지 않아 출가한 딸집에 가 도움을 받아 겨우 끝낸 시간이 다음날

(토요일) 새벽 2시경이었다. 토요일 출근하니 R이사가 짜증을 내고 야단이 났다. 시간이 없는데 왜 서류를 안 보내느냐는 것이었다. 그래서 새벽에 보냈다고 대답했다. 아마도 R이사는 토요일 저녁이 돼서야 필자의 서류를 다른 이사들에게 보냈을 것으로 짐작이 된다.

월요일에 출근하니 필자의 이름이 거론되면서 회사 분위기가 뒤숭숭한 느낌이 들었다. 경영진에 비상이 걸렸다는 얘기도 소문으로 들었다. 나는 기왕 이렇게 됐으니 몇 군데 지원을 요청하기도 했지만 몇 달씩 막강한 배경을 동원하여 준비한 사람들과 경쟁이 되겠는가 싶어서 별로 신명이 나지 않았다. 연락이 전혀 안 되는 분도 있었고 이미 다른 후보를 추천해 전화 걸 필요가 없는 분들도 있었다.

화요일에 예정대로 서류심사가 끝나고 다음날 면접이 예정돼 있었다. 4명중 2명이 1차 서류심사에서 탈락되고 필자와 K씨가 면접대상이 되었다. 그런데 갑자기 수요일 면접 일정이 예정을 앞당겨 화요일 당일 한꺼번에 실시한다는 통보가 왔다(예정대로 이틀 동안 실시 됐으면 필자를 기피하는 세력이 온갖 수단을 동원해 이사회를 잡아놓을 가능성이 높았기 때문에 결과는 달라졌을 것으로 생각됨).

면접에서 필자와 최종심사에서 경쟁하게 된 K씨는 서류심사까지는 필자보다 훨씬 유리한 조건이었다. 왜냐하면 K씨는 한때 해직당한 경험이 있고 이사들 중에는 민주화 운동 시민단체출신이 일부 있기 때문이기도 하며 여기저기 외부의 강력한 힘이 밀어주는 것으로 알려졌다.

K씨가 끝난 뒤 필자의 순서가 돼 생각나는 대로 편하게 답변했다. 어차피 나는 밑져야 본전이라는 기분이었기 때문이다. 인사말에서

필자는 "별로 내세울 것도 없는데 이렇게 면접할 기회까지 주신 것을 보니 세상이 많이 변한 것 같다. 한 집에서 30여년 살고 있고 주식투자 한 번 한 적도 없고 골프를 치지도 못하는 등 주변머리도 없고 눈치도 없어서 역대 노조나 사장들과 잘 지내지 못했다"고 말했다. 어느 이사가 민주화 과정에서 편하게 지내지 않았느냐고 비판적으로 말을 건네기에 투옥이나 해직을 당하지는 않았지만 나름대로 주어진 환경에서 시대의 아픔을 느끼면서 살아왔다고 했다. 그동안 PD협회나 노동조합의 창설과정에 적극 참여했고 1990년 4월 민주화투쟁에서 부장단 대표로 정부를 비판하는 성명을 내기도 하고 노태우 정부 당시 부장으로서 '광주를 말한다' 등 5공 특집 프로그램의 제작 반장역할을 하는 등 최선을 다해왔으나 돌이켜보면 부끄러운 일도 많았다는 생각이 든다고 답변했다.

좌충우돌 두서없이 답변하는 동안 면접이 끝났고 사무실로 돌아왔다. 얼마 후 8대3으로 필자가 제청이 되었다는 소식이 전해졌다. 정말 어리둥절한 순간이었다. 뒤에 알려진 얘기지만 필자와 경쟁하던 K씨가 너무 눌변이어서 실점을 했다는 얘기와 필자가 이사들에게 첨부한 전임 박 사장께 보낸 사신이(나중에 '상소문'으로 알려짐) 많은 점수를 받았다는 후일담이었다.

어쨌든 8대3 제청이라는 숫자는 이사들의 정당 추천 배경을 참고하고 경쟁자 K씨를 추천한 이사들을 제외하면 압도적 지지였다는 얘기가 지나친 표현은 아닐 것이다. 이사회 자체도 놀랄 정도의 이변이 발생한 것이다. K씨를 후원한 고위층이 나중에 어떤 이사분에게 예상치 않은 결과에 대해 유감표명을 했다는 말도 들었다. 아마도 보수적인 정권에서 임명된 보수적인 이사회였다면 외부 영향을 받은 대로 질서 있게 표를 던졌을 텐데 진보성향의 운동권 이사회는 막강한 외부의 압력을 무시하고 독자적으로 권한 행사를 하는 쿠데타를 일으킨 것이 아닌가 하는 상상도 해 보았다.

1주일 후 방송위원회 임명을 받기까지 필자가 과거 노조에 대해 비판적인 행동을 한 경력이 있었다는 이유로 노조의 집요한 반대운동이 있었으나 방송위원회는 방송위가 제청하여 임명된 KBS 이사회가 압도적으로 제청한 사람을 특별한 사유 없이 부결시킬 명분이 없다는 이유로 예정대로 임명장을 주었다. 시대에 적응하지 못해 고통을 겪은 한 인간이 3년 형기를 마치고 출옥을 앞둔 수인의 심정으로 KBS 감사 제청 당시를 돌이켜 보았다.

무지개를 좇는 여인

평생 동안 호의호식은 고사하고 고생만 듬뿍 안겨준 나에게 이렇다 할 타박 한번 변변히 하지 않은 아내에게 갚을 수 없는 부채가 있다. 아내도 평범한 여자일진대 남편인 내게 불만이 왜 없었을 것이며, 원망 또한 왜 없었겠는가.

내가 이나마 예와 체모를 잃지 않고 올곧게 설 수 있었던 뒤에는 아내라는 든든한 배경이 있었다. 아내라는 이름만으로 나의 수호천사였기 때문이다.

그런 아내는 이번 원고 출판에 있어서도 두려움 반 걱정 반부터 앞섰던가 싶다. 노후는 조용하고 평온하게 보내자는 것이 우리 두 사람의 평소 지론이었으니 아내의 심사도 이해할만 하였지만 나는 부득불 '내가 하지 않으면 안 될 일'로 설득을 했다. 맹목적이다시피 한 사랑으로 내조를 아끼지 않아온 아내에게 해줄 수 있는 것이 있다면 이 말 한 마디 "당신을 사랑합니다"뿐이다.

아내와 내가 살아온 인생을 얘기하자면, 또 한권의 책으로 엮어야 할 정도로 우여곡절이 많다. 또 언젠가 아내의 이야기를 말 할 수 있을지….

실로 무심하기만 했던 남편으로서 아내에게 고마움을 전하기 위해 평소 아내가 써두었던 글 한 편을 싣는다.

무 지 개

하늘의 무지개를 보면 나는 가슴이 뛴다.
어렸을 때 그랬고 어른이 된 지금도 그렇다.
바라건대, 늙어서도 그럴지어다.
그러지 못할진댄, 차라리 죽어지이다.

영국시인 워즈워스의 '무지개(Rainbow)'라는 시의 앞부분에 있는 몇 구절을 번역한 것이다. 언제부터인가 이 구절이 내 인생의 한 신조처럼 가슴 깊이 새겨졌다. 무지개의 함축적인 의미를 내 나름대로 아름다움, 사랑, 진실, 지조 등등으로 풀이하면서 일상생활에 적용하여 왔다.

나는 초·중·고등학교를 모두 후암동에서 다녔다. 결혼한 지 40년이 다 된 이날까지 나는 역시 이곳 후암동에서 살고 있다.

대부분의 주민들이 새 아파트가 들어선다 하면 원근을 가리지 않고 그곳으로 줄곧 이사를 하면서 큰 부자가 되었다는 이야기를 귀가 따갑도록 들어오면서도 사글세, 전세 시절을 거쳐 적산가옥

한 채를 내 집으로 마련한 지금까지 단독주택에서만 살고 있다.

자고나면 치솟는 집값에 비례하듯 높아지는 아파트 숲을 아예 무지개가 뜰 수 없는 삭막한 곳이라고 스스로 '신포도(sour grape)'의 최면을 걸면서….

나는 아파트에 투자하기는커녕 살아 본 적도 없다.

그래도 그것을 오히려 자랑으로 여겼다. 매일 매일 때맞추어 보도되는 증권시세의 변동이나 로또 복권의 당첨이나, 아파트의 당첨 등으로 횡재한 행운아들의 소식이 나의 가슴을 뛰게 하는 무지개가 될 수 없고 또 되어서도 안 된다. 만일 그럴진댄 '차라리 죽어지이다' 라고 스스로를 추슬러 왔다.

남산 기슭 작은 언덕 위에 피었다가 시인의 노래로 내 영혼에 접목되어 찬란한 일곱 빛으로 자라나는 나의 무지개. 하나, 둘, 셋…. 나에게도 자고 나면 늘어나는 보석들, 강남 친구 영자의 물방울 다이아 반지보다 더 빛나는 보석들이 얼마든지 있다고 자부했다.

밍크코트가 없는 것은 투철한 동물보호 정신 때문이고, 아이들에게 메이커 옷 대신에 친척들에게서 얻어온 옷을 입힌 것은 빠듯한 살림 탓이라기보다는 아이들의 행복지수를 높여주기 위한 일종의 행복저축이라고 생각해온 것은 반드시 자위만은 아니었다.

회사의 규정상 남편은 퇴직금을 5년 전에 미리 받았다. 잠시의 망설임도 없이 은행에 꼭 박아 두었다. "그러면 안 돼요, 강남지역 아니면 분당에 있는 아파트에 투자해야 돼요." 주위 아주머니들의 그런 충고를 귓등으로 들으면서.

진심으로 나를 걱정해 주는, 나보다 10년도 더 어린, 언니 같은 후배 하나가 어느 날 나에게 "언니, 이런 저금리 시대에 전 재산을 은행에 박아 놓았다가 말년에 어쩌려고 그래?" 하면서, 작은 아파트 하나라도 사 놔야 한다고 말했다.

"그거야 나도 알지. 하지만, 엄연한 집이 있는데 또 한 채를 산다는 것은 꼭 사야 할 사람들에게 나쁜 일을 하는 것 같아서 그래. 그리고 불쌍한 사람들을 위한 자선 사업이라면 몰라도…. 우리가 사는 데는 그리 많은 돈이 필요한 건 아니잖아. 오늘처럼 친구들과 만날 때도 이렇게 비싼 다방에서 만나지 말고 저기 저 나무 밑 그늘 같은 데서 만나면 될 거구. 그리고 사람은 밥 먹을 힘이 있는 한 무슨 일이든지 부지런히 하면서 살아야 된다고 생각해. 우리가 그런 정신으로 살면 하느님도 우릴 도와서 병도 안 나게 해 주실 것 같아. 다시 말하지만 무엇보다 아파트 투기가 나쁜 일이라는 것이야. 자선 사업가나 봉사자는 되지 못 하더라도 나쁜 일을 해서야 되겠어? 장애자가 밥 먹고 살기 위해서 그러는 거라면 또 몰라도…."

후배는 한심스런 표정으로 이렇게 말했다.

"언니, 언니가 지금 나이가 몇이야? 눈도 침침하고 이도 아프다며? 언니가 바로 장애인이야. 지금이라도 아무데나 하나 사 둬. 형부가 걱정 돼서 그래."

남편 퇴직이 몇 달 앞으로 다가왔다.

남편은 혈압이 높고 위궤양 지방간 심장병 증세가 있다. 나는 안과 치과 부인과 외과에 치료 예약이 되어 있다. 아무리 숫자에 어두워도 은행 이자만으로는 턱도 없다는 걸 나도 알만큼은 안다. 만기가 된 정기예금을 찾으러 가는 나의 발걸음이 몹시 무겁다.

"오늘은 하다못해, 원금 보장은 안 되어도 수익이 높을 땐 정기예금과는 비교도 안 된다는 주식형 예금이라도 알아 봐야 되는 건가? 그것도 일종의 투긴데 무슨 대책을 세우기는 세워야 돼.”

마침내 나도 몇 푼의 돈 때문에 불의와 타협하는 속물 인간으로 타락하기 시작하는 것은 아닌가하는 불안감을 어쩌지 못하면서 은행의 관계 부서를 찾았다.

담당자가 다른 고객과 상담중이라 기다려야 했다. 상담실은 칸막이로 갈라져 있었는데 짧은 판자벽 밑으로 굽이 낮은 구두를 신은 여자의 발과 치맛자락이 보였다.

“사모님, 이번 판교아파트 분양… 당첨만 되면 로또… 투자하실 거지요? 전세 놨다가… 팔면….”

“……”

여자의 목소리가 작아서인지 아니면 남자 행원 혼자서 열변을 토하는지 여자의 말소리는 거의 들리지 않았다.

“그렇지 않습니다. 사모님, 자본주의 사회에서는… 자식들에게… 가르쳐줘야….”

“저는 그 반대로 가르치고 있는 걸요.”

여자의 목소리는 또렷했다.

“그러니까 저를 설득하시려고 너무 힘 빼지 마세요. 옛날에 우리 남편도 툭 하면 아무개가 아파트로 이사 간지 몇 달도 못 되어 몇 천을 벌었고, 누구누구는 몇 억을 벌었다며 우리도 아파트로 이사 가야 한다고 노래를 부르던 때가 있었어요.

그런 얘기를 들으면 아니라고 하면서도 은근히 부럽기도 하고 마음이 흔들리는 것 같기도 하여, 하루는 제가 물었어요.
만일 누군가가 돈 보따리 하나를 담 위로 던지고 갔다면 어떻게 할 거냐고요.

그랬더니 ‘당연히 집어 들고 들어오지’ 라고 하기에 재빨리 저는 다시 담 너머로 던져버릴 거라고 했어요.

 그 이후론 남편도 아이들도 아파트 얘기는 입 밖에도 내지 않더라구요."

"아, 예…."

"쉽게 번 돈은 쉽게 나가기 마련이라는 것이 저의 아버지의 가르침이었고 저도 아이들에게 그렇게 가르쳐 왔어요. 그리고 무엇보다, 현재 살고 있는 집이 있는데 오로지 투기 목적으로 또 집을 사 둔다는 거, 그거 옳지 못한 일이잖아요?"

"맞습니다. 지당하신… 사실은 저도… 북한산 밑으로…."

 시작과는 달리, 남자의 말은 잘 들리지 않았고, 짧았으며, 여자의 말은 똑똑히 들렸고 점점 길어졌다. 설득하려던 남자가 오히려 설득당하고 있었던 것이다.

 내 가슴이 뛰기 시작했다. 6.25 피난 시절, 어느 날 "불도 친구가 있어야 잘 붙는다" 고 하시며 잘 타지 않고 연기만 내는 나뭇가지 두 개를 사람 '인(人)' 자 모양으로 겹쳐 놓아 활활 타게 하던 아버지의 모습과 함께 하마터면 잃어버릴 뻔했던 내 고운 무지개들이 겹겹이 떼를 지어 몰려오고 있었다.

'상소문' 이 된 편지 한 토막

 나 자신도 몰랐던 사실 하나. 나란 사람이 다소 놀랍게도 남들이 들으면 거북살스러운 입바른 소리를 제법 한다는 사실이다.

 소극적이고 내성적인 성격 탓에 남들 앞에 나서기를 그다지 좋아하지 않는 사람이란 성격 탓을 했던 경험에 비추어 볼 때 새로운 깨달음이다. 나름대로 내 자신의 내적변화를 살펴보니, 30여년 넘게 참아왔던 어떤 분노와 격정이 한순간에 봇물 터지듯 터져 나온 것이 아닌가 싶다.

스스로 생각해도 비겁한(?) 변화가 아닐 수 없다. "이제 두려울 게 없다 이 말이지?"하는 자조감과 함께 내 자신이 좀 더 젊고 패기만만할 때 보였어야 할 모습이 바로 이 모습이었던 게 아닐까 싶어 자책감이 들기도 하면서….

어느 순간 나는 쓴 소리, 매운 소리를 잘하는 사람이 되고 있었다. 때로 독설가가 되기도 했다. 모두 다 내가 원하는 모습은 아니었다. 나는 그저 유순하고 평범하게 물 흐르듯 관조하는 삶을 즐기고 싶었을 뿐이다.

그러나 새해인사 겸 안부 차 쓰게 된 한 토막의 편지가 내 삶을 바꾸어 놓게 되었다. 지극히 개인적인 사신이었는데 우연치 않게 공개되면서 '상소문'으로 인구에 회자되기도 했다. 우연인지 오해인지 그 또한 내가 바라는 바는 아니었지만…. 문제의 그 편지 한토막이다.

존경하는 박권상 사장님

방송문화연구소장 강동순입니다.

대통령의 연두기자 회견을 보면서 대통령이 나머지 1년을 잘 마무리해야 하듯이 사장님도 금년 한해를 잘 마무리 하는 해로 삼으셔야 겠구나 하는 생각이 들었습니다.

몇 번 망설이다 사장님을 3년 동안 지근거리에서 모셨던 간부 중의 한사람으로 조선시대 선비가 목숨 걸고 상소문을 올린 심정으로 글을 올리기로 결심하였습니다.

그리고 저의 문제제기는 자랑스러운 KBS의 미래와 존경하는 사장님의 명예를 위한 충정에서 비롯된 것임을 말씀드리고자 합니다.

외람스럽게도 사장님의 지난 3년 10개월 동안의 공과를 살펴보면서 3공과 3과를 꼽아보았습니다.

먼저 3공으로는, 첫째로 무엇보다도 2000년 초 방송법 개정시 KBS가 공중 분해될 위기에서 KBS를 구하셨고, 정부여당 등 정치권력으로부터 KBS를 지켜 든든한 바람막이 역할을 하심으로써 KBS의 위상을 높이고 독립성을 확보하는데 크게 기여하셨습니다.

둘째, 높으신 도덕성으로 고통 속에서도 원칙을 고수하신 저력은 민노총에서도 가장 강성노조였던 KBS노조를 평정하셨습니다.

셋째, 어려운 가운데서도 〈KBS 9 뉴스〉의 공정성과 신뢰성을 높여 상대사 뉴스를 압도하셨습니다.

반면에 죄송스럽게도 3과를 말씀드리자면, 첫째, 구조조정이 미흡했다고 할 수 있겠습니다. 뉴미디어를 개척하면서 올드미디어에 대한 개혁이 부족했고, 본부장들이 봉건영주처럼 자신들의 아성을 지키기에 급급한 가운데 친위대가 없는 임금처럼 고독한 사장님은 그들에게 포위되어 무기력한 처지에 놓이셨다고 생각됩니다.

한때 IMF로 줄어들었던 정원 외 인원과 연봉 계약직 등도 IMF 이전만큼 늘어났으며 기구도 예전만큼 다시 커졌고, 지역국 조정도 성공하지 못했습니다.

둘째, 2TV는 지난 3년10개월 동안 경쟁력도 오르지 않은 상태에서 공영성이 더욱 후퇴하였습니다. 2TV는 정체성이 문제입니다. 지금처럼 오락위주의 편성으로는 정체성 문제를 해결할 수 없고 경쟁력 또한 기대하기 어렵습니다. 보도 교양이 강화된 균형편성, 종합편성만이 편식을 싫어하는 시청자를 잡을 수 있습니다. 오락프로만이 경쟁력이라는 고정관념을 버려야 합니다. 경쟁력 있는 교양프로그램은 〈VJ특공대〉, MBC 〈2580〉, SBS 〈그것이 알고 싶다〉 등 많은 예를 들 수 있습니다.

또한 최근의 2TV편성의 실수는 8시의 〈뉴스 투데이〉 대신 〈7시 뉴스〉를 신설한 것입니다. 이 결과 SBS에게는 〈8시 뉴스〉 이후에 날개를 달아주었고, 별로 특성도 없는 우리 〈7시 뉴스〉는 7시가 뉴스화면 편집하기에 바쁜 시간인데다 뉴스의 주시청자인 한국남성의 귀가시간이 늦은 관계로 개편 후 3개월 통계로 볼 때 성공했다고 볼 수 없습니다. 2TV의 공영성 확보문제는 향후 수신료 인상을 위한 명분 축적을 위해 절대 필요한 요건이라는 사실을 잊어서는 안 되십니다.

셋째는 인사문제입니다. 저는 29년 동안 아홉 분의 사장님을 모시고 여섯 번 정권이 바뀌는 것을 보면서 영남정권의 편중인사를 보고 비판을 했던 사람 중의 한사람입니다만, 요즈음 인사도 지난 역사의 잘못된 인사를 고려하더라도 너무 심하다는 느낌을 떨쳐 버릴 수가 없는 것이 솔직한 심정입니다. 정책, 편성, 보도, TV, R, 심의, 예산, 특파원, 계열사, 총국, 앵커 등 핵심부서는 물론 심지어 아트비전에서 독립된 세트회사 3사 사장까지 모두 특정지역 또는 특정학교 출신이라는 사실을 사장님은 알고 계시는지요.

과거 영남사람들이 부당한 일을 했기 때문에 이제 호남사람들이 하는 것이 당연하다는 것은 정서적으로 어느 정도 이해될 수 있을지 몰라도 정당화 될 수는 없는 논리라고 생각합니다. 그들은 그렇게 했지만 우리는 희생과 봉사로 임해 역사의 전철을 밟지 않겠다고 해야 국가 장래를 걱정하는 자세가 아닐까요?

심지어 놀라운 사실은 작년 말 인사에서 사장님의 가장 큰 무기인 도덕성에 결정적인 상처를 줄 수 있는 문제가 발생했습니다. 편성책임자에 임명된 K씨의 중징계 기록입니다. 1979년 3월에 금품수수 혐의로 견책, 1988년 1월에 무단결근 및 해외여행으로 감봉 2월, 1996년 9월에 〈열린 음악회〉 부당 정산으로 감봉 1월입니다.

참으로 믿기 어려운 일입니다. 저는 사장님 주변의 참모들이 이 사실을 숨겨서 사장님은 벌거벗은 임금님 상태에서 인사를 했다고 생각합니다. 사장님은 기회 있을 때마다 도덕성을 강조하셨고, 1월2일 임명장을 주시는 날도 예외 없이 도덕성을 강조하셨으니까 참으로 이해할 수 없는 일이 발생한 것입니다.

아울러 이 기회에 말씀드릴 것은 '패스21' 윤태식 주식에 연루된 간부에게 관용을 베푸시면 KBS에 두고두고 상처가 된다는 사실을 잊지 말아 주십시오.

사장님께서 KBS는 우리나라에서 가장 중요하고 가장 영향력 있는 언론사이고 보이지 않는 정부라고 말씀하셨습니다. 저는 이렇게 중요한 언론사에 언로가 살아있고 그 속의 언론인은 마땅히 비판의식이 살아있어야 한다고 생각합니다.

할 말을 안 하고, 못하고, 침묵하는 것은 시간이 흐른 뒤 수치심을 낳고 역사의 죄인이 될 수도 있다는 강박관념과 함께 양심에 부끄럽지 않게 행동해야 참지식인이고 KBS조직의 참주인이라는 소박한 용기에서 감히 말씀을 드렸습니다.

만약 제가 올린 말씀이 사장님의 가슴을 아프게 해드렸다면 깊이 머리 숙여 용서를 빌겠습니다. 아직도 세상물정 모르는 어리석은 언론후배의 철없는 넋두리라고 치부하시면 되겠습니다.
학계에서 존경받는 언론학자로서 지조를 지키며 올곧게 살아오신 언론계의 대선배로서 후배들 기억 속에 길이 남으시기를 기원하며 이만 줄이겠습니다. 내내 건강하십시오.

2002년 1월 16일 강동순 올림

1기 선배가 30년 후배에게 보내는 글

KBS 방송문화연구소장, 시청자센터장, KBS 감사를 역임하는 동안 KBS를 향해 쓴 소리를 꽤나 많이 했다. 일부에서는 'KBS에도 아직 살아있는 목소리가 있다'는 호의적인 평가도 있었고 또 다른 일부에서는 '누워서 침 뱉기다'라는 비난도 적지 않았다.
그러나 나는 비록 쏟아지는 비난의 화살을 받아내는 과녁이 될지언정 KBS가 진정으로 자성하고 새롭게 태어나는 데에 기여함을 포기하지 않았다. 지금 생각하면 일면 그 처신들이 부질없었다는 생각을 떨치기가 힘들지만 최소한 KBS의 미래요, 동량들에게 그나마

KBS가 가야할 방향과 각자의 몫을 말할 수 있었다는 사실만으로도 후회는 없다.

이제는 갈무리하는 심정으로, 나 자신의 행동들을 반추해보는 마음가짐으로 30기, 31기, 32기 신입사원들을 대상으로 한 몇 차례 특강을 KBS사보가 요약한 내용을 싣는다.

KBS 프로그램 개편에 따라 등장한 몇몇 개혁프로그램의 내용에 대해 야당과 일부 시민사회단체들이 편향성 문제를 제기한 것은 우리 모두가 잘 알고 있는 사실입니다.

이른바 개혁 프로그램을 주도하는 이들은 개혁이 시대적 소명이며 '정의'라는 확신을 갖고 일을 추진하지만 감정적이고 완성도가 낮은 내용을 성급하게 내보냄으로써 대중성을 확보하는 데 실패하고(일부의 열렬한 지지도 있지만) 사회 갈등을 불러일으키는 결과를 초래했다고 생각합니다.

우리가 지향하는 성숙한 사회는 똘레랑스(tolerance)를 요구합니다. 똘레랑스란 서로 다르고 불편한 것을 참고 견디는 것, 즉 '관용'을 의미합니다.

사상과 모습이 다르다고 하여 열등하고 악한 것으로 보지 않고 단순히 서로 다른 것으로만 보면서, 문제를 해결하는 데 있어서도 시간이 걸리지만 평화적인 방법을 추구하는 화이부동(和而不同)의 정신이 우리 사회와 우리 KBS맨에게 절실히 요구되는 것입니다. 화(和)는 다양성과 차이를 인정하는 관용과 공존의 논리이며 질적 발전을 가능하게 하지만, 동(同)은 다양성을 인정하지 않고 획일적 가치만을 용인하는 것으로서 지배와 흡수합병의 논리입니다. 요컨대 지금 우리에게 요구되는 것은 동이불화(同而不

和)가 아니라 화이부동(和而不同)의 자세입니다.

사실 KBS의 입장은 타 방송사와는 달리, 무엇이 '정의'라고 확신하더라도 그것을 섣불리 노골적으로 표현하여 갈등의 당사자가 되어서는 안 됩니다. KBS는 100% 정부가 출자한 국가기간방송이며 수신료를 주재원으로 하고 있는 국민의 방송이기 때문에 국민이 KBS의 주주와 같습니다. 이 주주들은 지역적으로나 이념적으로 골고루 분포되어 있기 때문에 KBS는 어느 특정 주주의 편에만 서서는 안 되기 때문입니다.

오늘날 우리 시청자의 수준을 감안할 때 KBS가 시청자를 주인으로 모신다고 하면서 기실 머슴이 주인을 가르치려는 자세로 방송하는 것은 논리적 모순이고 시대착오적인 것이라고 볼 수 있습니다.

공영방송 KBS의 편성 방향은 어느 시대에나 보수, 진보, 중도 모두를 아우르는 이념적 다양성을 추구해야 하고 가치중립적 균형성을 유지해야 합니다.

21세기의 코드는 '보수냐 진보냐' 하는 단순히 대립적인 개념만으로 담을 수 없는 정보화, 지식기반 사회가 주도하는 세계화 물결 속에서 융합과 네트워킹이 반복되는 복잡성을 띄고 있습니다. '보수'의 의미를 부패한 수구의 뜻과 비슷하게 인식하고 '진보'는 과격하고 무책임한 것으로 간주하는 것은 잘못입니다.

'보수'는 성악설에 근거해 경험을 중시하는 가치체계이고, '진보'는 성선설을 믿고 이성을 중시하는 가치체계로 볼 때, 경험을 통한 현실인식에 가치를 둔 '보수'와 이성을 통하여 미래를 꿈꾸는 '진보'는 둘 다 없어서는 안 되는 사회 발전의 양 수레바퀴와 같은 것입니다.

『역사의 종말』의 저자 프란시스 후쿠야마는 이데올로기의 경쟁에 의해 역사가 발전한다고 믿는 것은 구시대의 관념이라고 했습니다. 중국 대륙이 잠에서 깨어나 힘찬 전진을 하고 있는 이때 우리는 100년 전 구한말 망국의 길을 걸었던 때와 유사하게 국론이 분열되고 시대적 흐름을 타지 못해 국제 미아가 될 위기에 직면해 있습니다.

이제 우리 언론도 권위주의 시대에 필요했던 지사정신과 '정의콤플렉스'에서 벗어나고 이념적 원리주의와 우리 안에 숨어 있는 파시즘을 극복함으로써 시야를 넓히고 멀리 보아야 하겠습니다. 정파에 휘말리지 않고 국가의 먼 장래를 내다보면서 국민들이 안심하고 미래에 대한 희망과 믿음을 가질 수 있는 비전을 제시하는 데 일조해야 할 것입니다.

특히 KBS는 우리나라에서 가장 영향력 있는 매체로서 다수가 침묵하는 경우에도 잘못된 여론과 국가 권력에 대해 맞서는 일을 회피하지 말아야 할 것이며, 정치보다는 문화 매체가 되고, 권력 지향적이 아니고 가치 지향적이며, 투사보다는 선비다워야 되고, 어둠보다 빛을 밝히는 길잡이가 되어야 하겠습니다.

또한 국민의 방송 KBS는 마을을 지켜주는 크고 오래된 정자나무처럼, 엄격하고 공격적인 부성보다는 인내와 사랑으로 포용하는 모성을 가진 일터였으면 좋겠습니다.

KBS는 '지켜보는 것'(환경감시, 사회고발)뿐만 아니라 '바라보는 시선'(사회 통합, 비전제시)도 가져야 할 것입니다.

끝으로 힌두교와 이슬람교의 갈등 속에서 비폭력주의로 오직 조국 인도의 미래와 평화를 위해 몸 바친 간디의 모습을 통해 국가 기간 방송 KBS의 위상을 감히 그려봅니다.

롱펠로우가 'The Arrow And The Song(화살과 노래)' 라는 시에서 말하였듯이 나로서는 이 보잘 것 없는 얘기들이 KBS를 짊어지고 나가야 할 동량들에게 훗날 기억에 남게 된다면 더없이 큰 보람으로 여길 것이다.

나는 공중을 향해 화살을 쏘았으나, I shot an arrow into the air
화살은 땅에 떨어져 간 곳이 없다. It fell earth, I know not where
재빨리도 날아가는 화살의 그 자취, For, so swiftly it flew, the sight
그 누가 빠름을 뒤따를 수 있으랴. Could not follow it in its flight.

나는 공중을 향해 노래를 불렀으나, I breathed a song into the air,
노래는 땅에 떨어져 간 곳이 없다. It fell earth, I knew not where
그 누가 날카롭고 강한 눈이 있어 For who has sight so keen and strong
날아가는 그 노래를 따를 것이랴. That it can follow the flight of song?

세월이 흐른 뒤 참나무 밑동에 Long, long afterward, in an oak
그 화살은 성한 채 꽂혀 있었고, I found the arrow, still unbroke
그 노래는 처음에서 끝 구절까지 And the song, from beginning to end
친구의 가슴속에 숨어 있었다. I found again in the heart of a friend.

KBS개혁의 성공을 위한 일곱 가지 조건

이제 이 책을 마무리 할 때가 왔다. 실로 많은 얘기를 그저 산만하게 풀어 놓았지만, 아직 못 다한 말이 많이 있기도 하다.

남은 얘기들에 대해서는 또 다른 후배들이 할 것으로 믿으며 나는 이쯤에서 정든 고향집과도 같은 KBS를 떠나 평범한 나의 일상으로 돌아가고자 한다.

첫째, 방송에 대한 이해가 있어야 한다.

신문이 이성적, 분석적 매체라면 방송은 감성적이고 포괄적이다. 신문이 고학력의 오피니언 리더들을 대상으로 한다면 방송은 상대적으로 저학력의 일반 대중을 대상으로 한다고 할 것이다. 활자매체인 신문은 사기업의 한계를 벗어날 수 없지만 전파매체인 방송은 아무리 디지털 뉴미디어 시대라 해도 공공재이기 때문에 공기업의 성격을 벗어날 수가 없다.

방송이 국민모두의 재산인 공공재라는 개념을 모르고 신문처럼 한쪽으로 경도된 방향으로 끌고 간다면 방송의 주인인 국민의 저항을 받게 된다. 또한 구성원들의 직종 면에서 볼 때 신문은 기자가 중심이 된 거의 단일직종인 것과 다르게 방송은 기자, PD, 아나운서, 카메라, 기술 등 다양한 직종의 조화로 구성된 오케스트라 연주와 같은 것이다. 오케스트라를 독주회처럼 운영하는 지휘자는 명지휘자가 될 수 없다.

신문은 게이트 키핑(gate keeping)이 비교적 용이하지만, 방송은 쉽지 않다. 방송의 경우 보도는 데스크에서 어느 정도 기사를 여과할 수 있지만 제작은 방송직전에 여과하는 것이 사실상 불가능하다. 이미 취재, 녹음, 녹화된 것을 편집을 통해 메시지를 변화시킨다는 것은 거의 불가능하고 프로그램을 삭제하는 것은 편성사고, 방송사고가 되기 때문이다.

그래서 제작이 주를 이루는 방송의 경우 게이트 키핑의 가장 중요한 단계는 기획단계이지 편집이나 심의는 아니다.

신문의 게이트 키핑을 고속도로의 톨게이트를 지키는 일이라고 한다면 방송은 식수가 되는 하천의 오염을 막기 위해 상수원을 보호 관리 하는 일에 비유할 수 있다. 이처럼 방송경영은 신문보다 몇 배나 어려운 것이며 이를 모르는 사람들이 바쁘게 헛되이 시간을 낭비하는 경우를 많이 보아왔다.

둘째, KBS 에 대한 이해가 있어야 한다.

MBC와 KBS 는 무엇이 확실히 다른지 알아야 한다.

MBC는 수입의 전부를 광고수입에 의존하는 세계에 유사 사례를 찾기 힘든 기형적 공영방송인 반면 KBS는 준조세인 수신료를 주 수입원(40%정도지만)으로 하는 국가기간대표 공영방송이라는 점이다.

KBS는 1985년 12대 총선당시 노골적 편파방송을 함으로써 국민들로부터 시청료거부운동이라는 저항을 8년 동안 당한 쓰라린 경험을 가지고 있다.

KBS는 국민의 방송이기 때문에 KBS의 아킬레스건이 수신료라는 것을 잊지 말아야 한다. 이에 대한 깊은 이해 없이 KBS 살림을 생각한다는 것은 안타까운 일이 아닐 수 없다.

셋째, 인간에 대한 이해가 있어야 한다.

요즘 팀제가 유행이다. T/F팀이나 소팀제는 나름대로 당위성이 충분히 있는데 대팀제는 참으로 많은 문제를 안고 있다. 직종의 특성을 무시하고 40~50명이 넘는 인원을 사실상 팀장 1명이 관리한다는 것은 불가능하다.

또한 직위에 대한 욕심을 버리고 일 자체에 보람을 느끼고 일하라고 말하는 것은 인간 본성에 대한 몰이해라고 말 할 수밖에 없다. 청운의 꿈을 품고 젊은 시절 직장에 입사하여 직위승진에 대한 아무런 동기부여 없이 20여년이 넘도록 어쩌면 퇴직 때까지 일만 하란다고 한다면 과연 누가 의욕적으로 책임감 있게 일할 수 있을지 참으로 의문스럽다.

우리 자신이 어떤 심성을 갖고 있는지 자문해 볼 문제다.

국부제(局部制)라는 사다리(위계)는 비효율적이고 권위주의적이라고 평하는 사람도 있는데 이는 인간을 모두 평등하게 생각한 나이브한 발상이 아닐 수 없다. 우리 인간은 모두 존중되어야 할 인격체이지만, 능력이 평등한 것은 아니기 때문에 위계는 불가피한 것이다. 그래서 평등을 기본이념으로 하는 사회주의 국가도, 의로운 일만을 추구하는 종교단체들도 위계는 존재하는 것이다. 사다리의 공정한 관리가 문제이지 사다리 자체가 문제는 아니다.

사다리로 불리어지는 국부제의 계선조직을 선으로 이루어진 집단지도체제라고 한다면 팀제는 점으로 이루어진 것으로 팀제는 CEO의 영향력이 여과 없이 은밀하고 신속하게 이행되는 독재체제로 가기 쉽고, 정책조정, 행정처리, 예산집행, 프로그램제작 등 모든 분야에서 완성도가 떨어져 게이트 키핑에 문제가 발생하게 된다.

대팀제의 전면적 시행은 일부 프로그램 제작팀의 긍정적인 사례에도 불구하고 선후배간의 질서가 무너지게 됨으로써 현장에서 필요한 노하우가 전수되어온 선후배간의 도제시스템이 붕괴되고 무질서한 정글의 법칙만이 존재하는 황량한 장터분위기로 바뀌어 버렸다.

이는 인간 본성에 대한 사려 깊은 이해 없이 제도변화를 시도하는 경우, 인간의 얼굴을 한 개혁에 이르지 못한다는 사례를 웅변으로 보여주는 것이라고 할 수 있겠다.

권위주의를 타파한다고 하면서 필요한 권위까지 내다버린, 다시 말해 아이를 목욕시킨 후 목욕시킨 물만 버려야 하는데 어린아이째 내다버린 꼴이 된 것이 아닌가 하는 생각을 하게 한다.

넷째, 국민이 원하는 KBS의 개혁이 무엇인지를 알아야 한다.
KBS에 대해 학계나 시민단체들이 줄곧 지적해온 과제는 경영쇄신, 공익성 강화, 공정방송 등 세 가지라고 볼 수 있다.

먼저 경영쇄신은 국민의 방송 KBS를 경영합리화, 효율화를 통하여 생산성 높고 경쟁력 있는 조직으로 만들라는 주문이다.

사회적 비용이 많이 드는 공기업의 속성상 들어야 할 마땅한 지적이다. 국민이 위임한 권한을 자신이 갖고 있는 권력으로 착각하여

자만과 집단이기주의에 빠져 자기 쇄신을 게을리 한 점은 없는지 성찰해 볼일이다.

KBS는 2000년 이후 뉴미디어가 밀려오는 디지털시대에 올드미디어에 대한 구조조정의 시기를 놓치고 기구가 점점 비대해져 비용이 더 많이 드는 조직으로 변하고 있기 때문에 편성과 보도를 제외한 거의 모든 기능을 단계적으로 과감하게 구조 조정하는 길만이 위기를 극복하고 새로운 시대적 흐름에 부응하는 길이 될 것이다.

다음으로 KBS 2TV의 공익성 강화라는 문제가 있다. 2TV가 1TV처럼 공익성이 높지 않고 다른 상업방송과 차별화가 되지 않는 이유는 수신료 수입이 부족해서 광고수입으로 2TV가 운영되므로 상업방송화가 불가피하다는 것이다. 이를 개선하려면 수신료 인상이 선행되어야 한다는 게 KBS의 입장이지만 다수의 시청자들은 먼저 공익성이 강화된 성의를 보여야 수신료를 인상해 주겠다는 것이다.

상업방송과 차별화되지 않는 KBS 채널은 1TV건 2TV건 존재이유가 없다는 것이 아직도 시청자들의 일반적 정서이다. 영국이나 일본처럼 교육방송도 떠맡지 않고 있는 KBS로서는 명분론에서 국민여론에 밀리고 있는지도 모른다. 이것이 KBS의 딜레마다.

또 공정성 문제가 있다. 정권이 바뀔 때마다 심심치 않게 제기되는 문제가 공정성 문제다. KBS사장의 인사권이 사실상 대통령에게 있는 구조 하에서 정도의 차이는 있지만 정권교체마다 시대정신이란 이름으로 균형 잃은 방송을 하게 됨으로써 공정성 시비가 발생하는 것은 KBS의 숙명적 업보라 할 것이다. 이 공정성 시비가 준조세인 수신료 인상의 장애가 되고 있는 것이 또한 현실이다.

다섯째, KBS의 정체성을 확립해야 한다.

뉴미디어 다매체 나채널시대에 기술의 눈부신 발달로 통신과 방송의 경계가 무너지고 방송주권이 위협받고 있는 환경의 변화 속에서 공중파방송, 특히 공영방송은 세계적으로 위기를 맞고 있으며 현대인들은 정보의 홍수 속에서 오히려 정보의 빈곤을 느끼는 상황에 놓이게 되었다.

그러나 우리는 이러한 위기상황이 공영방송의 존재의의를 찾을 수 있는 기회라는 것을 알아야 한다. 다시 말해 시장의 자정기능이 실패한 정보의 과잉공급 속에서 혼란과 빈곤을 느끼는 시청자에게 신뢰할 수 있는 정보를 제공하는, 즉 군중속의 고독을 느끼는 사람에게 참다운 벗이 되어주는 것이 공영방송의 역할이 되어야 한다.

그런데 최근 KBS는 드라마 등 콘텐츠의 경쟁력강화를 위해 수입을 확대하는데 주력하는 듯한 경향을 보이고 있다. 이에 따라 시청자들의 신뢰를 회복하여 수신료 현실화를 실현하겠다는 의지를 포기한 것이 아닌가 하는 우려를 자아내고 있다. 이러한 현상은 KBS의 정체성 위기라고 말할 수 있다.

공영방송 KBS는 보도 및 시사교양 프로그램이 중심이 되어 국민의 신뢰를 쌓고 그 바탕위에서 정체성을 확립하는 길만이 뉴미디어시대에 살아나는 길이다. 공영방송의 프로그램 경쟁력은 필요조건이지 충분조건은 아니다.

PD수첩과 드라마 대장금의 경우에도 보듯이 대장금의 시청자들은 PD수첩보다 경쟁력 면에서 훨씬 앞서있지만 PD수첩 시청자의 영향력을 따라갈 수는 없는 것이다.

경쟁력이 전투라면 국민의 신뢰를 얻는 것은 전쟁이라 할 수 있다. 경쟁력을 강화하는 것은 다른 방송사들도 주력하는 철저히 물량중심의 시장원리인 것으로 KBS의 블루오션(blue ocean)은 못된다. 공영방송 KBS의 블루오션은 오피니언 리더들을 움직이는 보도, 시사교양분야를 통한 신뢰구축이라는 점을 명심해야 한다.

여섯째, 정치적 독립을 위한 확고한 장치를 두어야 한다.
현행 여당과 야당이 지분을 행사하는 방송위원회는 당파적 시각에서 운영될 가능성이 높아 국민의 방송을 정치로부터 격리시키는 데 한계가 있다. 방송통신위원회가 출범하면 산업적 측면이 강조될 수밖에 없어 방통위원회가 국가기간 대표공영방송 KBS의 규제기구로서 제 기능을 발휘하기에 부적절하다고 보기 때문에 하나의 대안을 제시해본다.

3년에 1/3씩 교체되는 18명 정도의 직능 및 지역대표로 구성되는 경영위원회를 두고 위원장은 호선으로 선출하며 위원회는 사장의 임면을 포함한 주요안건을 의결하게 한다.

이렇게 되면 여러 정권을 거치면서 시간이 경과하는 동안 방송을 지키겠다는 국민의식 수준이 높아지면서 방송의 독립성이 확고해질 수 있을 것이다.

일곱째, KBS인의 의식이 중요하다.
보통 변화와 개혁에 필요한 요소로 법과 제도, 그리고 의식을 말하는데 법과제도의 변화는 가시적으로 쉽게 성취할 수 있지만 의식의 뒷받침이 없으면 실패하는 경우를 많이 보았다.

형식이 내용을 만들기도 하고 법과 제도가 없이 의식만으로 변화와 개혁을 완성할 수 없지만 보다 근원적인 변화의 에너지는 법과 제도를 운영하고 견인하는 의식이 되어야 할 것이다.

다시 말해 한국방송공사법과 경영위원회라는 법과 제도가 KBS의 독립을 저절로 가져다주는 것은 아니고 KBS의 주인인 국민들의 의식과 KBS인들이 국민의 방송을 정치권과 상업주의로부터 지키겠다는 의식이 가장 중요한 것이다.

수년전 한국을 방문한 BBC의 전 사장 에릭 다이크 씨도 BBC를 지켜주는 정신은 BBC 경영위원회가 아니고 BBC맨들의 정신이라고 말한 것을 들으면서 정치선진국인 영국의 BBC도 정치권의 압력과 회유로부터 방송을 지키기 위한 부단한 노력이 절실히 필요한 것이구나 하는 것을 깨닫게 되었다.

"방송을 잡으면 정권을 잡는다"고 생각하는 정치인들로부터 KBS인들이 KBS를 지키고 나아가서 오염된 공기 속에서도 국민들에게 산소를 제공하는 경쟁력 있는 문화매체로 발전시켜 시청자들에게 행복을 느끼게 하고 우리나라가 선진화 하는데 기여해야 한다고 생각한다.

글을 마치며

2006년 프리덤하우스에서 발표한 결과를 보면 한국은 언론의 자유를 누리는 세계 국가 중에 69위를 차지했다고 한다. 이런 나라에서 졸저와 같은 책이 나온다는 것은 쉬운 일이 아니다.

더군다나 한 사람이 아니고 힘없는 여러 사람이 공동집필한다는 것은 참으로 어려운 일이라고 생각한다. 권위주의 시대가 간지 10여 년이 지났음에도 불구하고 공동 집필자의 이름을 떳떳이 발표하지 못하는 사회에 아직도 살고 있다는 것을 우리는 어떻게 설명해야 할까.

더 상식적이고 더 이성적인 세상이 오면 밝혀지기를 기대하면서 이 책의 집필을 위해 함께 수고한 분들의 흔적을 남기고자 한다.

- 나와 가장 오랫동안 형제처럼 고락을 같이한 'C바오로'
- 항상 넉넉한 마음으로 내 곁에서 나를 도와준 '태허'
- 친구를 잘못 사귀어 명석한 두뇌를 발휘할 기회를 놓치고 있는 'MS'
- 불이익을 감수하면서 우직하게 버팀목이 되어준 'C베드로'와 'H위원'
- 같이 근무했던 인연으로 간간히 천재성을 제공한 'KS'
- 가장 중요한 부분을 증언해준 은둔의 지사 'SO'와 'OK'
- 높은 연세에도 불구하고 진지하게 증언해주신 대 선배님 'CCB'
- 재치있고 용기있는 글솜씨로 기록한 원고를 아낌없이 제공한 'L기자'
- 노동운동 태동기의 기억을 제공해준 'ADS' 동지
- 드라마의 알려지지 않았던 내밀한 얘기를 들려주신 'C' 원장님

- 해직자의 아픈 추억을 담아 보내주신 'LGC'
- 12대 총선 편파방송의 비화를 들려주신 'SGS' 선배
- 가까이 있으면서 필요할 땐 언제나 아낌없이 나를 도와준
  '치심', '해도', 'R', 'K', 'SS', 'YJ', 'J', 'SW', 'SP', 'Simon'
- 퇴직한 분으로부터 원고를 간청해 전달해 준 '덕암'
- 동료로부터의 따돌림도 마다하지 않고 꿋꿋이 나를 도와준
  용기 있는 '해산'
- 높은 지위에도 나를 은밀히 도와준 '연경' 동지
- 스포츠의 비화를 흥미롭게 정리해준 '송도'
- 반대편 입장에 있으면서도 원고에 협조한
  옛 동료 'CS', 'SONG95'
- 항상 따뜻한 마음으로 헌신적으로 원고 집필과 정리에
  노력해 주신 'YS' 님
- 원고 법률검토에 도움을 주신 'YH' 선생님
- 항상 친형님처럼 걱정해주신 목동의 'H' 선배님
- 내용검수에 많은 조언을 주신 반포동의 'L' 선배님
- 또 나와 가장 가까운 위치에서 말없이 고통을 같이한
  'YHJ98', 'HJK'

 저를 위해 기도를 아끼지 않으신 수많은 교형자매 여러분들께 머리 숙여 감사드립니다.